Helmuth Graf von Moltke

Militärische Werke

Helmuth Graf von Moltke

Militärische Werke

ISBN/EAN: 9783744632928

Hergestellt in Europa, USA, Kanada, Australien, Japan

Cover: Foto ©ninafisch / pixelio.de

Weitere Bücher finden Sie auf **www.hansebooks.com**

Moltkes Militärische Werke.

I.

Militärische Korrespondenz. Vierter Theil.

Moltkes
Militärische Korrespondenz.

Aus den Dienstschriften des Jahres
— 1859. —

Herausgegeben vom
Großen Generalstabe,
Kriegsgeschichtliche Abtheilung I.

Mit 1 Uebersichtskarte und 6 Skizzen.

Berlin 1902.
Ernst Siegfried Mittler und Sohn
Königliche Hofbuchhandlung
Kochstraße 68—71.

Verlag der Königlichen Hofbuchhandlung von **E. S. Mittler & Sohn**,
Berlin SW12, Kochstraße 68–71.

Zur geneigten Beachtung empfohlen:

Magenta.
Der Feldzug von 1859
bis zur ersten Entscheidung.

Von

v. Caemmerer,
Generalleutnant z. D.

Mit drei Kartenbeilagen in Steindruck und einer Textskizze.

Preis geh. M. 5,—, geb. M. 6,50.

Der italienische Feldzug des Jahres 1859 hatte in ganz Europa das lebhafteste Interesse erregt, und eine große Zahl von Schriften behandelte alsbald sowohl den Gesammtverlauf wie einzelne Abschnitte oder die Geschichte einzelner Heerestheile. Eine ungemein klare und treffende Schilderung der Ereignisse bot namentlich der preußische Generalstab in seiner Geschichte des Feldzuges. Die obige neue kritische Darstellung behandelt die Ereignisse in der ersten Hälfte des Feldzuges. Es war bisher unverständlich geblieben, weshalb Napoleon III. es nicht vorgezogen hatte, die Entscheidung bereits vor der Ueberschreitung des Ticino in der Lomellina selbst zu suchen. Das vorliegende Werk verbreitet hier in ausführlicher, leicht verständlicher Weise Licht. Des Verfassers Ausführungen erwecken hohes Interesse; sie enthüllen den einfachen Zusammenhang der Dinge, wie er sich auf Grund erneuter sorgfältiger Studien ergeben hat.

Ankündigung.

Die vom Königlichen Großen Generalstabe, Kriegsgeschichtliche Abteilung I herausgegebenen

Kriegsgeschichtlichen Einzelschriften

beginnen mit dem jetzt erscheinenen 31. Hefte einen neuen (sechsten) Band, welcher, wie die früheren Bände, sechs Hefte umfassen wird. Ihre Herausgabe wird sich auf den Zeitraum von etwa zwei Jahren verteilen und ihr Preis zwischen M. 1,60 und M. 3,50 betragen, je nach Umfang und Reichhaltigkeit der Ausstattung mit Karten und Plänen.

Das erschienene erste Heft erörtert den „Kriegsbrauch im Landkriege" und erläutert die mannigfachen Fälle seiner Anwendung aus Beispielen der Kriegsgeschichte.

Hauptsächlich beabsichtigt der Große Generalstab jedoch, in der Reihe dieser Hefte

die Erfahrungen außereuropäischer Kriege der neuesten Zeit

der Deutschen Armee nutzbar zu machen. Dementsprechend wird

Der Krieg in Südafrika

Gegenstand der Darstellung und Erörterung werden und das an zweiter Stelle erscheinende Heft

Die erste Englische Offensive (Dezember 1899)

behandeln. Außerdem werden in Betracht kommen

Der Ägyptische Feldzug von 1882

und

Der Chinesisch-Japanische Krieg 1894/95.

Die Aufgabe der „Kriegsgeschichtlichen Einz⸺⸺⸺ ⸺ kanntlich dahin:

nicht allein hervorragende Taten der vaterländischen Kriegsgeschichte klarzustellen und die Verdienste unserer großen Heerführer zu würdigen, sondern vor allem auch durch kriegsgeschichtliche Beispiele die wichtigsten Fragen der heutigen Truppenführung zu beleuchten und die Anschauungen vom Kriege in der Armee zu fördern.

Die dem Königlichen Offizierkorps in diesen Veröffentlichungen des Großen Generalstabes dargebotenen taktischen und kriegsgeschichtlichen Darstellungen sind daher überaus wichtig und zu allgemeiner Kenntnisnahme empfehlenswert.

Moltkes
Militärische Werke.

I.
Militärische Korrespondenz.
Vierter Theil.

Berlin 1902.
Ernst Siegfried Mittler und Sohn
Königliche Hofbuchhandlung
Kochstraße 68—71.

Moltkes
Militärische Korrespondenz.

Aus den Dienstschriften des Jahres
— 1859. —

Herausgegeben vom
Großen Generalstabe,
Kriegsgeschichtliche Abtheilung I.

Mit 1 Uebersichtskarte und 6 Skizzen.

Berlin 1902.
Ernst Siegfried Mittler und Sohn
Königliche Hofbuchhandlung
Kochstraße 68—71.

Alle Rechte aus dem Gesetze vom 19. Juni 1901
sowie das Uebersetzungsrecht sind vorbehalten.

Vorwort.

Der Generalstab schließt mit den Dienstschriften des Jahres 1859 die Militärische Korrespondenz des Generals v. Moltke ab.

Der jetzige Zeitpunkt wurde für die Veröffentlichung gewählt, weil die Absicht besteht, demnächst eine neue Auflage des zum größten Theile von Moltkes Hand stammenden Generalstabswerkes „Der Italienische Feldzug des Jahres 1859" herauszugeben; wenn auch ein unmittelbarer Zusammenhang zwischen den Preußischen Rüstungen und dem Verlaufe des Feldzuges in Oberitalien nicht besteht, so wurden erstere doch durch das immer weitere Vordringen des verbündeten Französisch-Sardinischen Heeres wesentlich beeinflußt.

Die Bearbeitung der Schriftstücke weicht insofern von der sämmtlicher übrigen Theile der Militärischen Korrespondenz Moltkes ab, als der verbindende Text ausführlicher gehalten worden ist. Während die Korrespondenz aus den drei Feldzügen 1864, 1866 und 1870/71 nur eine Ergänzung der Generalstabswerke zu bilden brauchte, der Zwischentext also nur ein das Verständniß der Ereignisse erleichterndes Hülfsmittel bilden wollte, mußte hier, 1859, darauf Bedacht genommen werden, durch den verbindenden Text die Entstehung und den Zusammenhang der Schriftstücke nach Möglichkeit klar zu machen.

Aus diesem Grunde sind auch in dem vorliegenden Schlußtheile der Moltkeschen Korrespondenz nicht nur Urkunden von der Hand des Generals, sondern auch solche anderer maßgebender Persönlichkeiten aufgenommen worden, ähnlich wie in der „Dritten Abtheilung" der Korrespondenz 1870/71 (Waffenstillstand und Friede), für die das Generalstabswerk ein ergänzendes Schlußkapitel aufweist, ohne ein vollkommenes Bild der Zeit nach dem Waffenstillstand zu liefern.

Dieser Schlußband dürfte, durch die Dienstschriften des Jahres 1859 im Verein mit dem verbindenden Texte, nicht nur in noch höherem Grade als die übrigen Theile der Korrespondenz einen Einblick in die umfassende Thätigkeit des Generals v. Moltke bieten, sondern auch beweisen, wie wenig damals noch die Stellung des Chefs des Preußischen Generalstabes beachtet wurde, und mit wie vielen Schwierigkeiten er zu kämpfen hatte. Endlich aber dürfte der Band auch dazu beitragen, das allgemeine Verständniß für die Geschichte jener Kriegsperiode zu erweitern.

Inhalts-Verzeichniß.

Theil I.

Kriegsvorbereitungen.

		Seite
	Schreiben des Kriegsministers an den General v. Moltke mit der Aufforderung, eine Denkschrift über den strategischen Aufmarsch einzureichen. 1. Februar 1859	1
Nr. 1.	Anschreiben zu der geforderten Denkschrift und Vorschläge für die Vorbereitungen des Eisenbahntransportes nach dem Westen. 7. Februar 1859. — An den Kriegsminister	3
Nr. 2.	Denkschrift vom 7. Februar 1859. Militärisch-politische Verhältnisse Deutschlands und erste Aufstellung der Preußischen Streitkräfte bei einem Kriege Frankreichs gegen Deutschland, eventuell in Verbindung mit den Deutschen Bundescorps	4
	Denkschrift des Prinzen Friedrich Karl von Preußen vom 21. Februar 1859. Die nächste politische Zukunft	35
Nr. 3.	Anschreiben zur Denkschrift vom 26. Februar 1859. 26. Februar 1859. — An den Kriegsminister	40
Nr. 4.	Denkschrift vom 26. Februar 1859. Erste Aufstellung der Preußischen Armee für den Fall einer aktiven Theilnahme Belgiens und Hollands am Kriege gegen Frankreich. Betrachtungen über eine materielle Entschädigung und über den richtigen Zeitpunkt der Mobilmachung	41
Nr. 5.	Vorarbeit zur Denkschrift vom 26. Februar 1859. Ohne Datum; vor dem 26. Februar 1859	51
Nr. 6.	Vorarbeit zur Denkschrift vom 26. Februar 1859. Ohne Datum; vor dem 26. Februar 1859	51
Nr. 7.	Aeltere Vorarbeit zur Denkschrift vom 26. Februar 1859. Ohne Datum, aber vor dem 2. Februar 1859	52
	Schreiben des Fürsten Radziwill an den General v. Moltke. 2. Februar 1859	53
	Promemoria über die politische Lage von einem unbekannten Verfasser. 5. März 1859	54
Nr. 8.	Aufsatz „Zur Zeitfrage" vom 6. März 1859. Nähere Begründung des Vorschlages vom 26. Februar mit dem Beginne des Kampfes zu warten, bis möglichst viele Kräfte der Franzosen in Italien gefesselt seien	60
Nr. 9.	Anschreiben zur Denkschrift über Eisenbahnen vom 14. März 1859. 25. März 1859. — An den Kriegsminister	66
	Denkschrift betreffend den etwaigen Einfluß der neuen Eisenbahnbauten und Projekte auf künftige Truppenkonzentrationen gegen Westen. 14. März 1859	67
Nr. 10.	Aufforderung zur Prüfung der in der Denkschrift vom 7. Februar 1859 gemachten Vorschläge. 16. April 1859. — An den Kriegsminister	74

VIII   Inhalts-Verzeichniß.

　　　　　　　　　　　　　　　　　　　　　　　　　　　　　　　　Seite
　　　　　Schreiben des Handelsministers Freiherrn v. d. Heydt an den Kriegs-
　　　　　minister über die Denkschrift des Generalstabes vom 14. März betreffend
　　　　　Eisenbahnbauten und Transporte. 23. April 1859   77
Nr. 11. Anschreiben zu der Denkschrift vom 19. April 1859. – An den Kriegsminister 78
Nr. 12. Denkschrift vom 19. April 1859 über Kriegsrüstungen der Französischen
　　　　　Armee 79

Theil II.
Kriegsbereitschaft.

　　　　　Erlaß des Prinz-Regenten, Königliche Hoheit, an den Kriegsminister über
　　　　　die erste Aufstellung der Armee für den Fall einer Mobilmachung.
　　　　　17. April 1859 84
Nr. 13. Bedenken gegen die in dem Erlaß des Prinz-Regenten vom 17. April 1859
　　　　　vorgeschriebenen Sammelpunkte sowie Vorschläge für eine engere Kon-
　　　　　zentration der Armeekorps. 26. April 1859. – An den Prinz-Regenten,
　　　　　Königliche Hoheit 84
Nr. 14. Anschreiben zu der Denkschrift über Versammlung der Preußischen Armee.
　　　　　26. April 1859. – An den Kriegsminister 88
　　　　　Denkschrift betreffend die Konzentration von acht Preußischen Armeekorps
　　　　　am Rhein und Main 89
Nr. 15. Anschreiben zur Denkschrift enthaltend Nachrichten über Rußland. 30. April
　　　　　1859. An den Kriegsminister 97
　　　　　Denkschrift über die von Russischer Seite getroffenen militärischen Maß-
　　　　　nahmen. Ohne Datum   97
　　　　　Tableau der Dislokation der Russischen Armee. 3. Mai 1859 . . . 99
Nr. 16. Vortrag in der Konferenz vom 8. Mai 1859 bei Seiner Königlichen Hoheit
　　　　　dem Prinz-Regenten. 8. Mai 1859 100
Nr. 17. Aufzeichnungen für den Vortrag bei Seiner Königlichen Hoheit dem Prinz-
　　　　　Regenten am 23. Mai 1859. 19. Mai 1859 103
Nr. 18. Vorarbeit für die Aufzeichnungen vom 19. Mai 1859: Tableau für den
　　　　　Aufmarsch an der Saar. Ohne Datum; anscheinend von Mitte Mai 1859 110
　　　　　Hierzu Skizze 1.
Nr. 19. Vorarbeit für die Aufzeichnungen vom 19. Mai 1859: Entwurf einer Marsch-
　　　　　tafel für den etwaigen weiteren Vormarsch nach Frankreich hinein.
　　　　　Ohne Datum; anscheinend von Mitte Mai 1859 112
　　　　　Hierzu Skizze 2.
Nr. 20. Vorarbeit für die Aufzeichnungen vom 19. Mai 1859. Ohne Datum;
　　　　　anscheinend von Mitte Mai 1859 113
Nr. 21. Vortrag bei Seiner Königlichen Hoheit dem Prinz-Regenten am 23. Mai 1859. 113
Nr. 22. Vorarbeit für den Vortrag bei Seiner Königlichen Hoheit dem Prinz-Regenten
　　　　　am 23. Mai: Stärkeverhältnisse Frankreichs, Sardiniens, Rußlands und
　　　　　Oesterreichs. 23. bezw. 21. Mai 1859 114
　　　　　Schreiben des Prinz-Regenten, Königliche Hoheit, an den Kriegsminister
　　　　　über die Vorschläge des Generals v. Moltke. 25. Mai 1859 . . 117
Nr. 23. Schriftliche Begründung der im Vortrage vom 23. Mai gemachten Vor-
　　　　　schläge für den Aufmarsch an der Saar, bezw. am Rhein und Main.
　　　　　24. Mai 1859. – An den Prinz-Regenten, Königliche Hoheit . 117
Nr. 24. Aufzeichnungen über Russische Kriegsrüstungen. 27. Mai 1859 . . . 120

Inhalts-Verzeichniß. IX

Theil III.
Mobilmachung.

Seite

Nr. 25. Neue Vorschläge für die erste Versammlung der mobilen Korps. 15. Juni 1859. -- An den Prinz-Regenten, Königliche Hoheit 124
Nr. 26. Entwurf für die Stellenbesetzung im Generalstabe der mobilen Armee . . 126
Nr. 27. Anschreiben zu dem Entwurfe für die Unterbringung von fünf Preußischen und eventuell zwei Bundeskorps. 17. Juni 1859. — An den Kriegsminister 128
Nr. 28. Entwurf für weitläufige Kantonnements von fünf Preußischen und eventuell zwei Bundeskorps. Ohne Datum 128
Hierzu Skizze 3—5.
Nr. 29. Ueber Mittheilungen militärischen Inhalts in den Zeitungen. 22. Juni 1859. — An den Kriegsminister 132
Nr. 30. Anschreiben zu dem Bericht über Verpflegung der Truppen während der Eisenbahnfahrten. 23. Juni 1859. — An den Prinz-Regenten, Königliche Hoheit 134
Bericht über das Verfahren, wonach bei dem bevorstehenden Eisenbahntransport der mobilen Armeekorps die Verpflegung der Mannschaften während der Fahrt erfolgen soll 134
Nr. 31. Aufforderung, die Kriegsgliederung und Stellenbesetzung der Bundeskorps mitzutheilen. 18. Juni 1859. — An den Generallieutnant Dannhauer, Frankfurt a. M. 137
Nr. 32. Fragen über den Transport des Hannoversch-Sächsischen Kontingents. 21. Juni 1859. — An Hauptmann Graf Wartensleben 138
Antwort des Hauptmanns Graf Wartensleben auf die Fragen des Generals v. Moltke. Ohne Datum 138
Nr. 33. Ueber die erste Konferenz der Militärbevollmächtigten der Bundesstaaten. 25. Juni 1859. — An den Kriegsminister 139
Nr. 34. Anschreiben zu den Protokollen der Konferenz mit den militärischen Vertretern der Bundesstaaten. 29. Juni 1859. — An den Kriegsminister 139
Protokoll über die erste Konferenz. 25. Juni 1859 140
Protokoll über die zweite Konferenz. 28. Juni 1859 143
Nr. 35. Entwurf für die erste Aufstellung der Preußisch-Deutschen Armeen. Ohne Datum; wahrscheinlich von Ende Juni 1859 147
Nr. 36. Entwurf für die erste Aufstellung der Preußisch-Deutschen Armeen und kurzer Operationsplan. Ohne Datum; wahrscheinlich von Ende Juni 1859 . 148
Nr. 37. Abänderungsvorschläge für die Unterbringung der Mosel- und Rhein-Armee. 1. Juli 1859. — An den Kriegsminister 148
Nr. 38. Vormarsch und Kantonnements der Mosel-Armee sowie Kantonnements der Rhein-Armee 150
Hierzu Skizze 6.
Nr. 39. Ueber Einheitlichkeit der Verpflegungssätze für alle Bundeskontingente. 2. Juli 1859. — An den Kriegsminister 155
Promemoria des Allgemeinen Kriegsdepartements, betreffend den Aufmarsch der Armee am Rhein und Main. 3. Juli 1859 155
Promemoria des Generals v. Voigts-Rhetz zum Immediatvortrage des Kriegsministers beim Prinz-Regenten, Königliche Hoheit. 3. Juli 1859 157
Erlaß des Prinz-Regenten, Königliche Hoheit, betreffend Konzentrirung des III., IV., V. Armeekorps und Vormarsch des VII und VIII. Armeekorps. 4. Juli 1859 160

X   Inhalts-Verzeichniß.

Seite

Nr. 40. Ueber die Nachtheile für die Transportfolge bei einem etwaigen Zurück-
         bleiben des Gardekorps. 4. Juli 1859. — An Hauptmann Graf
         Martensleben 161
Nr. 41. Ueber die Wichtigkeit ununterbrochener Transporte. 6. Juli 1859. — An
         den Kriegsminister 161
Nr. 42. Ueber die Unterbringung des VIII. Preußischen Armeekorps. 5. Juli 1859.
         — An den Obersten v. Goeben 164
         Berechnung der Französischen Streitkräfte am 1. Juli 165
         Schreiben des Generals v. Manteuffel an den Kriegsminister. 9. Juli 1859 167
         Promemoria des Generals v. Voigts-Rhetz über die infolge der neuesten
            Ereignisse nöthig werdenden militärischen Maßregeln. 10. Juli 1859 168
         Erlaß des Prinz-Regenten, Königliche Hoheit, betreffend Einstellung der
            weiteren Vormärsche. 14. Juli 1859 171
         Armeebefehl des Prinz-Regenten, Königliche Hoheit. 16. Juli 1859 . . . 172
         Erlaß des Prinz-Regenten, Königliche Hoheit, betreffend Demobilmachung
            der Armee. 25. Juli 1859 172
         Aktenvermerk des Kriegsministers vom 28. Juli 1859 173
Nr. 43. Anschreiben zu der Denkschrift vom 22. Juli 1859 über Kantonnements.
         25. Juli 1859. — An den Kriegsminister 174
Nr. 44. Denkschrift über Kantonnements. 22. Juli 1859 175

Anlage 1.   Denkschrift des Generals v. Clausewitz vom Herbst 1830 über den
            künftigen Kriegsplan gegen Frankreich 181
Anlage 2 Nr. 1. Uebersicht zur Besetzung der höheren Kommandostellen bei den
                neun Armeekorps für die Kriegsformation. 14. Juni 1859 . 198
       „ 2 „ 2. Uebersicht zur Besetzung der Stellen der Generalstabsoffiziere bei
                den neun Armeekorps für die Dauer des Kriegszustandes der
                Armee. 22. Juni 1859 205
       „ 2 „ 3. Uebersicht der Besetzung der Adjutantenstellen bei den neun
                Armeekorps für die Dauer des Kriegszustandes der Armee.
                Ohne Datum 207
       „ 2 „ 4. Veränderungen in der Armee für die Dauer des Kriegszustandes.
                Juni und Juli 1859 211
       „ 2 „ 5. Stellenbesetzung bei den Bundeskorps, soweit sie am 8. Juni 1859
                im Preußischen Generalstabe bekannt war 213
          2 „ 6. Stab des Generalfeldmarschalls Freiherrn v. Wrangel. 12. Juli 1859 214

Uebersicht der wichtigsten Ereignisse des Jahres 1859 215
Namen-Verzeichniß 218

Karte und Skizzen.

Karte von Mitteleuropa 1859.
Skizze 1 zu Seite 110: Aufmarsch an der Saar.
   „   2 „   „ 112: Entwurf zum Vormarsch 1859.
   „   3 „   „ 128 ff.: Kantonnements an der Mosel.
   „   4 „   „ 130:   „   am Rhein.
   „   5 „   „ 130/131:   „   am Main.
   „   6 „   „ 150—154: Kantonnements der Mosel- und Rhein-Armee.

Theil I.

Kriegsvorbereitungen.

Der Ausbruch des Italienischen Feldzuges im Frühjahre 1859 traf den General v. Moltke nicht unvorbereitet; ließ doch die Stellung, welche Frankreich zu den politischen Verwickelungen Oesterreichs mit Sardinien und zu der Lage im übrigen Italien einnahm, seit Jahren keinen Zweifel darüber bestehen, daß seine Sympathien auf Seite der Italiener und ihrer Einheitsbestrebungen waren. Auf Veranlassung des Chefs des Preußischen Generalstabes der Armee beschäftigten sich daher bereits im Winter 1857/58 die Abtheilungen des Großen Generalstabes mit der Möglichkeit eines Krieges zwischen Frankreich—Sardinien und Oesterreich. General v. Moltke verfaßte alsdann jene bereits vor sechs Jahren veröffentlichte Denkschrift vom Oktober 1858*) auf Grund der Abtheilungsvorarbeiten.

Als nun der Kaiser Napoleon III. beim Neujahrsempfang 1859 wenig freundliche Worte an den Oesterreichischen Gesandten in Paris richtete, erschien der Bruch Frankreichs mit Oesterreich unvermeidlich.

Preußen erkannte sofort den Ernst der Lage und richtete im Verein mit England seine Bemühungen in Paris und Wien auf Erhaltung des Friedens, für den sich auch Rußland aussprach, ohne aber die Hand zur Vermittelung leihen zu wollen. Ende des Monats tauchte dann der Gedanke eines Kongresses auf, der die zwischen Frankreich—Sardinien und Oesterreich schwebenden Streitigkeiten schlichten sollte. Wenn Preußen demnach zunächst auch Regelung der Italienischen Verhältnisse auf diplomatischem Wege erhoffte, so mußte es doch angesichts der Rüstungen auf beiden Seiten mit der Möglichkeit einer Theilnahme am Kriege rechnen. Oesterreich hatte nämlich noch im Januar, in voller Würdigung der drohenden Gefahr, seine Lombardischen Garnisonen verstärkt, Sardinien hatte ebenfalls mit Rüstungen begonnen, und Frankreich in Toulon und Marseille eine außerordentliche Thätigkeit entfaltet, die nur die Vorbereitung zur Einschiffung großer Streitkräfte bezwecken konnte.

Kam es zum Kriege oder nicht, auf alle Fälle mußte vorher der Chef des Preußischen Generalstabes der Armee gehört werden. Der Kriegsminister v. Bonin wandte sich daher am 1. Februar 1859 mit folgendem Schreiben an den General v. Moltke:

Berlin, den 1. Februar 1859.

Die sich mehr und mehr darstellende Aussicht auf kriegerische Ereignisse veranlaßt mich, an Euere Hochwohlgeboren folgendes vertrauliche Schreiben zu richten.

Ein Konflikt in Italien wird meines Erachtens immer wahrscheinlicher. Betrachten wir die Rüstungen in Frankreich, die Vorbereitungen zur Einschiffung nicht unbedeutender Streitkräfte in Toulon und Marseille, die Auf-

---

*) Vergl. Mil. Korr. 1870/71 Nr. 2.

stellung eines Observationskorps im Var-Departement, so können die Absichten des Kaisers Napoleon trotz oder eben wegen seiner gegen sonst noch erhöhten persönlichen Schweigsamkeit kaum zweifelhaft erscheinen.

In dieser Auffassung wird man noch bestärkt durch die nicht unbekannten Französischen Bemühungen um Englands Neutralität, die in dem dortigen Ministerium zu erreichen nicht schwer sein wird, da es in England an auf dem Kontinent verwendbaren Streitkräften, auch an einem großen Staatsmanne fehlt, der die Antipathien des Volkes gegen Oesterreich zu beherrschen im Stande wäre.

Ferner erscheint das Einverständniß Frankreichs mit Rußland für die Politik der nächsten Zeit unzweifelhaft. Eine unmittelbare aktive Betheiligung Rußlands an einem Kriege ist zwar nicht anzunehmen, wohl aber die Aufstellung von Observationskorps zunächst an der Oesterreichischen und, falls Preußen zur Aktion mit Oesterreich schritte, auch gegen unsere Grenze.

Frankreichs Verhalten gegen Preußen ist zur Zeit zwar ein durchaus freundschaftliches, aber unverkennbar auf Erreichung der Neutralität Preußens und Deutschlands gerichtet.

Je verwickelter sich hiernach die politische Lage darstellt, um so einfacher würden die eventuellen durch diese Verhältnisse gebotenen, allein auf seine selbständigen Entschließungen zu basirenden militärischen Maßnahmen Preußens sein müssen. Für den Fall nun, daß Preußen zur Unterstützung seiner einzuschlagenden Politik zu einer Mobilmachung schreiten sollte, würde es sich zwar zur Zeit noch keineswegs um die Aufstellung eines Operationsplanes handeln, es dürfte jedoch an der Zeit sein sich die erste durch die oben skizzirten politischen Verhältnisse bedingte strategische Aufstellung der Armee klar zu machen.

Es würde mir von Interesse sein in einem Memoire die Ansichten Euerer Hochwohlgeboren über den strategischen Aufmarsch der Armee für den erwähnten Fall so bald als möglich kennen zu lernen und ersuche Sie daher um gefällige Mittheilung derselben ergebenst.

Zum weiteren Anhalt für Euerer Hochwohlgeboren Aeußerung gestatte ich mir noch folgende Punkte aufzustellen:

1. Wie stark würde voraussichtlich Frankreich in Italien und gleichzeitig in Deutschland auftreten können?
2. Wie hoch würden Oesterreichs Streitkräfte in Italien und zur gleichen Zeit in Deutschland zu veranschlagen sein, bei gleichzeitiger Aufstellung eines Observationskorps gegen Rußland?
3. Auf wie hoch müßte Preußen hiernach seine Streitkräfte am Rhein in Aussicht nehmen, unter gleichzeitiger Bereitstellung von Observationskorps gegen Rußland an und jenseits der Weichsel?

gez. v. Bonin.

Moltke konnte daraufhin am 7. Februar 1859 die im Oktober des vorhergegangenen Jahres ausgearbeitete Denkschrift, in politischen und operativen Erwägungen erweitert sowie mit Hinzufügung genauer Stärkeberechnungen der betheiligten Armeen, einreichen. Letztere hatte er, soweit sich nachweisen läßt, seit dem 23. Januar in den Abtheilungen aufstellen lassen und in die Denkschrift übernommen. Zum ersten Male tritt hier in einer Moltkeschen Denkschrift der Gedanke auf, der schließlich 1870, allerdings auf anderen Voraussetzungen beruhend, doch in seinen Grundzügen ähnlich zur Ausführung kam, der Gedanke einer Offensive vom Main aus in der Frankreich gefahrdrohendsten Richtung über Nancy auf Paris. Zwar erwähnt der General die Möglichkeit eines derartigen Vorgehens nur beiläufig bei Besprechung einer Konzentration der

Preußisch-Deutschen Kräfte am Main; mehr ein hingeworfener Gedanke ist es, auf dessen schließliche Verwirklichung Moltke selbst kaum rechnete und den er sich daher noch nicht weiter auszumalen wagt, den er aber der Vollständigkeit seiner Erwägungen halber nicht auslassen mag; immerhin verdient das erste Auftreten des neuen Gedankens deshalb besonders hervorgehoben zu werden, weil der General sich hiermit von der durch Clausewitz in einer Denkschrift vom Herbst 1830*) zuerst ausgesprochenen Ansicht lossagte, daß die entscheidende Operationslinie von Deutschland nach Frankreich durch Belgien auf Paris führe. Von Interesse ist, daß der General persönlich Stellung zu der schwebenden Frage nimmt und seine Ansichten über die voraussichtlichen Operationen der Franzosen und Oesterreicher in Italien entwickelt.

Fast bedeutungsvoller indeß erscheint das die Denkschrift begleitende Schreiben an den Kriegsminister, in dem Moltke die Forderung aufstellt, daß das Handelsministerium die vom Generalstabe ausgearbeiteten Transporte prüfe und daß mit den in Frage kommenden anderen Deutschen Staaten Vereinbarungen getroffen würden. Hiermit berührte der General den brennenden Punkt der ganzen Aufmarschfrage. Alle praktischen Erfahrungen über Truppentransporte im großen Stile fehlten; eine Prüfung von maßgebender Stelle aus, ob die geforderten Leistungen zu hoch oder zu niedrig seien, mußte der Ausnutzung des neuen Kriegsmittels entschieden vorangehen. Nur dadurch ließ sich die nöthige Sicherheit und zugleich ein Maßstab dafür gewinnen, wie lange in jedem Falle die Mobilmachung der Armee ohne Gefährdung höherer Interessen hinausgeschoben werden dürfe.

Anschreiben und Denkschrift lauten:

Nr. 1.

An den Kriegsminister Generallieutnant v. Bonin.

Berlin, den 7. Februar 1859.

Euerer Excellenz beehre ich mich das unter dem 1. d. Mts. geforderte Memoire über eine erste Aufstellung der Armee in der Anlage ganz ergebenst zu überreichen.

Die Konzentration nach dem Rhein ist beim Generalstab bereits im vorigen Jahre ins Auge gefaßt worden und sind dabei die sämmtlichen Märsche bis ins Detail bearbeitet. Ich gestatte mir die bezüglichen Tableaus**) ebenfalls beizufügen, indem ich Euerer Excellenz ganz ergebenst bemerke, wie solche natürlich nur dann genau passen können, wenn die vorgeschlagene Konzentration selbst an entscheidender Stelle gebilligt würde. Da indeß auch jede andere Aufstellung wesentlich auf der ausgedehntesten Benutzung der Eisenbahnen beruht, diese zwar von der Militärbehörde angeordnet, von der Civilbehörde aber ausgeführt wird, so stelle ich dem geneigten Ermessen Euerer Excellenz ebenmäßig anheim, ob nicht schon jetzt die Tableaus dem Königlichen Ministerium des Handels und Gewerbes mitzutheilen sein möchten, um

---

*) Vergl. Anlage 1.
**) Die Tableaus sind nicht aufgenommen worden.

durch den Vorstand des technischen Büreaus der Abtheilung für Eisenbahnangelegenheiten, unter erforderlicher Zuziehung der Königlichen Eisenbahnkommissare bezw. Betriebsdirektoren, genau zu prüfen, ob diese oder ähnliche Leistungen auf den Eisenbahnen ausgeführt werden können, ob sie gesteigert werden dürfen oder ermäßigt werden müssen. Bei dem Mangel an praktischer Erfahrung dürfte nur auf solche Weise die nöthige Sicherheit und zugleich ein Maßstab dafür erlangt werden, wie lange in jedem Fall die Mobilmachung der Armee verschoben werden darf, ohne höhere Interessen zu gefährden.

Noch gestatte ich mir Euerer Excellenz Ermessen ganz ergebenst anheimzustellen, ob nicht Verhandlungen mit den betreffenden Staatsregierungen über die Linien Leipzig—Hof—Frankfurt a. M., Eisenach—Coburg, Frankfurt—Rüdesheim, Frankfurt—Mannheim und Mainz—Ludwigshafen wünschenswerth sein möchten, über deren Benutzung zu Militärtransporten, soweit hier bekannt, besondere Abkommen noch nicht getroffen sind.

Nr. 2.
Denkschrift.

Berlin, den 7. Februar 1859.

Die Frage, welche erste Aufstellung das Heer einzunehmen hat, wenn Preußen beabsichtigt sich an dem obschwebenden Konflikt zwischen Frankreich und Oesterreich aktiv zu betheiligen, läßt sich nicht anders beantworten, als indem zugleich die Lage der übrigen Großmächte und selbst der kleineren, dem Kriegsschauplatz zunächst liegenden Staaten, mit in Betracht gezogen wird. Bei einem Kampf, welcher die größten Dimensionen anzunehmen vermag, ist es nöthig zu wissen, wer Freund, wer Feind ist, welches Gewicht für oder wider uns in die Wage geworfen werden kann. Die vorliegende Arbeit strebt, soweit irgend möglich, den rein militärischen Standpunkt festzuhalten, indeß können politische Erwägungen nicht ganz ausgeschlossen bleiben.

Die Möglichkeit, gleichzeitig von Osten und von Westen her angegriffen zu werden, ist eine Lage, welche Preußen freiwillig niemals herbeiführen wird. Handelt es sich also um Maßregeln, welche den Krieg mit Frankreich nach sich ziehen können, so muß vor Allem ins Auge gefaßt werden, was wir von Rußland zu erwarten haben.

Denkschrift vom 7. Februar 1859.

Der schwere Krieg gegen die Westmächte hat die Kräfte Rußlands auf das Aeußerste in Anspruch genommen und dem Lande tiefe Wunden geschlagen. Wie sehr das Reich einer Reihe von Jahren des Friedens bedarf, erkennt das Krönungsmanifest selbst an, indem es sagt:

„Rekrutenaushebungen sollen in dem gegenwärtigen Jahre 1856 und im Laufe der drei folgenden Jahre nicht stattfinden, wenn Gott Uns mit der Fortdauer eines festen Friedens segnet und keine außerordentlichen Umstände die Aushebung unvermeidlich machen."

Die zahlreichen starken Aushebungen von 1853 bis 1856 und das Aufgebot der Reichswehr mußten in dem menschenarmen Lande die kostbaren Kräfte dem Landbau in einem unerhörten Maße entziehen. Der Wohlstand hat sich erschöpft an patriotischen Gaben für Kriegsrüstungen und behufs Erleichterung und Pflege der Soldaten. Wirklich hat Rußland seit dem Friedensschluß eine neue Bahn betreten.

„Die Ursachen unserer Niederlage," sagt die Petersburger Zeitung in völliger Uebereinstimmung mit zahlreichen Aussprüchen der sich nunmehr freibewegenden Presse, „waren im Innern unseres Vaterlandes zu suchen. Und dort fand sie unser Kaiser. Er that einen tiefen Blick in des Reiches verwahrloste Zustände ꝛc. Eine brennende Frage des Tages ist die Aussöhnung der berechtigten Interessen ganzer Volksschichten ꝛc."

Diese Bahn der inneren staatlichen und sozialen Entwickelung und der Förderung der Landeskultur nach allen Richtungen verfolgt Rußland gegenwärtig mit Aufbietung aller seiner Kräfte. Die 1857 begonnene Herstellung eines Eisenbahnnetzes von 571 Meilen Längenausdehnung soll innerhalb zehn Jahren bewirkt werden. Zur Verwerthung dieser Eisenbahnen ist die ebenso schnelle Erbauung von Chausseen in außerordentlich großer Gesammtausdehnung erforderlich. Infolge der Anregung des Unternehmungsgeistes seitens der Regierung werden ganz außerordentliche Geldsummen und Kräfte auf Hebung der Landeskultur, gewerbliche Unternehmungen, Dampfschifffahrt auf Binnengewässern, überseeischen Verkehr und Eröffnung neuer Erwerbsquellen und Handelswege verwendet. Diese großartigen, meist auf Association beruhenden Unternehmungen, an denen vorzugsweise der hohe Adel stark betheiligt ist, bedürfen zur gedeihlichen Entwickelung bringend des Friedens.

Wollte man die zur Augmentation der Armee für die erste Kriegsformation erforderlichen Mannschaften, welche allein für die Infanterie und Kavallerie über 287000 Mann betragen, wieder einberufen und somit der Landeskultur entziehen, die nunmehr vorzugsweise den Kulturinteressen zugewendeten Kräfte des Reichs wieder dem Heeres- und Kriegsbudget zufließen lassen und die Werthpapiere (den Geldmarkt) den gefährlichen Chancen eines Krieges bloßstellen, so würden alle jene Unternehmungen und der Wohlstand des Landes dem Verderben preisgegeben. Es kann daher die öffentliche Meinung, welche in Rußland gegenwärtig wohl viel mehr als bisher von der Regierung beachtet werden muß, der Russischen Presse darin nur beistimmen, daß das Land auf das Dringendste der Erhaltung des Friedens bedarf.

Der Frieden ist ferner eine unerläßliche Bedingung für das Gedeihen der Niederlassungen am Amur, welche eine große Bedeutung für Rußland zu gewinnen versprechen, wenn die Regierung ihnen die bisherige Aufmerksamkeit und kostbare Pflege fortgesetzt zuwenden kann, für den Fortschritt der militärisch-sozialen Organisationen und Kulturschöpfungen im Orenburgschen und Trans-Baikalschen Gebiet sowie für die endliche Bewältigung des Kaukasus, behufs welcher die 13. und 18. Infanterie-Division der Russisch-Europäischen Armee bei der Armee des Kaukasus belassen worden sind.

Ganz besonders endlich darf die unternommene Befreiung der gutsherrlichen Bauern und ihre allmähliche Umwandlung in freie Eigenthümer nicht den Störungen ausgesetzt werden. Wie könnten selbstständige bäuerliche Wirthschaften geschaffen werden und sich entwickeln, wenn man denselben die nöthigen Arbeitskräfte durch Einberufungen zum Heere entzieht, wie sollte der große Grundbesitz, der unter Opfern ein neues Wirthschaftssystem beginnen muß, dabei bestehen können! — Selbst bei friedlicher Entwickelung ist die Durchführung dieser Organisation des Bauernstandes sehr schwierig und nicht ohne Gefahren, und der Adel, auf dessen Kosten dieser soziale Prozeß vor sich geht, fügt sich darin nur ungern dem Willen der Regierung, deren Intentionen von den Bauern natürlich dahin aufgefaßt werden, daß eine bedeutende Verbesserung ihrer Lage sogleich eintreten soll, diese aber von der Gutsherrschaft ihnen vorenthalten wird. In allen Theilen des ausgedehnten Landes müssen Truppen bei der Hand sein, um unruhige Bewegungen der bäuerlichen Bevölkerung, sobald solche zu Störungen der gesetzlichen Ordnung fortschreiten, im Keime unterdrücken zu können. Es ist daher ein bedeutender Theil des Heeres nicht abkömmlich für einen Krieg nach außen.

Das Resultat dieser Untersuchung ist also, daß Rußland für seine mit aller Kraft und Energie unternommene innere Entwickelung dringend und nothwendig des Friedens bedarf und daß ein äußerer Krieg alle in diesem Gebiet begonnenen großen Schöpfungen und Unternehmungen auf das Aeußerste gefährdet.

Denkschrift vom 7. Februar 1859.

Hiernach läßt sich durchaus nicht annehmen, daß es dem Kaiser Napoleon gelingen sollte das mit vollem Bewußtsein seiner inneren Entwickelung sich hingebende Rußland aus dieser Bahn herauszulenken. Rußland kann und wird nach aller möglichen Voraussicht an dem den Frieden Westeuropas bedrohenden Konflikt keinen Antheil soweit nehmen, daß es für eine oder die andere Partei mit den Waffen in der Hand in die Schranken tritt.

Indeß kann Rußland bei seinen bestehenden näheren Beziehungen zu Frankreich und Sardinien den Schein annehmen, als sei es geneigt einem Bündnisse dieser beiden Staaten gegen Oesterreich beizutreten und Preußen mit einem Angriffe zu bedrohen, falls letzteres mit und für Oesterreich gegen die Friedensstörer in die Schranken treten wollte. Rußland vermag zu diesem Behuf ein Heer aufzustellen, ohne besondere Rüstungen vorzunehmen. — In Polen, auf der Linie Brest, Warschau, Lowicz, Czenstochau echelonnirt, würde dieses Heer Preußen auf seiner ganzen Ostgrenze und zugleich Oesterreich in Galizien und Mähren gefährlich bedrohen. (Von Krakau bis Wien sind nur 50 Meilen.)

Zur Formation dieses Heeres sind in erster Linie disponibel:

Die 2. Infanterie-Division
  „ 5.   „   „ } gegenwärtig in Polen bislocirt.
  „ 7.   „   „
  „ 3.   „   „   gegenwärtig in Grodno.
  „ 1.   „   „   „   „ Kurland.
  „ 4.   „   „   um Berditschew.
  „ 6.   „   „   „   „ Kamenez—Podolsk.
  „ 1. leichte Kavallerie-Division gegenwärtig in Samogitien.
  „ 2.   „   „   „   „   um Winniza.
  „ 1. Sappeur-Brigade gegenwärtig in Polen.

Die Infanterie-Regimenter dieser Divisionen zählen je 3 aktive Bataillone zu je 844 Köpfen, die Kavallerie-Regimenter je 6 Eskadrons zu je 165 Pferden, die Fußbatterien 4, die reitenden 8 bespannte Geschütze.

Diese Truppen belaufen sich auf:

    94 Bataillone   = 77 576 Mann Infanterie.
    72 Schwadronen = 11 880 Pferde.
    28 Fußbatterien zu je 4 Geschützen = 112 Geschütze.
    6 reitende Batterien zu je 8 Geschützen = 48 „
                                               160 Geschütze,

im Ganzen annähernd 98 000 Mann.

Die entferntesten derselben stehen 90 Meilen von Warschau. Werden auf die Mobilmachung 4 Wochen und auf die Märsche 40 Tage gerechnet, so kann das Heer innerhalb 70 Tagen auf der vorangegebenen Linie in Polen aufgestellt werden.

Mehr Truppen hat Rußland für eine Konzentration in Polen nicht disponibel. Die nächsten stehen hinter der Linie der Düna und des Dnjepr. Es sind die 36 Reservebataillone der Ersten Armee (die 4. Bataillone der Infanterie-Regimenter), aus welchen bei erster Kriegsformation 36 Reserve-Infanterie-Regimenter zu je 3 Bataillonen gebildet werden sollen. Behufs dieser Formation würden für jedes Armeekorps 29 148 Beurlaubte und Reserven, mithin bei den 36 Bataillonen der Ersten Armee $3 \times 29\,148 = 87\,444$ Mann einzuziehen sein, wozu die Regierung unter den vorerörterten Verhältnissen des Landes gewiß nicht sich verstehen wird.

Die ferner noch zur Ersten Armee gehörenden Truppen, nämlich die 8. und 9. Infanterie-Division und die 3. leichte Kavallerie-Division, stehen im Innern des Reiches, bezw. um Kaluga, Orel und Kursk. Sie können dort in Ansehung etwa drohender innerer Unruhen wohl kaum entbehrt werden und bei ihrer großen Entfernung von den Westgrenzen würde man sie nur nach Polen heranziehen, wenn man allen Ernstes zum Kriege schreiten wollte, was doch durchaus nicht vorauszusetzen ist. Die im Süden des Landes stehenden Truppen, nämlich die 14. und 15. Infanterie-Division, ferner die 11. und 12. Infanterie-Division, deren Bataillone nur 571 Köpfe stark sind, die 4. und 5. leichte Kavallerie-Division und das nur 16 Eskadrons zählende Reserve-Kavalleriekorps (Kürassiere), würde Rußland wohl unbedingt in Podolien konzentriren; zusammen im Ganzen:

    52 Bataillone   = 36 632 Mann Infanterie
    88 Schwadronen = 15 504   ·   Kavallerie
                      52 000 Mann, 136 Geschütze,

und in der ersten Kriegsformation:

    52 Bataillone   = 52 000 Mann Infanterie
   128 Schwadronen = 20 480 Mann Kavallerie, 256 Geschütze,

oder annähernd 75 000 Mann.

Sie bedrohen Oesterreich in Galizien und sind zugleich für Eventualitäten in den Donaufürstenthümern und der Türkei verfügbar, welche Länder im Verlauf eines Westeuropäischen Krieges doch wahrscheinlich in einen Zersetzungs-prozeß gerathen würden.

Es bleibt endlich noch in das Auge zu fassen, auf welche Stärke das in Polen aufzustellende Heer durch Einberufung der Kriegsaugmentation gebracht werden kann und um wie viel dadurch die zur Aufstellung des Heeres in Polen erforderliche Zeit verlängert wird.

Zur Augmentation der 7 Infanterie-Divisionen auf die Kriegsstärke sind erforderlich 7×2204 Mann $= 15\,428$ Mann, zur Augmentation der beiden leichten Kavallerie-Divisionen von 6 zu 8 Schwadronen für jedes Regiment $2 \times 1740 = 3480$ Mann und Pferde, die Artillerie erreicht den Kriegsfuß durch Ausrüstung von 168 neu zu bespannenden Geschützen, die 1. Sappeur-Brigade bedarf 996 Mann.

Das in Polen aufzustellende Heer würde so die Stärke erreichen von:

94 Bataillonen = 94 000 Mann Infanterie
96 Schwadronen = 15 360 " Kavallerie
35 Fußbatterien zu je 8 Geschützen = 250 Geschütze
6 reitenden Batterien zu je 8 Geschützen = 48 "
298 Geschütze

oder im Ganzen annähernd 115 000 Mann.

Jede Division dürfte die verhältnißmäßig geringe Zahl der erforderlichen Augmentationsmannschaften aus einem Rayon von höchstens 30 Meilen Radius beziehen können. Die Versammlung dieser Mannschaften in der bezüglichen Gouvernementshauptstadt und ihr Marsch zum Truppentheil kann höchstens 20 Tage erfordern, welcher Zeitraum auch für die Gestellung der Mobilmachungspferde genügt.

Das Heer wird mithin in der vorangegebenen Stärke die bezeichnete Aufstellung in Polen in $20 + 70 = 90$ Tagen erreichen können.

Englands weitverbreitete Handelsbeziehungen müssen diesem Lande jede Störung des Friedens unwillkommen machen. Schwerlich kann es gern sehen, daß Frankreich seine Macht in Italien erweitert, den kaiserlichen Absolutismus auf diese Halbinsel überträgt oder Napoleonische Filialreiche dort gründet, so der Verwirklichung der Idee vom „französischen See" nähertretend. Es scheint indeß, daß das Kabinet von St. James das Bündniß mit den Tuilerien, so lange der Aufruhr in Indien dauert, nicht entbehren kann und um diesen Preis dem lokalisirten Kampf theilnahmlos zuschauen will, — daß es aber auch ferner ruhig bleiben sollte, wenn die Kriegsflamme weiter um sich greift, oder gar, daß es dann zu Gunsten Frankreichs aktiv werden sollte, ist gegen alle und jede Wahrscheinlichkeit.

Für die erste Entwickelung indeß bleibt England außer Betracht.

Dänemarks Gesinnung gegen Deutschland-Preußen ist bekannt. Nach der Gesetzesvorlage von 1858 soll die Kriegsstärke der Landarmee auf 50 000 Mann gebracht werden.

Hiervon muß ein Theil auf den Inseln und in den Festungen bleiben. Man wird dazu wahrscheinlich das Holstein-Lauenburgische Kontingent bestimmen, doch aber dann genöthigt sein mindestens ebenso viel National-Dänen zurückzulassen. Zur Defensive von Schleswig würde sonach das Dänische Heer in der Stärke von 40 000 Mann auftreten können. — Wollte dasselbe dagegen die Offensive über die Elbe hinaus ergreifen, so müßten abermals 10 000 Mann zurückbleiben, um bei der erbitterten Stimmung der Einwohner die Ordnung in den Herzogthümern aufrecht zu erhalten.

Eine solche Operation nach Deutschland hinein, zunächst ohne jede mögliche direkte Unterstützung durch Frankreich, würde die bedenklichste Folge für Dänemark haben können. Die höchstens 30 000 Mann starke Armee würde Gefahr laufen durch sehr überlegene Kräfte sofort angegriffen und geschlagen zu werden, wenn auch nur ein Preußisches Armeekorps sich mit dem X. Deutschen Bundeskorps vereint.

Indeß ist nicht in Abrede zu stellen, daß eine aggressive Politik des Kopenhagener Kabinets dazu nöthigen kann das genannte Bundeskorps vorerst in der Defensive an der Elbe oder Eider zu belassen und auf eine eventuelle Unterstützung durch ein Preußisches Armeekorps Bedacht zu nehmen.

Niederland liegt eigentlich außerhalb und nur mit Maastricht und Luxemburg auf dem wahrscheinlichen Kriegsschauplatz. Es kommt nur mittelbar in Betracht, sofern es freundlich oder feindlich gegen Belgien aufträte. Aber die Schwäche, in welche dieses Königreich seit 1830 versunken ist, weist es auf eine streng defensive Haltung hin, die auch von der Natur seines Bodens vorzugsweise begünstigt wird. Zwar könnte ein Holländisches Heer aus diesem schwer zugänglichen, durch Flüsse und Ueberschwemmungen geschützten und von keiner Seite direkt gefährdeten Lande offensiv hervortreten und mit Belgien und Preußen vereint den heimischen Boden am sichersten außerhalb der Heimath vertheidigen. Aber es finden sich in Niederland keine Sympathien für das stammverwandte Deutschland oder speziell für Preußen und begreiflicherweise noch viel weniger für Belgien. Dazu kommt die gänzliche Vernachlässigung der Landmacht, welche es dieser unmöglich macht mit Aussicht auf Erfolg einen Feldzug zu führen.

Die zahlreiche Schutterie*) wird, von Linientruppen unterstützt, vielleicht

---
*) Miliz.

die halbverfallenen Festungen, die Deiche und Ueberschwemmungen der Heimath gegen eine Invasion vertheidigen helfen. Bei einem Präsentstande der Armee im Winter von wenig über 10 000 Mann wird aber das mobile Heer kaum 30 000 Mann zählen. Auch für diese Entwickelung fehlt es an Kadres und an Ausrüstung. Der bei Weitem größere Theil der Mannschaften hat nur etwa vier Monate unter den Fahnen zugebracht. Die Beschaffung der Kavalleriepferde kann nur aus Hannover und Oldenburg stattfinden und erfordert sechs Monate Zeit. Die Artillerie allein besitzt eine größere Brauchbarkeit.

Unter solchen Umständen scheint man denn auch entschlossen auf die Defensive der sogenannten Utrechter Linien sich beschränken zu wollen. Bergen, Breda und Herzogenbusch werden schon als vorgeschobene Posten betrachtet und das für das Rheinland so wichtige Maastricht soll ganz aufgegeben werden. Es scheint, daß man die Werke dieses Platzes absichtlich verfallen und die dortigen Kriegsvorräthe zurückschaffen läßt.

Ob der König der Niederlande als Deutscher Bundesfürst unter solchen Umständen auch nur sein Kontingent für Luxemburg stellen wird, erscheint zweifelhaft. Unmöglich wäre es nicht, daß Preußen die Vertheidigung dieses wichtigen Platzes allein übernehmen und selbst noch Maastricht besetzen müßte, um zu verhindern, daß es nicht ein Französischer Depotplatz werde, auf welchem sich das Vorrücken gegen den Rhein basiren könnte.

Daß Holland sich gegen Deutschland erklären sollte, um mit Hülfe Frankreichs Belgien oder einen Theil desselben zurück zu erlangen, ist nicht zu erwarten. In solchem Falle würde man auf die thätige Bundesgenossenschaft dieses letzteren Landes rechnen können.

Holland von Hause aus durch Preußische Truppen zu besetzen, um sich der allerdings reichen Hülfsquellen dieses Landes zu versichern, würde eine nicht zu rechtfertigende Zersplitterung unserer Streitkräfte involviren und wahrscheinlich einen Krieg mit England herbeiführen.

Belgien hat, seit es seine Unabhängigkeit erworben, einen Aufschwung wie wohl kein anderer Europäischer Staat genommen. Trotz der Verschiedenheit seiner Stämme hat ein wirkliches Nationalgefühl sich entwickelt.

Die anfänglich unbedingte Nothwendigkeit einer Anlehnung an Frankreich hat aufgehört. Belgien sieht in Frankreich den einzigen wirklichen Feind seiner nationalen Selbständigkeit; es betrachtet England, Preußen und selbst Holland als seine unfehlbaren Verbündeten.

Würde Belgiens Neutralität respektirt, so wäre dadurch der größte Theil unserer Westgrenze völlig gedeckt. Allerdings kann auch dann Frankreich mit Leichtigkeit und in kürzester Zeit ein bedeutendes Heer hart an unserer Grenze in Metz versammeln.*) Allein die Operation gegen den Niederrhein bedarf einer breiteren Basis, welche nur Belgien abgeben kann. Da es nicht wahrscheinlich ist, daß Belgien sich mit Frankreich verbindet, so bleibt die Invasion jenes Landes für Frankreich immer der erste Schritt, um gegen Preußen etwas Ernstes zu unternehmen.

Belgien beabsichtigt zum Schutz seiner Neutralität eine Streitmacht von 100 000 Mann aufzustellen. Die Friedenseinrichtungen sind aber nicht in der Art getroffen, daß man hoffen dürfte mit einem wirklich schlagfertigen Heere das Feld zu behaupten.

Die Belgischen Festungen bedürfen einer Besatzung von 40 000 Mann. Mit völliger Preisgebung des ganzen übrigen Landes und der Hauptstadt will man den Rest des Heeres in einem verschanzten Lager vor Antwerpen konzentriren und dort Stand halten, bis Hülfe von Außen kommt.

Bei der vielverzweigten Eisenbahnverbindung ist es möglich, daß sich in kurzer Zeit 50 bis 60 000 Mann versammeln, von denen der bei Weitem größere Theil aus Reserven besteht, die nur wenige Monate gedient haben. Die Kavallerie wird sehr unvollständig sein, die Artillerie den besten Theil des Heeres bilden. Aber selbst hinter permanenten Werken darf die Hülfe für dies Heer nicht allzulange ausbleiben.

Eine solche ist von Holland keinesfalls zu gewärtigen.

Englands Heer befindet sich in Indien und ist dort noch für eine Reihe von Jahren in Anspruch genommen. Wenn wirklich 10 000 oder 15 000 Engländer die an sich schwierige Landung bei Ostende und Nieuport bewirkten oder selbst wenn ihre Schiffe bis Antwerpen hinaufgingen, so würde

---

*) In einer erst nach Herausgabe der Militärischen Korrespondenz 1870/71 aufgefundenen Bearbeitung der Denkschrift vom Oktober 1858 findet sich hinter „.... versammeln" der Satz:

„Dies Heer müßte aber sogleich Luxemburg und Saarlouis belagern, Landau, Germersheim und Mainz beobachten, um durch das schwierige Saar- und Moselgebiet gegen den Rhein vorzudringen. Hier stößt es in der Front auf Coblenz, während es Cöln und Maastricht in der Flanke behält."

dadurch die Möglichkeit offensiv gegen ein Französisches Heer zu verfahren noch lange nicht gegeben sein.

Nur allein von Preußen kann Belgien ausreichende Hülfe erwarten.

Für diesen Zweck ist aber das Lager von Antwerpen übel gewählt. Mit den Mitteln, welche dem VII. und VIII. Preußischen Armeekorps nach Besetzung der Rhein- und Bundesfestungen, eventuell auch Maastrichts und Venlos, im freien Felde disponibel bleiben, ist eine direkte Unterstützung auf 20 Meilen Entfernung nicht angänglich. Nun ist aber der Vorschlag der Regierung zur Anlage des befestigten Lagers bei Antwerpen von den Kammern verworfen worden und das Belgische Heer würde von den dort zur Zeit vorhandenen Werken den erwarteten Schutz nicht einmal finden.

Ein verschanztes Lager bei Namur würde dagegen den größten Theil des Landes und selbst die Hauptstadt einigermaßen decken und die direkte Unterstützung Preußischer Streitkräfte, wenigstens den Rückzug auf dieselben sichern, während man in Antwerpen überhaupt gar keinen Rückzug mehr hat. Die Flankenstellung an der Maas in Verbindung mit dem festen Platz Namur, links durch die Ardennen geschützt, einen Marsch entfernt von den Festungen Charleroy, Dinant und Huy — das reiche Lüttich und die Eisenbahn im Rücken — erscheint für die Offensive und Defensive sowie für Ernährung und Unterstützung des Belgischen Heeres gleich geeignet.

Unstreitig hat die Aufstellung des Belgischen Heeres auch bei Antwerpen den Vortheil für uns, daß der Französische Angriff ein bedeutendes Truppenkorps vor derselben stehen lassen muß und daher erheblich geschwächt unsere Grenze erreicht. Es ist aber zu besorgen, daß Belgien, dessen Grenzplätze im schlechten Zustand sind, früher verloren geht, als unsere Korps aus der Mitte der Monarchie am Rhein anlangen, und daß es neu erobert werden muß.

Es drängt sich daher die Frage auf, ob die Belgische Regierung, ohne daß man bestimmte Verbindlichkeiten gegen dieselbe übernimmt, veranlaßt werden könnte ihr Heer statt in Antwerpen an der Maas zu konzentriren?

Ungünstiger als auf dem nördlichen gestalten sich die politischen Verhältnisse auf dem südlichen Theil des großen Kriegsschauplatzes für einen Krieg zwischen Frankreich und Deutschland.

Ebenso wie das vereinigte Königreich der Niederlande wurde auch Sardinien bei dem Pariser Frieden als ein Bollwerk gegen künftige Angriffe Frankreichs auf Deutschland gedacht und dementsprechend hergestellt.

Sardinien ist im Besitz der wichtigen Alpenpässe vom Montblanc bis zum Meere, es erhielt zehn Millionen von den Französischen Kontributionsgeldern, um diese Pässe durch Befestigungen zu sichern, während anderseits das der Lombardei zugewandte Alessandria geschleift wurde.

Aber die Verhältnisse haben seitdem sich nicht nach der Politik der Kabinette entwickelt. Diese selbst sind zum Theil von der Strömung der die Völker bewegenden nationalen und sozialen Ideen in eine ganz veränderte Bahn fortgerissen worden.

In Italien ist die nationale Bewegung seit einer Reihe von Jahren im steten Wachsen, welche die Vereinigung aller Italienischen Staaten unter einer gemeinschaftlichen Regierung will.

Sardinien fühlt sich berufen der Vorfechter dieses Strebens zu sein. Die Herrschaft Oesterreichs in Italien ist das vornehmste Hinderniß, welches der Verwirklichung entgegensteht. Ein Sardinischer Minister protestirte auf dem Europäischen Kongreß zu Paris 1856 im Namen Italiens gegen jene Herrschaft: „es könne kein Einverständniß Platz greifen zwischen Sardinien und Oesterreich, so lange dies einen Zoll Italienischen Bodens inne habe". Das Sardinische Heer erwartet mit Ungeduld den Augenblick, wo es in einem neuen Feldzuge die Scharte des letzten auswetzen kann. In der hergestellten Befestigung von Alessandria und Casale sind die Stützpunkte für den zu erwartenden Kampf entstanden.

Innerhalb dieser nationalen wirkt die in Italien weit verbreitete republikanische Tendenz. Beide werden sich bei der Ausführung trennen, sich feindlich entgegenstehen. Schon jetzt vermag die Sardinische, die kräftigste der Italienischen Regierungen, nicht sich ihres verdächtigen Bundesgenossen zu entledigen. Man hat es schon einmal lieber zum Abbruch der diplomatischen Verbindungen mit Oesterreich kommen lassen, als daß man gewagt hätte der Zügellosigkeit der Presse Schranken zu setzen. Ob bei ausbrechendem Kampfe die Regierung oder die Mazzinische Agitation die Bewegung leiten wird, kann zweifelhaft erscheinen und wird wesentlich davon abhängen, unter welchen Verhältnissen Frankreich den Kampfplatz betritt. Für jetzt aber und bis zu einem gewissen Punkte gehen alle Parteien miteinander und drängen rastlos zum Kampfe mit Oesterreich.

Vermöge seiner vortrefflichen Militäreinrichtungen ist nun Sardinien ein sehr zu beachtender Gegner. Es ist keineswegs gewillt unthätig fremden Beistand abzuwarten. In vier bis fünf Wochen versammelt es ein durchaus schlagfertiges Heer von 60 000 Mann bei Turin, welches in wenigen

Märschen nach Stradella rückt, dort auf Casale, Alessandria und Genua vortheilhaft basirt, in einer starken Stellung das ganze rückwärtige Land deckt, einen feindlichen Uebergang über den Ticino flankirt, Mailand unmittelbar bedroht und zu einer Offensivunternehmung auch noch durch einen Theil der sehr bedeutenden Festungsbesatzungen (40 000 Mann) verstärkt werden kann.

So die drohende Stellung Sardiniens. Die übrigen Italienischen Mächte kommen zwar weniger in Betracht, aber solange Frankreich ein Truppencorps im Kirchenstaat hat, darf die Südgrenze der Lombardei keineswegs als gesichert angesehen werden.*)

Es ist klar, daß in diesem Falle Oesterreich in Deutschland weder mit großen Streitmitteln noch in kurzer Zeit handelnd auftreten kann.

Von besonderer Wichtigkeit endlich ist die **Schweiz**, welche wie ein festes Bollwerk mitten zwischen die Deutsche und Italienische Defensionslinie hineinragt.

Die neutrale Schweiz trennt die Heere, welche Oesterreich in Deutschland und der Lombardei aufstellen könnte, sie deckt den offensten Zugang in das Innere Frankreichs, die Franche Comté. Darf man aber annehmen, daß ein Französisches Heer in dieses Gebirgsland einrückt, so befindet es sich dort in einer schwer angreifbaren Centralstellung, von welcher aus es über den oberen Rhein gegen Süddeutschland und über die völlig gangbaren Alpenpässe**) gegen Oberitalien debouchiren kann, wo nicht allein die Offensive Oesterreichs gegen Sardinien, sondern auch die Defensive in der Lombardei in den Rücken genommen und selbst Tirol unmittelbar bedroht wird.

Die Folge einer feindlichen Besetzung der Schweiz würde sein, daß nicht mehr der Rhein und der Ticino, sondern die Iller und der Mincio die anfängliche Defensionslinie der Deutschen Heere bilden. Die Linie der ersten

---

*) In der nach Herausgabe der Mil. Korr. 1870/71 aufgefundenen Bearbeitung vom Oktober 1858 ist an dieser Stelle eingeschoben:

„Hiernach bleibt Oesterreich auf dem Italienischen Kriegsschauplatz nur die Wahl entweder hinter den Mincio zurückzugehen und die Lombardei preiszugeben, wo weder das noch unvollendete Piacenza noch sonst feste Plätze seinem Heere Stützpunkte gewähren, oder sofort mit bedeutenden und zwar den bereitesten Streitmitteln die Offensive zu ergreifen, die Sardinische Armee zu schlagen und bis zu den Alpen vorzubringen." Vergl. Seite 20.

**) Ebendort steht:

„den großen Sankt Bernhard, den Simplon, den Gotthard, Bernhardin und Splügen".

Aufstellungen würde sich in dem Bogen von Rastatt über Ulm, Feldkirch, Peschiera nach Mantua ziehen und die reichen Gebiete von Schwaben und der Lombardei von Hause aus dem Gegner preisgegeben sein.*)

Demnach ist die Frage von höchster Bedeutung, ob die Schweiz ihre seit dem Westfälischen Frieden völkerrechtlich stets anerkannte Neutralität behaupten kann und will?

Die Schweiz ist aus dem Sonderbundskriege 1847 als ein Bundesstaat mit kräftiger Centralisation und einem wohlorganisirten Heere von über 100 000 Mann hervorgegangen, einem Volksheer zwar mit den einem solchen innewohnenden Mängeln, fast ohne Kavallerie, aber zur Vertheidigung des heimischen Bodens sehr wohl geeignet und in äußerst kurzer Zeit, in drei Wochen, zu versammeln. Wenngleich die Befestigung von Genf geschleift, die von Basel nicht widerstandsfähig ist, auch Frankreich die Zugänge von Lyon und Besançon in die Französische Schweiz beherrscht, so bilden doch der Jura und die Aar immer noch eine sehr starke Vertheidigungslinie. Will also die Schweiz ihre Neutralität behaupten, so müßte Frankreich in dem jedenfalls sehr ernsten Kampf mit Deutschland ein besonderes Heer für eine Unternehmung bestimmen, deren Erfolg zweifelhaft bleibt und aus welcher die großen Vortheile nur dann fließen, wenn sie schnell und früher beendet sein kann, als die Deutschen Heere ihre Offensive zu ergreifen vermögen.

Die liberalen und radikalen Prinzipien haben auch in der Schweiz Wurzel gefaßt. Frankreich hat namentlich im Waadtlande und Genf vielfache

---

*) Ebendort folgt der Satz:

„Abgesehen von dem großen materiellen Verlust hat dies namentlich noch die wichtige politische Bedeutung, daß der Süden Deutschlands nicht aus Provinzen eines größeren Staates, sondern aus selbständigen Staaten besteht, die neben dem allgemeinen Deutschen auch ihren besonderen Schwerpunkt haben und zur Rettung ihrer Existenz zu Separatabkommen getrieben werden könnten, welche dem Gesammtinteresse entgegen wären.

Es ist von Wichtigkeit, daß das verschanzte Lager von Ulm nicht bloß durch Kontingente des VII. und VIII. Bundeskorps besetzt, sondern durch die Streitkräfte einer der beiden Deutschen Großmächte unterstützt werde. Nach seiner geographischen Lage kann die Aufgabe nur Oesterreich zufallen, ist aber Oesterreich in Italien, in Tirol auf seinen eigenen Grenzen unmittelbar bedroht, so ist zu befürchten, daß es um so schwächer und später in Süddeutschland auftreten wird."

Sympathien, es hat seinen Einfluß mit Erfolg erweitert und thatsächlich in der neuesten Zeit den Vermittler in einer für die Schweiz wichtigen Angelegenheit abgegeben.*) Eine Hinneigung zu Deutschland ist nicht vorhanden. Die öffentliche Meinung und die Presse werden bei ausbrechendem Kampfe für Französische Ideen wahrscheinlich Partei ergreifen. Aber das wahre Interesse der Schweiz ist unzweifelhaft vorgezeichnet. Bei Aufgebung der Neutralität ist die Unabhängigkeit des Staates gefährdet; das Land wird sogleich der Schauplatz eines Kampfes, bei welchem es nie etwas gewinnen kann, weil Gebietserweiterungen ganz außer dem Interesse der Schweiz liegen.

Es ist daher mit Grund anzunehmen, daß die Eidgenössische Regierung im entscheidenden Augenblick trotz aller Parteimeinungen und Sympathien die Neutralität der Schweiz wahren und mit aller Macht ihrer Waffen aufrecht erhalten wird.

Wenn die Politik der Sardinischen Regierung eine mit der des Oesterreichischen Kabinets unvereinbare, wenn andererseits das Königreich der Niederlande zur militärischen Unbedeutendheit herabgesunken ist, so läßt sich dagegen nicht verkennen, wie wichtig es ist schon im Voraus ein freundschaftliches Verhältniß mit Belgien und der Schweiz anzubahnen. Es handelt sich dabei um nichts Geringeres als die Frage: ob Deutschland bei einem Kriege mit Frankreich zwei Armeen von 100 000 Mann für oder gegen sich haben soll, und ob wir die Linien von Luxemburg bis Basel oder von Ostende bis Genf zu vertheidigen haben werden?

Deutschland mit seinen beiden Großmächten stellt über eine Million Soldaten auf. Zieht man nur die Ziffern in Betracht, so wird man zu dem Schluß berechtigt sein, daß Frankreich allein bei Weitem nicht stark genug ist, um einen Krieg gegen Deutschland zu führen. Und diese Behauptung ist auch vollkommen begründet, wenn man die Einigkeit oder wenigstens die schließliche Einigung Deutschlands, das heißt Oesterreichs und Preußens, voraussetzen darf. In dem Zusammenhalten der beiden Deutschen Großmächte liegt die größte Gewähr für den Frieden Europas, und wenn zwingende Verhältnisse dennoch den Krieg ausbrechen lassen, für dessen glücklichen Ausgang.

Um den gewaltigen Kampf mit dem germanischen Centrum Europas aufzunehmen, zu welchem schließlich wohl auch England noch hinzutreten könnte,

---

*) Wahrscheinlich ist die Neuenburger Angelegenheit hier gemeint. Vergl. Sybel „Begründung des Deutschen Reichs" 2, Seite 262 ff. Ausgabe von 1889.

bedarf es für Frankreich vielleicht noch eines vorbereitenden Schrittes, der Erweiterung seiner Machtstellung im Romanischen Westen.

Die Lage der Italienischen Halbinsel gewährt hierzu eine Gelegenheit, die Frankreich nicht unbenutzt lassen wird, sobald seine inneren Verhältnisse es rathsam erscheinen lassen die Thätigkeit der Parteien nach Außen zu beschäftigen.

Durch eine bewaffnete Einmischung in die Italienischen Verhältnisse bedroht Frankreich zunächst weder Preußen noch die Masse der Deutschen Bundesländer unmittelbar. Das Unternehmen ist direkt nur gegen Oesterreich gerichtet und zwar nur gegen das außerdeutsche Oesterreich.

Frankreich beansprucht dabei vielleicht nicht einmal eine Gebietserweiterung, es kämpft angeblich für nationale Ideen, und es gilt nur Italien wiederherzustellen.

Verhielte sich Deutschland in einem solchen Fall neutral, d. h. ließe es Oesterreich im Stich, so würde diesem Staat durch den Verlust der Lombardei eine tiefe Wunde geschlagen. Mit dem Sinken seiner Macht scheint Preußens Einfluß in Deutschland steigen zu müssen. Allein wie dem Feldzug von 1805 der von 1806 folgte, so würde der nächste Schritt Frankreichs gegen Preußen gerichtet sein.

Wie schwach auch Süddeutschland durch seine Getheiltheit ist, Frankreich wird dort, zwischen Oesterreich und Preußen inne, zunächst keine Gebietserweiterung, sondern wie in Italien nur Einfluß und Machtstellung und Protektorat suchen. Gestützt auf alle Sympathien des Landes wird es dagegen seine ganze Kraft zur Wiedererlangung der nie verschmerzten Rheinlinie konzentriren. Und diesem gewaltigen Andrang wird Preußen dann vielleicht allein zu widerstehen haben, wenn Oesterreich aus Italien verdrängt weder den Willen noch die Macht mehr besitzt zu einem neuen Feldzuge zu rüsten.

Preußens Machtstellung in Deutschland kann durch die Rivalität Oesterreichs in ruhigen Zeiten zurückgedrängt werden, ernste Verwickelungen müssen sie stets wieder zur vollen Geltung bringen. Antwortet Preußen auf die Bedrohung Oesterreichs in Italien durch Aufstellung seines Heeres am Rhein, so können auch die kleineren Deutschen Staaten ihre Mitwirkung zu dem gemeinsamen Kampf nicht versagen, welcher dann sogleich für Frankreich bedrohliche Dimensionen annimmt.

In welcher Weise nun diese Mitwirkung stattfinden wird, läßt sich im

voraus schwer bestimmen. Im Jahre 1830 war die Anschauung, daß die nächste Hülfe bei Preußen zu suchen sei, auch den Süddeutschen Regierungen geläufig. Sie bewarben sich dringend darum. Spätere langwierige Verhandlungen haben zu einem definitiven Abschluß nicht geführt; auch wird die Frage des Oberkommandos stets eine sehr schwierige bleiben. Nach den Beschlüssen vom Jahre 1848 sollten das IX. und X. Bundeskorps sich dem Preußischen Heere anschließen, dagegen das VII. und VIII. Bundeskorps sich bei Rastatt konzentriren. Oesterreich wollte zu ihrer Unterstützung mit 150 000 Mann sofort an den Rhein oder doch hinter den Schwarzwald rücken, während eine Reserve von 50 000 Mann in kürzester Frist nachfolgen sollte. Eine solche Machtentfaltung könnte nur ganz dem gemeinsamen Interesse entsprechen, wir werden sehen, wie weit darauf zu rechnen ist. Das VII. und VIII. Bundeskorps können allerdings ungefähr in derselben Zeit bei Rastatt—Germersheim, wie bei Ulm oder bei Würzburg versammelt werden, nämlich zwischen dem 30. und 41. Tag. Es waltet dabei aber der wesentliche Unterschied ob, daß in ersterer Richtung die einzelnen Kontingente einem geschlossenen feindlichen Heere entgegenrücken, während sie in den beiden letzteren Richtungen demselben ausweichen.

Die Versammlung in Rastatt—Germersheim kann, wenn man, wie wahrscheinlich, Frankreich die Initiative überläßt, als unausführbar betrachtet werden, und es bleibt nur noch die Wahl zwischen der Konzentration bei Ulm oder bei Würzburg.

Wollen die Süddeutschen Kontingente die Oesterreichische Hülfe aufsuchen, so wird, mag man diese nun an der Iller, am Lech oder vielleicht erst am Inn treffen, der Rückzug sowohl wie das zu hoffende Wiedervorbringen Schwaben und Bayern zum fortwährenden Kriegsschauplatze machen. Können sie hingegen darauf rechnen bei Würzburg Preußische Hülfe zu finden, so wird schwerlich ein Französisches Heer wagen tiefer in Süddeutschland einzudringen.

Wie wünschenswerth es nun auch wäre alle diese Verhältnisse im voraus festzustellen, so würden desfallsige Verhandlungen im gegenwärtigen Augenblick schwerlich zu einem befriedigenden Resultate führen. Im Drange der Noth aber werden die Süddeutschen Regierungen kaum lange schwanken zwischen der fernen und unsicheren Hülfe, die ihr Land zum Kriegsschauplatz macht, und der nahen sicheren, die es deckt. Im letzten Fall wird sich dann auch die allerdings ebenso wichtige als schwierige Frage wegen des Oberkommandos von selbst erledigen.

Oesterreich. Während die geographische Gestaltung und ein zweckmäßiges Eisenbahnnetz Frankreich gestatten mit Leichtigkeit Truppen aus dem Norden und dem Süden des Landes an die Grenze Oberitaliens heranzuführen, kämpft hier Oesterreich an einem äußersten Punkt seines weiten Gebiets. Ein einziger noch unterbrochener Schienenweg*) giebt die mehr als 100 Meilen lange Verbindung mit der Hauptstadt ab. In der Front das kriegsbereite Sardinien, in der Flanke das feindliche Italien bildet die Lombardei ein Kriegstheater ohne andere feste Plätze als das nicht vollendete Piacenza und die unbedeutende Citadelle von Mailand. Alle Stellungen, welche der Ticino, die Abda, der Oglio und die übrigen von den Alpen herabfließenden Ströme gewähren möchten, sind auf dem rechten Ufer des Po mit Leichtigkeit zu umgehen. Die Lombardei ist daher in keiner Weise zur Defensive geeignet und es bleibt den Oesterreichern kaum eine andere Wahl, als mit allen dort vorhandenen Streitmitteln die Offensive zu ergreifen, die Sardinische Armee bis an die Alpen zu drängen und zu schlagen, bevor die Französische Hülfe eintrifft, oder hinter den Mincio zurückzugehen und die Lombardei vorerst aufzugeben. Zwischen dem genannten Strom, der Etsch und dem Po bilden allerdings die Festungen Peschiera, Verona, Legnago, Mantua eine äußerst starke Defensivstellung. Aber selbst diese würde beim Vorgehen eines Französischen Heeres aus Mittelitalien gegen Ferrara das Venetianische nicht unbedingt decken. Jedenfalls müßte man auch schließlich aus der bezeichneten Stellung offensiv wieder hervortreten, um das verlorene Gebiet wieder zu erobern.

Je weniger daher die allgemeinen Verhältnisse sich für Oesterreich günstig in Italien gestalten, je bedeutender wird die Truppenmacht sein, welche es dort versammelt.

Selbst wenn die Haltung Deutschlands Frankreich zwingt mit seinen Hauptkräften Front gegen dieses zu machen, wird es für den Italienischen Feldzug kaum weniger als 100 bis 120 000 Mann bestimmen. Sardinien tritt nach Abzug aller Festungsbesatzungen noch mit 60 000 Mann auf. Kommt von diesen bei der Offensive noch ein Theil hinzu, so kann die verbündete Armee die Höhe von nahe an 200 000 Mann erreichen. Hiernach wird Oesterreich seine Vertheidigung zu normiren haben.

---

*) Die Eisenbahn von Wien nach Verona war damals nordöstlich Venedig zwischen Nabresina und Casarsa unterbrochen.

Uebrigens war am 5. Februar 1859 im Generalstabe berechnet worden, wieviel Zeit das 3. Oesterreichische Korps im Januar 1859 zum Transport auf dieser Linie gebraucht hatte und welche Truppenzahl im Ganzen befördert worden war. Vergl. Seite 23.

Bei dem Zustand des Landes ist die volle Kriegsbesatzung der Festungen einschließlich Venedigs nothwendig. Soll die Offensive über die Grenze der Lombardei hinausführen, so wird es erforderlich dort bei der Stimmung der Einwohner ein Korps zurückzulassen, wie im Jahre 1849 das 2. Reserve-Korps 19 000 Mann unter Haynau.*) Mithin bedarf Oesterreich in Italien:

    Festungsbesatzungen . . . . . . 75 000 Mann
    Reservekorps . . . . 20 000 „
    Im Felde . . . . 200 000 „
        Im Ganzen 295 000 Mann.

Gegenwärtig stehen dort das 5., 7., 8. und fast das ganze 3. Korps, welche jedoch auf dem Friedensfuß kaum stärker als zusammen 74 000 Mann**) sind.

Nach früheren sicheren Nachrichten beabsichtigten die Oesterreicher im Kriegsfall gegen Sardinien allerdings die Offensive gestützt auf Piacenza vom Po aus zu ergreifen. Aber abgesehen davon, daß das Wiener Kabinet nicht leicht durch Aggression diesen Kriegsfall hervorrufen wird, so würden auch die bis jetzt versammelten Streitmittel zu einer solchen Operation zwischen den großen Sardinischen Festungen hindurch schwerlich genügen.

Werden hingegen die genannten Korps wirklich mobil gemacht, so erreichen sie die Stärke von etwa 150 000 Mann. Neuere Nachrichten machen es wahrscheinlich, daß außerdem noch das 2. Korps, früher in Krakau, jetzt großentheils in Wien, ferner aus Ungarn das 10. und 11. Korps, sowie die Grenzer für Italien bestimmt sind.

Die Stärke der Oesterreichischen Korps ist keine ganz gleichmäßige, auch behalten diese nicht immer die im Frieden zugehörigen Truppen, wie schon jetzt das Beispiel des 3. Korps zeigt. Im Durchschnitt kann man aber die Stärke der Korps auf 30 bis 40 000 Mann rechnen.

    Zu den vorhin aufgeführten . . . 150 000 Mann
    treten sonach die letztgenannten
      drei Korps . . . . 100 000 „
    und mobilen Grenzer mit . . . 37 700 „ ,
        im Ganzen: 287 700 Mann

---

*) Feldzeugmeister Freiherr v. Haynau.
**) Bemerkung von der Hand des Generals v. Moltke:
„Davon 5900 Mann in Bologna und Ancona."

und unter Anrechnung der in Italien
stehenden Depotbataillone . . . 9 000 Mann
da solche für die Festungsbesatzungen
verwendbar sind,

im Ganzen 296 700 Mann,
der vorstehend als nothwendig veranschlagten Stärke also nahezu entsprechend.

Von der gesammten Oesterreichischen Armee verbleiben nun noch
das 6. Korps Steiermark, Tirol, Deutschland,
„ 1. „ Böhmen, und jetzt zum Theil in Wien,
„ 9. „ Mähren, Schlesien und jetzt zum Theil in Wien,
„ 4. „ Ostgalizien und Bukowina,
„ 12. „ Siebenbürgen,
„ 1. Kavalleriekorps Ungarn,
endlich die Truppen im Banat, Kroatien, Woiwodina ꝛc., überhaupt
212 000 Mann
ausschließlich der Depottruppen.

Die Kriegsbesatzung der sämmtlichen Festungen beträgt
mit Ausschluß der Italienischen . . . . 120 000 „ .

Bringt man nun dafür, da nicht alle besetzt zu werden
brauchen, die noch verfügbaren Depotbataillone in der
Stärke von . . . . 59 000 „
als äußerstes in keinem Fall zu schwächendes Minimum in
Anrechnung, so verbleiben Oesterreich im Felde noch die
obigen . . . . 212 000 „ .

Hiervon würde zunächst das Observationskorps gegen Rußland abgehen, welches gleichzeitig die Ordnung in Ungarn und Galizien aufrecht zu erhalten, eventuell Wien zu decken haben wird und daher kaum schwächer als 100 bis 120 000 Mann angenommen werden darf.

Zur Vertheidigung von Deutschland bleiben sonach schließlich 90 bis 110 000 Mann, ungefähr das Bundeskontingent.

Ein Mehreres könnte nur durch Schwächung der Italienischen Armee erzielt werden, was keinesfalls geschehen wird, vollends bei der Französischerseits ausgesprochenen Absicht den Krieg zu lokalisiren, wo der Schwerpunkt desselben vorläufig unzweifelhaft in Italien liegt und ohne Preußens Hinzutreten nicht nach Deutschland überschlagen kann.

Der Oesterreichischen Mobilmachung stehen auch außer den finanziellen mancherlei Schwierigkeiten entgegen. Es fehlt an ausgebildeten Mannschaften, um die 4. und die Grenadier-Bataillone zu formiren. Die Augmentationsmannschaften müssen aus den zum Theil sehr entfernten Ergänzungsbezirken herangeführt werden. Es sind 90 000 bis 100 000 Pferde zu beschaffen; die neuesten Reduktionen haben die Verhältnisse wenigstens nicht günstiger gestaltet. Blickt man auf die Resultate früherer Mobilmachungen, so brauchte Oesterreich 1850 und 1854 acht Monate, um 300 000 Mann aufzustellen. Selbst der Transport sehr großer Massen auf Eisenbahnen von solcher Ausdehnung wird viel Zeit kosten. Die Instradirung des 3. Armeekorps in der Stärke von nur 17 529 Mann mit 112 Geschützen und 4054 Pferden dauerte vom 7. bis 20. Januar, also doch 13 Tage.

Die Oesterreicher selbst behaupten den Bedarf an Pferden durch freihändigen Ankauf in Zeit von zwei Monaten beschaffen zu können. Es mögen auch zur Zeit schon einige Vorkehrungen getroffen sein, worauf das soeben publizirte Pferdeausfuhrverbot hindeutet. Das übrige Mobilmachungsgeschäft kann in vier bis fünf Wochen beendet sein, auch werden die großen Truppenversammlungen durch die Eisenbahnen wesentlich abgekürzt werden. Eine genaue Veranschlagung der Zeit ist hierbei nicht möglich, doch dürfte im Allgemeinen angenommen werden, daß die Konzentrationen in drei Monaten beendet sein können.

Die Deutsche Armee würde voraussichtlich gebildet werden aus dem 6. Korps, vielleicht dem 4. und aus Theilen des 1. Kavalleriekorps. Es ist aber nicht wahrscheinlich, daß davon das 6. Korps nach Ulm dirigirt werden wird, sondern man wird dasselbe wohl jedenfalls in Tirol belassen, um die Schweiz zu beobachten und um es nöthigenfalls über den Brenner und Verona auch noch zur Italienischen Armee heranziehen zu können.

Für die Observation der Russischen Grenze verbleiben dann das 1., 9. und 12. und Theile des Kavalleriekorps. Treffen diese Annahmen zu, so würde etwa drei Monate nach gefaßtem Mobilmachungsbeschluß die Oesterreichische Armee, ausschl. Festungsbesatzungen, in folgender Weise aufgestellt sein:

Italienische Armee in der Lombardei	220 000 Mann.
Observations-Armee in Ungarn und Galizien . .	120 000 „
Deutsche Armee bei Ulm	67 000 „
„ „ in Tirol	33 000 „
	440 000 Mann.

Frankreich. Die Armee hat, wenn man nicht unausexerzirte Rekruten dazu rechnen will, die Stärke von . . . . 576 000 Mann,

davon sind immobil . . . . . 170 000 = .

mobil . . . . 406 000 Mann.

Nach den neuesten Berichten ist der innere Zustand Algeriens gerade im gegenwärtigen Augenblick so, daß die dort stehenden Truppen kaum auf weniger vermindert werden dürfen als auf . . . . 50 000 = .
Frankreich disponirt sonach, wenn es im Frühjahr den Feldzug eröffnet, noch über . . . . 356 000 = .

Selbst für den Fall, wo Deutschland sich an dem Kriege betheiligen sollte, wird Frankreich die Beherrschung der in Italien eintretenden Bewegung nicht aufgeben. Die Verhältnisse dort liegen günstig, der Erfolg ist wahrscheinlich und die Entscheidung kann nicht in Sardiniens Hände gelegt werden. Frankreich muß sich mit einer solchen Macht betheiligen, daß die Piemontesische Armee zum Hilfskorps herabsinkt, und den Oesterreichischen Streitkräften gegenüber wird es kaum mit weniger als mit 120 000 Mann jenseits der Alpen auftreten. Es darf das auch thun, ohne etwaige Operationen am Rhein zu gefährden, da es die Oesterreichischen Waffen auf dem Frankreich günstigsten Kriegsschauplatz fesselt, die es sonst in Deutschland bekämpfen müßte. Die Vorbereitungen in Toulon und Marseille deuten darauf hin, daß der Kaiser wohl versuchen könnte einen beträchtlichen Theil seiner Italienischen Armee in Civitavecchia oder Livorno zu landen und, mit der Division aus Rom vereint, direkt über Bologna und Ferrara vorzugehen.

Da der Krieg, wenn er sich gegen den Rhein wendet, wahrscheinlich populär sein würde, so wäre es nicht unmöglich, daß der Kaiser die innere Bewachung des Reiches, der Festungen, der Hafenplätze und der Hauptstadt den verfügbaren Depots, der Gendarmerie, kurz den immobilen 170 000 Mann übertrüge, obwohl eine solche Entblößung des Landes von allen mobilen Truppen nicht ohne Gefahr sein möchte.

Jedenfalls sind . . . . 236 000 Mann das Höchste, womit Frankreich einen Feldzug gegen Deutschland eröffnen könnte, und dabei ist es immer noch wahrscheinlich, daß Frankreich stärker in Italien und schwächer am Rhein auftreten wird.

Es fragt sich nun, ob Frankreich seinen Hauptangriff gegen den oberen oder den unteren Rhein richten wird.

Für die erste dieser Operationen spricht die Aussicht auf anfänglichen Erfolg. In Süddeutschland wird Frankreich, mehr als auf irgend welche Sympathien der Bevölkerung, vielleicht auf den Mangel an einheitlichem Wirken der dortigen Regierungen rechnen dürfen. Bei einem schnellen Handeln ist es möglich, daß die Süddeutschen Kontingente gar nicht zu der beabsichtigten Versammlung gelangen, und nicht undenkbar, daß dann einer oder der andere Einzelstaat zur Rettung seiner Existenz sich auf ein Abkommen einließe, das dem Gesammtinteresse entgegen wäre. Gerade die Versammlung von Theilen der Süddeutschen Kontingente in verschanzten Lagern giebt die verführerische Gelegenheit zu dergleichen Verhandlungen in der Noth des letzten Augenblicks, und in dieser Beziehung ist es nur erwünscht, wenn Oesterreich von Hause aus mit seinem Kriegskontingent in dem so schon exponirten Rastatt steht.

Wenn Frankreich mit seiner Hauptmacht auf diesem allerdings schon früher mit Erfolg betretenen Weg in Deutschland eindringt, so die innere Operationslinie zwischen Oesterreich und Preußen gewinnend, und wenn zwar für Letzteres ein Angriff von Süden her stets der gefährlichste sein muß, so ist doch nicht zu verkennen, daß, solange das Preußische Heer am Rhein steht, ein Vorgehen durch Schwaben und Franken gegen Berlin kaum möglich ist.

Welche Fortschritte Frankreich auch in Süddeutschland gemacht hat, sie werden so lange in Frage gestellt bleiben, bis Preußens Streitmacht niedergeworfen ist.

Wenn dagegen Frankreich sich gleich zu dem Hauptangriff auf den Niederrhein entschließt, welcher anscheinend direkt zu dem eigentlichen Zweck führt, so wird der Krieg auf die starke Französische Festungslinie basirt, alsbald auf fremdes Gebiet verlegt, aus fremden Mitteln ernährt. Dabei ist die voraussichtlich schnelle Besitznahme Belgiens und seiner Hauptstadt von ebenso großem moralischen als materiellen Gewicht. Das Fortschreiten in dieser Richtung erfordert dann aber, daß ein beträchtliches Korps vor Antwerpen oder jeder anderen Aufstellung des Belgischen Heeres stehen bleibt, und starke Detachirungen gegen die Waal sind kaum zu vermeiden, da die Holländische Streitmacht nicht ganz unbeachtet bleiben kann. Die Plätze Venlo, Maastricht, Jülich, Luxemburg und Saarlouis sind zu beobachten.

Nach alle diesem soll dann die Armee noch in solcher Stärke am Rhein eintreffen, daß sie im Stande ist dort mindestens eine der großen Festungen zu belagern und gegen die Wirksamkeit der übrigen Plätze zu schützen, endlich dem nun jedenfalls am rechten Ufer des Stromes versammelten Preußischen Heere entgegenzutreten.

Jede dieser Operationen hat ihre eigenthümlichen Schwierigkeiten und Vortheile.

Es ist aber nicht vorher zu bestimmen, ob die Hauptmacht der Französischen Waffen sich gegen Rheinpreußen wenden und Süddeutschland nur beobachten wird oder umgekehrt. Der letztere Fall dürfte aber der wahrscheinlichere sein, wenigstens unter den gegenwärtigen Verhältnissen.

Der schlagfertige Zustand der Französischen Armee ist bekannt. Die Masse der Truppen, namentlich die Kavallerie und Artillerie, ist schon im Frieden in den nördlichen und östlichen Theilen des Landes dislocirt und erleichtert so eine Zusammenziehung gegen Deutschland.

Die Augmentationsmannschaften können mittelst der Eisenbahnen in wenigen Tagen herangezogen werden.

Die Ernennung der höheren Kommandostäbe wird vorbereitet sein, der kriegsmäßige Truppenverband aus der bisherigen nur lokalen Eintheilung schnell organisirt werden.

Es ist daher mit Sicherheit anzunehmen, daß die ganze Mobilmachung des Französischen Heeres binnen acht Tagen vollendet sein kann, mit Ausnahme jedoch der Pferdebeschaffung.

Diese Maßregel kann einer Zeitberechnung füglich nicht unterworfen werden, da trotz der verbesserten Zuzucht an Pferden in Frankreich ein bedeutender Theil des Bedarfs nothwendig vom Auslande bezogen werden muß. Es wird die Pferdebeschaffung der übrigen Mobilmachung des Französischen Heeres vorangehen und der Ankauf dem Auslande den sichersten Fingerzeig geben, daß Frankreich den Krieg beabsichtigt.

Die Armee ist folgendermaßen dislocirt:

I.	Commandement du Nord	Marschall Magnan,	Paris	113 000 M.
II.	= de l'Est	=	Canrobert, Nancy	82 000 =
III.	= de Sud-Est	=	Castellane, Lyon	71 000 =
IV.	= de Sud-Ouest	=	Bosquet, Toulouse	29 000 =
V.	= de l'Ouest	=	Baraguay d'Hilliers, Tours	31 000 =
VI.	= in Afrika	.	.	75 000 =
VII.	= Rom		. .	5 000 =

Zusammen: 406 000 M.

Diese Eintheilung ist indeß keine taktische, sondern eine lokale. Es haben die Commandements im Osten Frankreichs viel zu wenig Infanterie für die vorhandene Zahl an Kavallerie und Artillerie, die im Westen umgekehrt zu viel.

Wie nun bei Ausbruch des Krieges die Armee aus den Commandements formirt werden soll, läßt sich vorher nicht übersehen. Werden indeß die Truppen der beiden westlichen Commandements behufs Herstellung des Waffenverhältnisses an die Deutsche und Italienische vertheilt, so ergiebt sich aus der Berechnung der Märsche, unter Benutzung der Eisenbahnen, Folgendes:

I. Italienische Armee. Bei Lyon und Grenoble sind nach beendeter Komplettirung an Mannschaften

	Inf.	Kav.	Art.	Genie	Zus.:
bis zum 10. Tage versammelt	55 780	14 389	13 286	—	83 455
" " 15. " treten hinzu aus Montpellier	4 320	—	—	2 697	7 017
dazu die Verstärkung aus Algerien, etwa	24 555	1 652	454	—	26 107
die Division in Rom	4 320	—	—	—	4 320
	88 975	16 041	13 740	2 697 =	120 999

Unter Hinzurechnung von acht Tagen für die Mobilmachung kann sonach die Italienische Armee am 18. Tage mit über 80 000 Mann den Vormarsch von Lyon und Grenoble aus beginnen, am 21. die Savoyische Grenze überschreiten und in sechs Wochen*) am Ticino anlangen, wenn sie überhaupt die Operation durch Sardinien beabsichtigt. Wie schnell bei einer Landung an der Italienischen Küste der Po erreicht werden kann, hängt freilich von mancherlei Umständen ab; indeß ist nicht zu übersehen, daß das Französische Heer durch den Krimfeldzug eine große Uebung in solchen Expeditionen hat.

II. Die Deutsche Armee.

a) Wenn die Neutralität Belgiens respektirt und das ganze Heer zwischen Metz und Straßburg versammelt wird.

---

*) In dem im Generalstab befindlichen Entwurfe der Denkschrift bemerkt General v. Moltke an dieser Stelle am Rande:

„Walderfee Bericht 20 Tage nach der Kriegserklärung".

Major Graf Walderfee vom großen Generalstabe war in der ersten Hälfte Februar zur Beobachtung der militärischen Rüstungen nach Südfrankreich und Oberitalien entsandt worden. — Die Bemerkung Moltkes ist demnach aus der Zeit nach Absendung der Denkschrift an den Kriegsminister.

In acht Tagen aus dem

	Inf.	Kav.	Art.	Genie	Zuf.:
II. Commandement	38 500	12 718	16 260	4 701	72 179 M.
V. "	20 425	826	—	—	21 251 "
IV. "	20 235	—	—	—	20 235 "
	79 160	13 544	16 260	4 701	113 665 M.

In 18 Tagen*)
I. Commandement mittelst Fußmarsches, da die Eisenbahnen den westlich Paris stehenden Truppen überlassen sind, ... 80 000   15 764   11 028   2 997   109 789 M.

   159 160   29 308   27 288   7 698   223 454 M.

Von den bis zum 8. Tage versammelten Truppen stehen
bei Straßburg . 72 000 Mann aller Waffen,
" Metz . . . 41 000 " " "

Unter Hinzurechnung von acht Tagen für die Mobilmachung würde daher das Französische Heer bereits am 17. Tage in dieser Stärke den Rhein bei Straßburg überschreiten, am 20. die Preußische Grenze erreichen, beziehungsweise Rastatt einschließen. Andere 109 000 Mann sind am 26. Tage in der Gegend von Metz bereit diese Operationen zu unterstützen.

b) Wenn die Hauptoperation durch Belgien gegen den Rhein geführt und gegen Süddeutschland nur ein Nebenheer gerichtet werden soll, so läßt sich in ähnlicher Weise berechnen, daß nach beendeter Komplettirung der Truppen die Konzentration von 150 000 Mann bei Lille, Valenciennes x. in 14 Tagen und in eben der Zeit von 80 000 Mann bei Straßburg und Metz bewirkt werden kann.

Da allein die 3. Division in Lille gegen 20 000 Mann zählt und mittelst der Eisenbahn von Paris aus sehr schnell verstärkt werden kann, so wird, um die Konzentration des Belgischen Heeres zu stören, jedenfalls nach 14 Tagen schon eine starke Avantgarde einrücken können.

Das Hauptheer würde die Belgische Grenze erst am 23. überschreiten, am 29. Brüssel besetzen und am 31. Tage vor Antwerpen stehen.

Läßt es dort etwa 30 000 Mann zurück, was zur Beobachtung des

---
*) Im Entwurfe steht:
„Am 18. Tage".

Belgischen sowie des Holländischen Heeres jedenfalls nöthig ist, so vermag es in der Stärke von höchstens 120 000 Mann doch kaum früher als am 36. Tage bei Aachen die Preußische Grenze zu erreichen, wobei allerdings noch eine Kooperation von Metz aus statthaben kann.

Hiernach dürfte sich ergeben:

1. daß die unter a berührte Operation sowohl für Deutschland als für Preußen die bedrohlichere ist; ferner

2. daß bei der außerordentlichen Schnelligkeit, mit welcher die Französischen Hauptheere die Offensive zu ergreifen im Stande sind, und bei der noch kürzeren Frist, in welcher schon sehr bedeutende Kräfte die Versammlung sowohl des VIII. Preußischen als des VII. und VIII. Bundeskorps stören können, unsere Mobilmachung bis zu dem Zeitpunkt nicht verschoben werden darf, wo in Frankreich die Augmentation an Mannschaften eintritt. Wir würden dann jedenfalls zu spät kommen und der Feind schon vor Ablauf der Mobilmachung die Grenze überschritten haben.

Preußen. Die kurze Frist, in welcher das Preußische Heer schlagfertig wird, gestattet der Politik ihre Beschlüsse schnell in Ausführung zu bringen.

Sind die Truppen einmal mobil, so ist es aus vielen Gründen wünschenswerth sie nicht in ihren Standquartieren zu belassen, sondern sie sofort nach den Hauptversammlungspunkten zu instradiren. Diese werden aber selbstverständlich ganz verschieden sein, je nachdem man sich gegen Oesterreich oder Frankreich erklärt. Bei Anordnung der Mobilmachung muß daher dieser Entschluß gefaßt sein.

Mit der mobilen Armee eine abwartende, für alle Fälle passende Aufstellung zu nehmen, ist unthunlich.

Wollte man z. B. das I. und VI. Armeekorps an der Russischen Grenze belassen, das III. und IV. zur Sicherung des Rheins absenden, den Rest des Heeres in den Marken versammeln, so würden, wenn man sich schließlich gegen Oesterreich erklärt, die Korps am Rhein wieder zurückgezogen, oder wenn man den Krieg mit Frankreich will, die aus der Mark erst dorthin transportirt werden müssen, worüber drei bis vier Wochen verloren gehen. Man hätte dann die Landwehr ebenso viel länger in der Heimath belassen können.

Bei dem angenommenen Fall einer Aktion Preußens mit Oesterreich ist die Frage:

Wie hoch unsere Streitkräfte am Rhein in Aussicht zu nehmen sind? nach diesseitiger Ansicht dahin zu beantworten, daß wir höchstens nur mit dem 1. Armeekorps an und jenseit der Weichsel und mit der 12. Division bei Breslau stehen bleiben dürfen, mit allem Uebrigen aber nach dem Rhein abrücken müssen.

Wären die Verhältnisse so, daß wir einen Angriff Rußlands zu befürchten hätten, so würden wir den Krieg mit Frankreich nicht beginnen können, sondern wir müßten neutral bleiben. Denn es ist gezeigt worden, daß Frankreich nach Abrechnung seiner Italienischen Armee noch über 200 000 Mann gegen den Rhein führen kann; daß Oesterreich schwach und spät in Deutschland auftritt und daß der Anschluß der Süddeutschen Heere zweifelhaft bleibt. Es ist aber zugleich nachgewiesen, daß das Russische Observationskorps in Polen kaum mehr als 100 000 Mann, in Podolien 50 000 Mann betragen wird, daß diesem gegenüber voraussichtlich 120 000 Oesterreicher stehen bleiben und daß es überhaupt nicht wahrscheinlich ist, das Petersburger Kabinet werde in diesem Augenblick einen aktiven Krieg gegen Deutschland führen.

Man darf sich nicht verhehlen, daß die Preußische Armee am Rhein entweder den Ausbruch des Krieges verhindern oder dessen ganzes Gewicht sofort auf sich ziehen wird. Preußen übernimmt damit den später doch unvermeidlichen Kampf freiwillig und unter Verhältnissen, die ein Gelingen voraussehen lassen.

Welcher Dienst Oesterreich dadurch geleistet wird, ergiebt sich aus der schon jetzt nichts weniger als günstigen Lage des Kaiserstaates, und es wird Sache der Diplomatie sein die positiven Bedingungen, unter welchen eine solche Hülfe gewährt wird, im Voraus in bindendster Form festzustellen.

Erste Aufstellung der Preußischen Armee, eventuell in Verbindung mit den Deutschen Bundeskorps.

Die vorangehenden Betrachtungen lassen es als zweckmäßig erscheinen das, nach Zurücklassung der Observationstruppen an der Ostgrenze, gegen Frankreich disponibel verbleibende Heer vorläufig in drei größeren Abtheilungen aufzustellen, von denen die erstere am untern Rhein die Vertheidigung der Rheinprovinz und ihrer Festungslinien übernimmt, die zweite am Main die eigentliche Offensivarmee bildet, die dritte an der Saale bereit gehalten wird, um je nachdem der feindliche Angriff sich entwickelt, sofort in der einen oder der anderen Richtung abzurücken.

Es bleibt anzugeben, wie stark jeder dieser Heereskörper und aus welchen

Armeekorps er zu bilden ist, endlich binnen welcher Zeit die Versammlung beendet sein kann.

1. Die Armee am Niederrhein würde bestehen, außer den dort bereits dislocirten VII. und VIII. Armeekorps, aus dem III. Armeekorps und eventuell dem X. Deutschen Bundeskorps.

Das III. Armeekorps ist für diese Heeresabtheilung bestimmt, weil es im Centrum der Monarchie das abkömmlichste und vielleicht schon vor der allgemeinen Mobilmachung nach dem Rhein zu dirigiren ist, um die des VII. und VIII. Armeekorps zu sichern.

Kann das X. Deutsche Bundeskorps überhaupt herangezogen werden, so ist es seiner ganzen geographischen Lage nach auf den Niederrhein angewiesen, wo es den Länderkomplex seiner Kontingente unmittelbar deckt.

Der Zeit nach würden in der Gegend von Düsseldorf eintreffen:

das III. Armeekorps am 30. Tage,

das X. Bundeskorps am 44. Tage,

nach befohlener Mobilmachung. Es würden sonach am Rhein disponibel stehen binnen vier Wochen drei Preußische Armeekorps, etwa 100 000 Mann, außer den starken Festungsbesatzungen und eventuell in sechs Wochen über 135 000 Mann, welche gestützt auf die Rheinlinie jede feindliche Operation zum Stehen bringen müssen.

Selbst für den Fall, daß auf die Theilnahme des X. Bundeskorps nicht gerechnet werden darf, erscheint es nicht rathsam von Hause aus und ehe sich die Verhältnisse näher entwickelt haben, eine größere Truppenmacht als drei Preußische Armeekorps nach dem untern Rhein zu dirigiren. Die Linie der Preußischen Festungen dort ist eine so starke, daß sie selbst gegen Uebermacht lange behauptet werden kann, und es ist gezeigt worden, daß der Gegner sie voraussichtlich nicht zu erreichen vermag, ohne sich durch sehr bedeutende Entsendungen geschwächt zu haben. Den dauernden Besitz des linken Rheinufers vermag Frankreich sich nur zu sichern durch die Wegnahme von Cöln oder Coblenz, Belagerungen, die im Angesicht eines thätigen Heeres und mit Wesel und Mainz in der Flanke, zu den schwierigsten Unternehmungen gehören.

Es würde nicht rathsam sein, wollte man am linken Ufer eine Schlacht gegen überlegene Kräfte wagen, allein es kann nicht die Absicht sein diesen Theil der Provinz widerstandslos aufzugeben.

Die Verhältnisse in Belgien müssen entscheiden, ob das VII. Armeekorps bis Aachen, das VIII. bis Trier vorzuschieben ist, oder ob es angänglich sein wird die durch neutrales Gebiet gedeckte Grenze vorläufig nur zu beobachten und mit vereinigter Macht dem am frühesten drohenden Einfall von Metz an der Mosel zu begegnen.

2. Die Armee am Main ist zu bilden aus drei Preußischen und eventuell dem IX. Deutschen Bundeskorps. Davon treffen ein:

das IV. Armeekorps mittelst Fußmarsches am 36. Tage,

das V. Armeekorps unter Benutzung der Eisenbahn am 32. Tage,

das VI. Armeekorps, von welchem die 12. Division zurückgelassen ist, am 42. Tage,

das zusammengesetzte IX. Bundeskorps am 33. Tage

nach befohlener Mobilmachung.

Um dieselbe Zeit also, wo die Versammlung der Rhein-Armee beendet ist, würden sonach andere 86 000, eventuell 120 000 Mann am untern Main vereint stehen; davon der größte Theil bereits disponibel, wenn die Kontingente des VII. und VIII. Bundeskorps zu ihrer Konzentration abrücken, und es ist klar, daß diese verfügbare Macht einer Versammlung der genannten beiden Korps bei Würzburg eventuell Bamberg einen viel größeren Schutz gewährt, als wenn solche bei Ulm bewirkt werden soll, wo die Oesterreichischen Korps ein oder zwei Monate später erst eintreffen können.

Vereinigen sich das VII. und VIII. Bundeskorps mit dem wesentlich Preußischen Heer am Main, so wird dadurch bis zum 42. Tag eine Armee von über 200 000 Mann gebildet, welche das Territorium der Südbeutschen Staaten deckt.

3. Die Reserve-Armee an der Saale besteht aus dem II. Armeekorps und dem Gardekorps, zusammen etwa 66 000 Mann, für welche die Gegend von Halle und Weißenfels zum Konzentrationspunkt vorgeschlagen wird, weil hier die wichtigsten Eisenbahnlinien zusammenlaufen und auf ihnen in gleich kurzer Zeit Düsseldorf, Frankfurt oder Bamberg wie nöthigenfalls Breslau oder Hamburg erreicht werden können.

Das Gardekorps trifft bei Halle-Weißenfels am 40., das II. Armeekorps erst am 46. Tage ein.

Aber erst um diese Zeit auch werden sich manche bis dahin ungewisse Verhältnisse aufklären, zunächst welche Rüstungen Rußland ausführt und ob etwa gegen Dänemark Maßregeln zu treffen sind. Es wird ferner sich übersehen lassen, ob Frankreich seinen Hauptangriff gegen Belgien und somit gegen Preußen richtet, ob etwa auf eine aktive Theilnahme des Belgischen Heeres gerechnet werden darf, wenn demselben ein direkter Beistand gewährt wird;

Denkschrift vom 7. Februar 1859.

ob den Süddeutschen Staaten die von Oesterreich verheißene Hülfe wirklich zu Theil geworden ist und ihre Kontingente sich dieser angeschlossen haben; endlich, ob in dem bevorstehenden Kampf auf die Mitwirkung Deutschlands und Oesterreichs überhaupt nicht zu rechnen ist. In allen diesen Fällen würde die sofortige Heranziehung der Reserve-Armee nach dem Niederrhein, über Hannover und Cassel, zweckmäßig erscheinen. Die dann eventuell nur 86 000 Mann starke Main-Armee würde unter solchen Umständen in einer mehr defensiven Haltung die linke Flanke der auf mindestens 165 000 Mann verstärkten Rhein-Armee decken, welcher nunmehr die Offensive zufällt, welche in Belgien und auf Französischem Gebiet zu führen wäre.

Verharrt dagegen die Belgische Armee in passiver Vertheidigung ihres verschanzten Lagers zu Antwerpen, so einen Theil der Französischen Heeresmacht auf sich ziehend, wären die Kontingente des VII. und VIII. Bundeskorps, vielleicht nach einem vergeblichen Versuch sich bei Rastatt zu konzentriren, im Zurückweichen nach Franken begriffen, so würde das Reserveheer zu ihrer Aufnahme, sei es nach Würzburg, Bamberg oder selbst nach Bayreuth zu dirigiren sein, um sich demnächst der Main-Armee anzuschließen.

Die Konzentration am Main übt die volle Wirkung einer Flankenstellung, welche Süddeutschland beherrscht, ohne den Rückzug, sei er auf die westliche oder die östliche Hälfte der Monarchie, aufzugeben. Von hier aus kann mit Leichtigkeit die Rheinlinie unterstützt werden, denn würde diese so stark bedrängt, daß ihr Verlust zu befürchten stände, so wäre das Vorgehen auf dem linken Ufer des Stromes in die rechte Flanke des Feindes die wirksamste Diversion. Oder wäre ein Französisches Heer in Schwaben eingedrungen, so würde das Vorrücken vom Main aus, sei es am rechten oder am linken Ufer des Rhein aufwärts, den Gegner zur sofortigen Umkehr nöthigen. Greift er die Main-Armee von Süden her an, so findet sie mit dem Stützpunkt Mainz die stärkste Aufstellung und kann sich durch die Rhein-Armee verstärken.

Endlich würde sie die schließliche Offensive in der für Frankreich gefahrdrohendsten Richtung vom Main aus über Nancy nach Paris führen.

Schließlich möge noch gestattet sein es als einen sehr fühlbaren Nachtheil hervorzuheben, wenn die politischen Verhältnisse die Zurücklassung selbst nur von 50 000 Mann an der Russischen Grenze nothwendig machen.

Wenn Preußen über die ganze Militärmacht von 300 000 Mann im freien Feld verfügt und dabei rechtzeitig seine Maßregeln trifft, so kann es:

1. mit 100 000 Mann am Rhein und gleichzeitig mit 100 000 Mann am unteren Main stehen.

Diese Macht ist hinlänglich, um die Rheinprovinz und Norddeutschland defensiv zu schützen.

Sind nun

2. noch 100 000 Mann disponibel, so ist man stark genug, um entweder die Franzosen aus Deutschland zu werfen, wenn sie mit der Hauptmacht am Mittelrhein vorgegangen sind, oder in Belgien anzugreifen, wenn sie hier ihre Hauptmacht haben.

Auf dieser militärischen Basis kann ausschließlich durch Preußische Waffen

1. Süddeutschland der Schutz gewährt werden, unter welchem sämmtliche Kontingente sich voraussichtlich uns anschließen;

2. Belgien unter Preußische Garantie gestellt werden, wenn es seine Landmacht zu unserer Verfügung giebt.

Fallen uns hingegen jene 50 000 Mann aus, so werden wir hinsichtlich der Offensive doch mehr oder weniger an fremde Hülfe gewiesen sein, wenngleich anzunehmen ist, daß Norddeutschland mit uns geht.

Praktische Folgen hatten die Moltkeschen Vorschläge vom 7. Februar 1859 für den Aufmarsch zunächst nicht. Der General selbst weiß nicht recht, ob er an den Krieg glauben soll oder nicht.*)

Im Deutschen Volke beschäftigte man sich lebhaft mit der schwebenden Frage. Die Sympathien waren indessen getheilt; die der Norddeutschen, entschieden gegen Oesterreich eingenommen, wandten sich den Italienischen Einheitsbestrebungen zu, in Süddeutschland war man dagegen ganz auf Seite des östlichen Nachbars. Dem Wiener Kabinet kam diese ihm günstige Stimmung sehr gelegen und unterließ es nichts, um sich die Hilfe nicht nur der Süddeutschen, sondern Ganzdeutschlands zu sichern. Bereits am 5. Februar 1859 hatte der Oesterreichische Minister des Auswärtigen Graf Buol den Deutschen Regierungen die Gefahren der Lage auseinandergesetzt und die Nothwendigkeit einmüthigen Eintretens daraus abgeleitet, sich aber vorbehalten, sobald der Augenblick gekommen, die Angelegenheit vor den Bund zu bringen. Preußen nahm aus diesem Vorgehen Veranlassung auch seinerseits Stellung zu nehmen und erklärte am 12. Februar, daß es seine Pflichten als Mitglied des Deutschen Bundes gewiß treu erfüllen werde, in der augenblicklichen politischen Lage indeß keinen Grund sehe Verpflichtungen zu übernehmen, die sich mit seiner Aufgabe als Europäische Großmacht nicht vereinbaren ließen. Das Wiener Kabinet drückte darauf in einer Note vom 22. Februar die Erwartung aus, daß Preußen im gegebenen Falle seine Stellung als Europäische Großmacht vor seinen Bundespflichten werde zurücktreten lassen; Oesterreich selbst halte angesichts der fortgesetzten Rüstungen Frankreichs, der Haltung Sardiniens und im Vertrauen auf die patriotische Stimmung in Deutschland den Augenblick für gekommen die zur Abwehr gemeinsamer Gefahren erforderlichen Maßregeln beim Bundestag zu beantragen; aus Rücksicht für Preußen werde es indessen diese Anträge erst ein bringen, wenn seine Italienische Armee vollständig auf dem Kriegsfuße sei.

*) Vergl. Moltkes Denkwürdigkeiten, 4. Brief an den Bruder Ludwig, 11. 2. 59. Ausgabe von 1892.

Denkschrift des Prinzen Friedrich Karl von Preußen vom 21. Februar 1859 über die nächste politische Zukunft.

Preußen sollte also, von Deutschland fortgerissen, durch den Bundestag kommandirt werden; hiermit hätte es sich zum Vasallen Oesterreichs herabdrücken lassen und wäre der Politik des großen Königs untreu geworden. Durfte Preußen in seiner Lage 1859 auch nicht auf Frankreichs Seite gegen Oesterreich kämpfen, so durfte es mit Oesterreich doch nur dann in den Kampf treten, wenn seine Bedingungen in der Deutschen Frage angenommen wurden. Prinz Friedrich Karl hebt in einer Denkschrift vom 21. Februar 1859 hervor, daß ein Friedrich zu seiner Zeit sich keinen Augenblick besonnen haben würde auf Seiten Frankreichs zu kämpfen und auch der Preußische Gesandte in Petersburg, Otto v. Bismarck, trägt kein Bedenken zu einem Angriff auf Oesterreich zu rathen, wenn dieses sich nicht füge.

Die Denkschrift des Prinzen Friedrich Karl folgt hier im Wortlaut; obgleich nicht nachzuweisen ist, daß sie im unmittelbaren Zusammenhang mit den Ausführungen Moltkes vom 7. Februar steht, weist sie doch, besonders in ihrem ersten Theile, ähnliche Gedanken auf und hat als Aeußerung des damals noch jugendlichen Prinzen und späteren Heerführers allgemeines Interesse:

Potsdam, den 21. Februar 1859.

Die nächste politische Zukunft.

Frankreich und Oesterreich rüsten gegeneinander und dem Anscheine nach wird es nicht viel länger als zwei Monate dauern, bis es zu offenen Feindseligkeiten kommt.

Der Zankapfel, d. h. die Italienische Frage und vielleicht auch die Romanische, liegt Preußen fern. Welche Haltung wird Preußen annehmen, wenn es zum Kriege kommt? Wird und kann Preußen neutral bleiben? Wir verneinen dies hauptsächlich aus dem Grunde, weil ein Staat wie Preußen, dessen Machtstellung in Europa wesentlich von der Achtung abhängt, welche unsere Armee dem Auslande einflößt, zu seiner Selbsterhaltung vor allen Dingen für die Erhaltung und das Gedeihen seiner Armee sorgen muß. Nun aber leidet dieselbe vornehmlich darunter, daß nach einem 44jährigen Frieden Kriegserfahrung und Kriegsgewohnheit so gut wie verschwunden sind. Bei allen unseren Nachbarn steht es anders hiermit und Preußen muß also, um seiner selbst willen, die nächste Gelegenheit aufsuchen, um seiner Armee das Fehlende zu verschaffen. Hierzu scheinen die Verhältnisse jetzt ganz besonders einzuladen, denn der nächste Krieg wird uns auf Seiten mächtiger Bundesgenossen finden und die Gefahr schlimmsten Falls ganz niedergeworfen zu werden ist deshalb weit in den Hintergrund getreten.

Wird Preußen zu Oesterreich oder zu Frankreich stehen? Frankreich ist im Bunde mit Sardinien und, weil es die Verträge bricht, indem es eine Nothwendigkeit vorgiebt, mit der Revolution. Dänemark wird die politischen Verhältnisse in seinem Interesse gegen die Rechte der Herzogthümer zu nutzen suchen und leicht auf französische Seite zu ziehen sein. Möglicherweise wird dies auch in Bezug auf Rußland gelingen.

Die Macht dieses Bundes würde wesentlich durch das Hinzutreten Preußens, welches dann mit Preisgebung der Ostsee nur nach Süden Front zu machen hätte, gewinnen und Frankreich würde nicht säumen Preußen Zugeständnisse zu machen, wie es Oesterreich nicht vermag. Dank vom Hause Habsburg hat Preußen nie erhalten und ein Friedrich II. dürfte nicht anstehen sich wieder mit Frankreich zu verbinden und gegen Oesterreich das Schwert zu ziehen. Solche Politik widerspricht aber dem Gefühl der Deutschen

Nation und besonders dem der Gothaer*) und nachdem wir die Gefühls‑
politik des Kabinets für unfruchtbar und schädlich erkannt haben, werden wir
es wohl einmal mit der Gefühlspolitik der Nation versuchen müssen. Jeden‑
falls wird ein Bund mit Frankreich für Preußen in mehr als einer Be‑
ziehung in seinen Folgen gefährlich und da Preußen sich an dem Kriege nur
mittelbar zur eigenen Selbsterhaltung betheiligen will, wohl zu gefährlich.

Wiewohl es uns scheint, daß Preußen keinen Vortheil davon haben kann,
daß Oesterreich sein Ansehen in Italien befestigt und vergrößert, während im
Gegentheil Preußens Macht und Ansehen in und außer Deutschland beinahe
in demselben Maße wachsen müßten, als diejenigen Oesterreichs abnehmen,
so wird es sich dennoch auf Seiten Oesterreichs stellen. Es geschieht dies
wohl aus vier Gründen, von denen die beiden letzten zum Theil doch nur
scheinbar sind:

1. Dieses Bündniß ist Preußen bequemer.
2. Es ist ihm aus mehreren Gründen weniger gefährlich. Oesterreichs
und Frankreichs Kräfte wiegen sich etwa auf, aber Oesterreichs Bundes‑
genossen ohne Preußen sind immer noch stärker als Frankreichs Bundesgenossen
ohne Preußen, denn Deutschland ist auf Oesterreichs Seite.

England, das anfangs neutral sein wird, achtet die Verträge, wie wir
aus der Thronrede ersehen, und neigt also mehr zu Oesterreich als zu Frank‑
reich. Wenn es später Partei ergreift, so kann es im eigenen Interesse,
hauptsächlich damit das Mittelländische Meer nicht ein Französischer See
werde, nur als Bundesgenosse Oesterreichs auftreten.

Wenn Rußland seine Neutralität aufgäbe, so wird es schwerlich sich aktiv
am Kriege betheiligen, sondern höchstens im eigenen und im Französischen
Interesse eine drohende Haltung gegen Oesterreich annehmen. Rußland
nämlich ist durch die Opfer an Geld und an Menschen, die es im Orienta‑
lischen Kriege gebracht hat, noch erschöpft. In seiner Armee haben seither
nur Reduktionen stattgefunden, so daß sie auf die Hälfte ihres früheren
Standes reduzirt ist. Rekruten sind seit jenem Kriege noch gar nicht ausge‑
hoben worden, der Ersatz dafür ist augenblicklich mangelhaft organisirt. Die
großartigen Reformen im Innern haben kaum begonnen und das Eisen‑
bahnnetz ist noch unvollendet. Nach außen hin ist also Rußland weniger ge‑
fährlich denn je und eine geringere Kraftanstrengung, als es sonst machen
könnte, zu erwarten.

Wenn daher Preußen wählen soll zwischen England oder Rußland, so
kann darüber zur Zeit wohl kaum ein Zweifel sein, daß die Alliance mit
England einem guten Einvernehmen mit Rußland vorzuziehen ist, und dies
treibt uns wiederum auf Seite Oesterreichs.

3. Wir haben die große Lehre, welche die Ereignisse der Jahre 1805
und 1806 erst Oesterreich und dann Preußen gegeben haben, nicht vergessen.
Wir wollen eine Katastrophe, wie die von Jena und Auerstedt, von uns ab‑
wenden, übersehen aber, daß zu einer solchen ein Feldherr gehört, der sie
herbeiführt, und der ist eben nicht vorhanden und würde sich auch durch
einen Feldzug in Italien wohl nicht heranbilden.

4. Auch der moderne Drang der Völker, das Gefühl, daß die Nationali‑
täten zusammengehören, führt uns mit Deutschland Oesterreich zu und wir
erachten das linke Rheinufer für gefährdet, sobald Frankreichs Macht noch
mehr zunimmt, als es unter dem jetzigen Beherrscher bereits geschehen ist.

---

*) Mitglieder der Erbkaiserpartei der Frankfurter Nationalversammlung, die im
Juni 1849 in Gotha getagt hatten.

Der Grund, warum Preußen nicht neutral bleiben darf, mag in Wien nicht bekannt sein, die Gründe aber, wegen deren wir nicht Frankreich, sondern Oesterreich unterstützen, sind es gewiß alle. Man findet dort also, daß wir naturgemäß eine Oesterreichische Reserve sind, und wird uns dies mehr noch nach als vor dem Kriege sagen. Es bedarf nicht sehr großer Bemühungen, Versprechungen und Opfer seitens Oesterreichs uns auf seine Seite zu ziehen. Oesterreich braucht uns also keine Konzessionen zu machen, es braucht uns keine politischen Vortheile zu sichern; wir fallen ihm von selbst zu. Hierin liegt ein sehr großes Bedenken, welches dasjenige der Folgen eines französischen Bündnisses wohl aufwiegen kann. Uebrigens soll gern zugegeben werden, daß es uns Preußen Oesterreich gegenüber augenblicklich schwer fallen mag bestimmte Forderungen und uns zu machende Verheißungen zu formuliren. Sie könnten sich bei der jetzigen Einigkeit Deutschlands höchstens auf einen alternirenden Vorsitz im Bundestage, auf das ausschließliche Besatzungsrecht in Mainz und darauf beziehen, daß Preußen eventuell freie Hand in Holstein und Schleswig gelassen würde. Hoffentlich aber wird das Formuliren preußischer Ansprüche leichter nach dem letzten Kanonenschusse als vor dem ersten von statten gehen, wo das Neue mit seinen Veränderungen und der eisernen Nothwendigkeit vor uns steht.

So viel von der Stellung zu Oesterreich.

Betrachten wir jetzt in großen Umrissen die Gedanken, welche Preußen in militärischer Beziehung in dem nächsten Kriege leiten werden.

Preußen muß nach drei Seiten seine militärische Macht entfalten, hauptsächlich am Rhein, demnächst gegen Dänemark und endlich gegen Rußland.

Am Rhein tritt Preußen als Bundesgenosse Oesterreichs auf und seine Armeen dort werden durch Truppen des Deutschen Bundes namhaft verstärkt werden.

Gegen Dänemark liegt das Verhältniß ähnlich, aber schon anders. In den Herzogthümern vertheidigt Preußen im Verein mit Deutschen Bundestruppen Deutsches Recht, nicht Oesterreichisches, und eventuell kämpft es für Preußisches Interesse; die Häfen und Küsten der Ostsee schützt es im eigenen Interesse.

Rußland gegenüber liegen die Sachen aber ganz anders, denn hier handelt es sich zunächst nur um Preußische Interessen, die eventuell zu vertheidigen sind.

Der Grund, warum Preußen nicht neutral bleiben konnte, nämlich der Zweck der Erhaltung seiner Macht für jetzt und spätere Zeiten durch das Mittel der Regenerirung seiner Armee, wird zunächst den einzigen leitenden Gesichtspunkt abgeben müssen, wenn man das Verfahren Preußens in militärischer Beziehung für den bevorstehenden Krieg bestimmen will. Es handelt sich also etwa um dasjenige, was der alte Husarengeneral Belling*) in seinem täglichen Gebet erflehte, wenn er den lieben Gott um einen gelinden Krieg bat, wohl verstanden in einem modernen verhältnißmäßigen Maßstabe. Die Armee muß sich beschäftigt werden, damit sie lernt. Weder sie noch große Staatsinteressen überhaupt dürfen kompromittirt werden. Großartige Unternehmungen wie z. B. der Marsch auf Paris und die gänzliche Niederwerfung der Französischen Macht sind zunächst und zwar so lange ausgeschlossen, als Preußen sich nicht ein anderes größeres politisches Ziel vorsteckt und nur im Interesse seiner Armee als Oesterreichischer Bundesgenosse auf dem Kampfplatze erscheint. Die politischen Ziele Preußens, welche sich im Laufe des

---

*) Preußischer General zur Zeit Friedrichs des Großen.

Krieges ergeben werden, können mit Wahrscheinlichkeit nicht im voraus bestimmt werden. Sie werden aber, wenn es außer am Rhein auch gegen Dänemark und gar gegen Rußland zum Kriege kommen sollte, gegen diese letzteren beiden Feinde bestimmter hervortreten als wie am Rhein. Dies ist zu beherzigen und danach sind vorkommenden Falles die Kraftanstrengungen abzumessen, welche Preußen auf den drei Kriegstheatern zu machen haben wird.

Preußens Haltung am Rhein wird zunächst eine zuwartende sein. Man wird es gern sehen, wenn die Franzosen dort zuerst angreifen, denn man würde sich schwer und vielleicht gar nicht dazu entscheiden können die Grenzen zu überschreiten, wenn die Franzosen sie respektiren, selbst wenn in Italien der Krieg schon entbrannt wäre. Die Ereignisse auf dem Italienischen Kriegsschauplatz sind ohne direkten Einfluß auf diejenigen am Rhein oder an unserer Nord- und Ostgrenze. Kommt es zu einem Zusammenstoß mit den Franzosen am Rhein und erfreut man sich des Sieges, so wird die Verfolgung über das Schlachtfeld hinaus, besonders auf Französischem Gebiete, ebenfalls zunächst von dem Gedanken geleitet werden nur gar nichts zu kompromittiren. Erleidet Oesterreich Niederlagen in Italien, so wird Preußen schwerlich sie durch Siege am Rhein zu vergelten suchen. Seine Haltung wird dann erst recht eine abwehrende sein. Der Augenblick, wo Preußen sein beschränktes politisches Kriegsziel mit einem großartigeren vertauscht, wird nur dann eintreten, wenn Frankreichs Macht wesentlich schwinden sollte, sei es durch Unglück in Italien und am Rhein, sei es durch Revolution im Innern, sei es durch Englands energische Theilnahme am Kriege. Preußen, das nicht viel aufs Spiel setzen will, wird weniger eine so veränderte Lage herbeizuführen suchen als vielmehr das Einladende der Umstände benutzen. Hierzu gehört aber vor allen Dingen, daß Rußland uns im Osten nicht beschäftigt. Die Dänischen Händel fallen nicht in die Wagschale. Zunächst also wird der Krieg am Rhein lau geführt werden. Man will eben nur mit möglichster Schonung die Armee an den Krieg gewöhnen. Wenn die günstigsten Chancen Preußen zur Entfaltung aller Energie auffordern, so wird es erlaubt sein daran zu denken das Werk der Reunionskammern zu zerstören, das Elsaß und Lothringen von Frankreich zu trennen, um den Störenfried zu strafen, welcher, weil er zu Neujahr sagt: „Du gefällst mir nicht" Europa in einen Krieg stürzen konnte.

Gehen wir zu Dänemark über. Wenn der Deutsche Bund rüstet, muß der Herzog von Holstein und Lauenburg sein Kontingent stellen. Das wird die ersten Schwierigkeiten herbeiführen und kann den Anlaß zum sofortigen Einschreiten Preußischer und Deutscher Truppen gegen denjenigen Theil Dänemarks geben, dessen man sich bemächtigen kann. Hierzu bedarf es einer verhältnißmäßig unbedeutenden Macht. Preußen kann und muß hier Land erobern, um, wenn es zu Friedensverhandlungen kommt, sich dessen Besitz zu sichern oder ein Aequivalent sich zu verschaffen.

Rußland, sahen wir, kann augenblicklich und vielleicht auf geraume Zeit hin keine bedeutende Macht entfalten. Es wird die größten Anstrengungen machen, um sich seinen Nimbus zu erhalten und so mag es wahr sein, was Gerüchte sagen, daß in Polen eine Aushebung vorbereitet wird. An eine aktive Theilnahme am Kriege vermögen wir wegen der früher angeführten Gründe nicht zu glauben. Sie könnte entweder nicht bedeutend oder nicht von Dauer oder aber Beides nicht sein. Daraus scheint zu folgen, daß Rußland nicht zu Anfang, als erst wenn man ein Ende des Kampfes absehen kann, an ihm Theil nehmen wird. Es würde sich vielleicht eher zum handeln entschließen, wenn es Oesterreich, als wie wenn es Frankreich sehr in der Klemme sieht. Um den Augenblick zum Handeln wahrnehmen zu können, muß es rüsten; das wird es ohne Zweifel thun und mit seiner Heeresmacht eine Pression im Französischen Interesse oder besser gesagt im eigenen Interesse gegen Oesterreich ausüben. Welchen Theil nun der langen Ostgrenze des verbündeten Oesterreichs und Preußens wird diese Pression treffen? Um auf allen Punkten einen Druck ausüben zu können, ist Rußland zu schwach. Wo muß derselbe stattfinden, um am direktesten gefühlt zu werden? Offenbar also nicht an den Preußischen Grenzen, denn das würde nur mittelbar wirken, sondern an den Oesterreichischen. Hier entsteht die Frage, ob an den Galizischen Grenzen und gegen Mähren in der drohenden Richtung auf Wien oder an den Moldauischen? An zwei Stellen zugleich wird es Rußland sehr schwer werden und wenn Rußland wählen muß, so wird es sich für die Besetzung der Moldau und Walachei ohne Zweifel ent-scheiden, weil dies nach früheren Erfahrungen Rußland in vielfachen Be-ziehungen zusagt. Es schließt dies nicht aus, daß Rußland das Königreich Polen stark besetzt. Dies wird aber mehr im eigenen Interesse als zum Nachtheile Preußens und Oesterreichs geschehen und voraussichtlich nur eine geringe Pression auf diese Länder ausüben. Es wird genügen, wenn Preußen die Festungen, welche in erster und zweiter Linie an der Russischen Grenze liegen, armirt, mit Kriegsbesatzungen versieht, aber Rußland erklärt, daß es mit ihm in gutem Einvernehmen zu bleiben wünsche. Die Zusammenziehung eines oder mehrerer Preußischer Armeecorps an den Russischen Grenzen halten wir um so weniger für angebracht, als eine solche Maßregel Gegenanstalten von Seiten Rußlands erst recht hervorrufen würde, und weil, sobald es Noth thut, spätestens in einer Zeit von 8 bis 14 Tagen mit Hülfe der Eisenbahnen mehrere Armeecorps vom Rhein her, wo sie gegen Frankreich stehen würden, nach unseren Ostgrenzen versetzt werden können.

Vor der Hand also kann Preußen seine mobile Armee mit Ausschluß einer starken Division etwa, die gegen Dänemark disponibel bleiben muß, und einiger Bataillone, die in den Festungen im Osten bleiben müssen, am Rhein versammeln.

gez. Friedrich Karl Prinz von Preußen.

Am 27. Februar, wenige Tage nach jener Oesterreichischen Erklärung vom 22., fand beim Prinz-Regenten eine Konferenz statt, bei der General v. Moltke Gelegenheit hatte die Denkschrift vom 7. Februar vorzulesen, nachdem sich bereits am 20. der Minister der auswärtigen Angelegenheiten diese zur vertraulichen Kenntnißnahme vom Kriegsminister erbeten hatte. Anwesend waren nach einem Vermerk Moltkes auf dem Umschlage des Memoires: der Prinz-Regent, Prinz Friedrich Wilhelm (der spätere Kronprinz), der Ministerpräsident Fürst Hohenzollern, der Kriegsminister v. Bonin, der Minister des Auswärtigen Frhr. v. Schleinitz, der Geheime Kabinetsrath Illaire, General Frhr. v. Manteuffel, Chef des Militär-kabinets, Generaladjutant v. Alvensleben als Protokollführer und General v. Moltke.

Kurz vor der Konferenz hatte General v. Moltke andeutungsweise durch den Kriegsminister erfahren, daß die Möglichkeit einer aktiven Theilnahme Belgiens und Hollands an dem Kriege gegen Frankreich vorliege. Wenn der Chef des Generalstabes der Armee für diesen Fall auch bereits in seinen Denk-schriften vom Oktober 1858 und vom 7. Februar 1859 Konzentrirung der Haupt-kräfte am unteren Rhein sowie Hauptoffensive durch Belgien vorgesehen hatte, so schien ihm doch eine „Ergänzung" jenes Memoires vom 7. Februar am Platze.

Dieser Ausdruck, dessen sich General v. Moltke am Schlusse des Anschreibens an den Kriegsminister zu der neuen Denkschrift vom 26. Februar bedient, ist ein sehr bescheidener, denn es treten in dem Schriftstück ganz neue Gesichtspunkte auf. Wir stehen hier vor einem Wendepunkte in Moltkes Auffassung der Feldzugsvorbereitung im Allgemeinen sowohl, wie auch in seinen Ansichten über die augenblicklich nothwendig erscheinenden Maßnahmen. Moltke will nicht nur das „Operationsobjekt", die feindliche Armee, schlagen, er will auch eine materielle Entschädigung für die Opfer haben, die Preußen-Deutschland im Kriege bringen müßte; ein „Kriegsobjekt" wird aufgestellt: Elsaß-Lothringen.

Moltke folgt auch hier dem berühmten Lehrmeister Clausewitz, dessen Studium gerade in dieser Denkschrift besonders ersichtlich ist, auch ohne daß der Schüler bei der praktischen Anwendung zu demselben Resultate gelangt. Während Clausewitz 1830 in seinem Kriegsplan*) Belgien als „eigentlichen Gegenstand des Krieges" hinstellt, kann davon 1859, wo es auf Belgiens Hilfe für uns ankam, nicht die Rede sein. Ebensowenig konnten jetzt die nordöstlichen Departements von Frankreich als Kriegsobjekt in Frage kommen, denn ihr Besitz würde Preußen-Deutschland stete Waffenbereitschaft auferlegen. Für die augenblickliche Lage kam als materielle Entschädigung allein das alte Deutsche Land, das Elsaß und Lothringen, in Betracht, das für uns den „einzig dauernden" Besitz bildet, den wir wünschen können, und dessen Eroberung „Deutschland und Frankreich ihre natürliche Grenze, die Vogesen", wiedergiebt. Dies ist Moltkes Ansicht, die sich elf Jahre später verwirklichen sollte.

Beachtenswerth ist ferner, daß der General hier 1859 die bereits in seiner Darstellung des Russisch-Türkischen Feldzuges 1828/29 ausgesprochene Ansicht**) wiederholt, daß ein förmlicher Angriff auf befestigte Plätze wie Paris großen Schwierigkeiten begegnen, daß derartige Festungen voraussichtlich durch sich selbst fallen würden. Auch 1870 hat Moltke immer wieder darauf hingewiesen, daß eine Aushungerung der Französischen Hauptstadt mehr Erfolg verspreche als die Beschießung, die allerdings als letztes Mittel stets im Auge zu behalten sei.

Anschreiben und Denkschrift vom 26. Februar 1859 haben folgenden Wortlaut:

Nr. 3.

An den Kriegsminister Generallieutenant v. Bonin.

Berlin, den 26. Februar 1859.

Euerer Excellenz vertrauliche Andeutung einer möglichen aktiven Theilnahme Hollands und Belgiens an dem Kriege gegen Frankreich und mit Preußen ist mir Veranlassung gewesen diese Verhältnisse näher ins Auge zu fassen. Die Verbindlichkeit jene beiden Mächte in ihrem Länderbesitz zu schützen bedingt die Nothwendigkeit, die Hauptmasse unserer Streitmacht an dem unteren Rhein zu konzentriren, mithin die Verlegung der Hauptoffensive nach Belgien, welches wahrscheinlich der nächste Kriegsschauplatz wird.

Es tritt sonach der in meinem Memoire vom 7. d. Mts. im Schlußabschnitt bezeichnete Fall ein, wo die beiden am spätesten marschfertig

---

*) Vergl. Anlage 1.
**) Vergl.: Freiherr v. Moltke. Der Russisch-Türkische Feldzug in der Europäischen Türkei 1828/29, Seite 384. Ausgabe von 1845.

werdenden Armeekorps, sobald sie verfügbar, über Hannover und Cassel sofort nach dem Niederrhein abgesandt werden sollten.

Ist es aus politischer Rücksicht nicht zu vermeiden zwei ganze Armeekorps an unserer Ostgrenze zurückzulassen,*) so darf nach meiner Ansicht der entstehende Ausfall nicht bei dem Hauptheer am Niederrhein eintreten, sondern das Nebenheer am Main muß um so viel schwächer ausfallen.

Die Gründe für diese Ansicht und die näher präzisirte erste Aufstellung der Armee habe ich in dem beifolgenden Memoire zu entwickeln gesucht, welches ich, als eine Ergänzung des früheren Euerer Excellenz erleuchteten Erwägung unterstelle.

Nr. 4.
Denkschrift.

Berlin, den 26. Februar 1859.

Erste Aufstellung der Preußischen Armee für den Fall einer aktiven Theilnahme Belgiens und Hollands am Kriege gegen Frankreich.

Wenn in dem durch den Kaiser Napoleon hervorgerufenen Konflikt Preußen schon jetzt den Kampfplatz betritt, so ist der Zweck dieses freiwilligen Auftretens in Verbindung mit Oesterreich und Deutschland unter im Allgemeinen sehr günstigen Verhältnissen die Aggression Frankreichs zurückzuweisen und dieses Land in eine Lage zu versetzen, in welcher es für die Zukunft auf einen sonst wahrscheinlich bald erfolgenden Angriff auf die Rheinprovinz verzichten muß.

Das Resultat eines glücklichen Krieges würde an sich wichtig genug sein, allein es fehlt dabei irgend welche materielle Entschädigung für die großen Opfer, welche Preußen aus freier Wahl übernimmt.

Eine solche Entschädigung kann nur in einem Ländererwerb und daher augenscheinlich nur in Frankreich gefunden werden. Dazu gehört, daß man

---

*) In der Denkschrift vom 7. Februar 1859 war vorgeschlagen worden „nicht mehr als 1½ Armeekorps" an der Russischen Grenze zurückzulassen. Anscheinend war nach dem 7. Februar gegen diesen Vorschlag von anderer Seite Einspruch erhoben worden; wenigstens rechnet ein vom 17. Februar batirter und im großen Generalstab aufgestellter Operationsentwurf, so weit sich nachweisen läßt, zuerst mit zwei Korps, die gegen Rußland stehen bleiben sollen.

Auch aus der Denkschrift vom 26. Februar ist herauszulesen, daß General v. Moltke diese Stärke an Observationstruppen gegen den östlichen Nachbarn zu groß fand; denn er betont in derselben, daß zwei volle Korps zurückgelassen werden „sollen".

aber das Gebiet, welches man behalten will, beim Friedensschluß wirklich inne hat, die auf demselben liegenden Festungen besitzt und die Eroberung durch Heeresmacht deckt.

Der Austausch gegen eine andere nicht besetzte, uns bequemer liegende, aber nicht in dieser Weise durch unsere Waffen eroberte und gesicherte Länderstrecke hat sehr große Schwierigkeiten.

Im Jahre 1830 konnte die Eroberung Belgiens als ein Kriegsobjekt gelten, allein im gegenwärtigen Augenblick liegt die Vernichtung dieses Königreichs weder im Interesse Preußens noch vielleicht in der politischen Möglichkeit und tritt vollends außer Frage, wenn Belgien und sein Heer unserer Sache beitreten.

Soll der Krieg in Verbindung mit Holland und Belgien geführt werden, so übernimmt man die Verpflichtung dies letztere und dadurch zugleich Niederland zu schützen.

Die Offensive führt dann in der Richtung auf Paris und im glücklichen Fall nach Durchführung zahlreicher Belagerungen zur Eroberung der nordöstlichen Departements von Frankreich. Es ist aber dies ein schwer zu behauptender Besitz. Ohne direkten Zusammenhang mit den Preußischen Landen könnte dieser Theil des Französischen Reichs weder zu Preußen gelegt noch (eventuell gegen entsprechende andere Abtretung) in so schwachen Händen wie die Belgiens belassen werden. Für Frankreich wäre der Verlust dieser Grenze bei der Nähe der Hauptstadt eine Bedrohung seiner Existenz und Deutschland müßte in Waffen bleiben, um Belgien im Besitz eines Landstriches zu erhalten, dessen Festungen es nicht einmal zu besetzen vermöchte, selbst wenn der größere Theil derselben geschleift und dadurch die Vertheidigung dieser Grenze wieder geschwächt würde.

Die einzig dauernd zu behauptende Eroberung in Frankreich würden die alten Deutschen Provinzen Lothringen und Elsaß mit einer noch Deutschen, wenn auch für jetzt entschieden Französisch gesinnten Bevölkerung sein. Frankreich und Deutschland erlangen dadurch ihre wirkliche natürliche Grenze, die Vogesen.

Außer den Operationen im Felde sind zwei große Belagerungen dazu nöthig, die von Straßburg und Metz, beides Plätze, die für eine künftige Sicherung Deutschlands unentbehrlich sind. Es ist wenigstens denkbar, daß Metz und die Rheinpfalz an Preußen gelangen, wenn den Süddeutschen Staaten im Elsaß ein reiches Gebiet zum Austausch gegeben ist, wobei Straßburg Bundesfestung werden müßte.

Offenbar kann irgend welcher Erfolg nur erreicht werden durch Niederwerfung der Französischen Waffenmacht in wiederholten Schlachten. Welches auch das Kriegsobjekt sein mag, das Französische Heer wird immer das erste Operationsobjekt bleiben. Beim Entwurf eines Feldzugsplanes werden indeß beide Rücksichten ins Auge zu fassen sein. Man wird die Ueberlegenheit unserer Waffen gegen die feindliche Armee zu führen, gleichzeitig aber auch den Landstrich zu besetzen haben, welchen man schließlich behalten will. Daß die glänzendsten Siege, namentlich wenn sie in Verbindung mit fremden Waffen erfochten werden, noch nicht zu einem befriedigenden Resultat führen, hat Preußen 1814 im Wiener Frieden genugsam erfahren. Finden wir nun das feindliche Heer nicht in dem Landstrich, welchen wir zu behalten beabsichtigen, und dies ist der Fall, wenn unsere Offensive durch Belgien führt, so haben wir zwei gesonderte Zwecke im Auge zu behalten und müssen zwei getrennte Heere zu deren Erreichung aufstellen.

Man wird diese Behauptung vielleicht bestreiten. Es kann gesagt werden: Preußen vereine seine ganze Streitmacht in Belgien und marschire direkt auf Paris.

In dieser Richtung braucht man das feindliche Heer nicht lange zu suchen, man wird es vorfinden. Wenige Märsche führen bis an die Hauptstadt Frankreichs und wie im Jahre 1814 wird mit dem Fall dieser Kapitale Alles entschieden sein. Die glanzreiche Herrschaft des ersten Napoleon hatte jedenfalls tiefere Wurzel im Französischen Volke gefaßt, als die seines Neffen, welcher weder ertragen kann, daß er selbst Schlachten verliere, noch daß jemand außer ihm selbst Siege erfechte. Frankreich, unter welcher neuen Regierungsform es sei, wird genöthigt sein Frieden zu schließen und in diesem Frieden können die Bedingungen von Länderabtretungen vorgezeichnet werden.

Zunächst ist hierauf zu erwidern, daß Paris Festung geworden ist, und zwar die größte Festung in der Welt. Das Französische Heer ist daher keineswegs genöthigt sich zwischen das Invasionsheer und die Hauptstadt zu schieben. Diese kann ungehindert seitwärts liegen bleiben, so lange jenes im Stande ist das Feld zu behaupten. Fänden wir die feindliche Armee in der Gegend von Reims versammelt, so würden wir sofort von der Richtung auf Paris ablenken müssen.

Es soll angenommen werden, daß wir die Franzosen mit wahrscheinlicher Ueberlegenheit hinter der Aisne angreifen und schlagen, daß wir sie über die Marne, die Seine, die Yonne und endlich hinter die Loire zurückwerfen, so würden wir dann vor Paris rücken können. Die Möglichkeit, daß der moralische Eindruck dieser Operation groß genug wäre, damit Paris kapitulire und die Napoleonische Herrschaft zu Ende wäre, kann nicht in Abrede gestellt werden. Ist das Resultat aber so wahrscheinlich, daß darauf ein Feldzugsplan gebaut werden darf?

Wir wollen nicht auf den Widerstand Gewicht legen, welchen das offene Paris 1814 leistete,*) aber übersehen darf man nicht, daß damals Frankreich durch eine Reihe von Kriegen geschwächt, daß es während zweier Feldzüge in Rußland und Deutschland die ungeheuersten Verluste gemacht hatte und daß der gewaltige Kaiser seine Streitmacht in einer Reihe von verlorenen wie siegreichen Schlachten vollständig erschöpft hatte; endlich, daß damals nicht bloß Preußen, sondern Oesterreich und Rußland vor den Thoren standen, während Englands Heere von Toulouse anrückten. Im gegenwärtigen Fall ist Oesterreich vorerst in Italien beschäftigt, England ist neutral und Rußland vielleicht feindlich.

Es ist also mindestens sehr möglich, daß Paris den Angriff abwartet.

Für den Angriff eines Platzes wie Paris finden sich aber in der Kriegsgeschichte noch keine Vorgänge.

Muß angenommen werden, daß ein streitfähiges Korps von nur etwa 80 000 Mann sich in die Hauptstadt geworfen hat und dort über die Streitmittel und den guten Willen der Bewohner verfügt, so kann Paris weder erstürmt noch eingeschlossen noch belagert werden. Die Werke des Platzes sind gegen den gewaltsamen Angriff gesichert. Ihr Umfang beträgt sieben und eine halbe Meile, die möglichst enge Einschließung würde eine Ausdehnung von zehn bis elf Meilen haben; wie stark müßte man an allen Punkten auf beiden Ufern der Seine sein, um dem Stoß eines ganzen Heeres zu widerstehen, welcher in jedem Augenblick und in jeder Richtung mit gesichertem Rückzug aus dem feindlichen Centrum geführt werden kann.

Wie groß auch das Bedürfniß dieser Stadt ist, sie steht durch Eisenbahnen mit den entferntesten Provinzen des Nordens wie des Südens

---

*) Bemerkung von der Hand des Generals v. Moltke:

„Derselbe war unmöglich, wenn man Blücher gewähren ließ, welcher die Stadt früher als die Marschälle erreichen konnte. Dies wurde Preußen nicht gegönnt, und damit Kaiser Alexander an der Spitze seiner Garden einziehen konnte, wurde die blutige und übel geleitete Schlacht geschlagen."

Vergl. „Kriegsgeschichtliche Einzelschriften". Heft 13: Der Antheil des Schlesischen Heeres an der Schlacht von Paris am 30. März 1814 und an den ihr vorausgehenden Bewegungen seit der Schlacht von Laon, Seite 56 und 57. Ausgabe von 1890.

Frankreichs in Verbindung, und wie diese nie sämmtlich unterbrochen werden
können, so sichert eine einzige derselben die Ernährung der Bevölkerung auf
lange Zeit hinaus. Die förmliche Belagerung einiger der vorgeschobenen
Forts würde, durch Ausfälle, die sich zu Schlachten steigern können,
gestört, so viel Zeit kosten, daß unterdeß die ganze Kriegslage sich geändert
haben kann.

Befestigte Städte von der Größe wie Paris können durch sich selbst
fallen. Der Anmarsch auf die Hauptstadt Frankreichs kann als Drohung
vielleicht weit größere Erfolge haben, als man vorher ahnt. Tritt der
politische und moralische Umschwung aber nicht ein, soll die Drohung zum
wirklichen Angriff werden, so stellen sich außerordentliche Schwierigkeiten entgegen. Muß man schließlich diesen Angriff als unausführbar aufgeben, so
würde der Rückschlag unberechenbar sein.

Sonach würde die Besitzergreifung des linken Rheinufers von Belfort
bis Metz das eigentliche Kriegsobjekt sein, das Mittel es zu erreichen aber
eine Offensive durch Belgien in der Richtung auf Paris, wobei das Französische Heer das Operationsobjekt ist.

Die strategischen sowohl wie die politischen Rücksichten erheischen die
Aufstellung der Preußischen Armee in zwei Heerestheilen, am untern Rhein
und am Main.

Wenn Frankreich seine Streitmacht zwischen Metz und Straßburg konzentrirt, so bedroht es gleichmäßig und in größter Nähe sowohl die Rheinprovinz als Süddeutschland. Die Defensive am Rhein wie das offensive
Vorgehen von dort muß durch die Main-Armee in der linken Flanke gedeckt
werden. Außerdem soll die Main-Armee Süddeutschland Schutz gewähren.
Je später und schwächer dies durch Oesterreich geleistet werden wird, um so
größer ist die Aufforderung für Preußen schnell und stark hier einzuschreiten.
Denn es kann uns keineswegs gleichgültig sein, daß Frankreich in Süddeutschland Fortschritte macht, dadurch vielleicht die Theilnahme des VIII.
und VII. Bundes-Korps am Kriege verhindert und selbst die östliche Hälfte
der Monarchie bedroht.

Welche dieser verschiedenen Aufgaben die Main-Armee der Zeit nach zu
lösen haben wird, hängt von der geringeren oder größeren Schnelligkeit ab,
mit welcher Frankreich vorgeht.

Im Allgemeinen läßt sich nur sagen, daß die schwächere Main-Armee
bestimmt ist das Kriegsobjekt zu besetzen, die stärkere Rhein-Armee diese Besetzung durch Schlachten zu ermöglichen und zu sichern.

Belgiens französische Grenze ist nicht weiter von Paris entfernt als von Cöln. Ein großer Theil des Französischen Heeres steht bereits zwischen Paris und dieser Grenze, während unsere Streitmacht noch mobil gemacht und nach Cöln herangeschafft werden soll. Wir können sonach nicht versprechen, Belgien in seiner bedrohten Grenze zu schützen, sondern nur übernehmen unter thätiger Mitwirkung der Belgischen und der Niederländischen Armeen, die Franzosen aus Belgien wieder hinauszuwerfen und so zugleich Niederland zu sichern. Dazu gehört, daß diese Armeen sich nicht bei Antwerpen und Utrecht, sondern bei Namur bezw. Lüttich und Maastricht versammeln, wo dann mindestens ein Preußisches Korps zu ihrer Aufnahme bei Aachen schon aufgestellt sein muß. Es ist nicht wahrscheinlich, daß die Franzosen zu einer Vereinigung vorwärts der Maas Zeit lassen werden.

Da nach den neuesten Nachrichten Frankreich bereits Bedacht genommen hat den Bedarf seines Heeres an Pferden zu beschaffen, so kann ferner von Metz aus ein Korps von 20 bis 30 000 Mann in äußerst kurzer Zeit die Preußische Rheinprovinz erreichen. Um die Mobilmachung des VIII. Armeekorps sowie die Armirung und Besetzung von Luxemburg und Saarlouis zu sichern, erscheint es daher geboten ein zweites Korps bei Trier aufzustellen.

Sobald Preußen zum Krieg entschlossen ist, würde nach diesseitiger Ansicht die erste Einleitung darin bestehen müssen, daß das III. und IV. Armeekorps an den Rhein geschickt und bei Aachen bezw. Trier aufgestellt werden.*)

---

*) Bemerkung von der Hand des Generals v. Moltke:

„Möglicher Weise könnten vorerst nur die Linientruppen beider Korps abgesendet, die Landwehr aus den jüngsten Altersklassen bis zu einem Drittel der Kriegsstärke formirt werden. Letztere würde den Dienst in den Festungen übernehmen und Kadres bilden, welche dann schnell komplettirt und nachgeschafft werden können.

Allein diese Nachsendung müßte doch sehr bald erfolgen. Nur wenn die Belgische und die Holländische Regierung ein wirklich schlagfähiges Truppenkorps bei Aachen sehen, werden sie sich diesem anschließen. Auch wird es nicht zu vermeiden sein, in Luxemburg, welches nun eine so große Wichtigkeit erhält, sobald es seiner eigenen Vertheidigung überlassen werden muß, zu den vorhandenen 4000 Mann Preußischer Truppen noch etwa 10 000 in den Platz zu werfen, selbst wenn Niederland sein Kontingent von 1600 Mann stellt, da auf Lippe-Waldeck nicht zu warten, auch die volle Besatzungsstärke der Festung überhaupt noch nicht normirt und repartirt ist."

Wird durch den Beitritt von Belgien und Holland nöthig die Hauptoffensive durch Belgien gegen Frankreich zu führen, so tritt dadurch der in dem Schlußabschnitt des diesseitigen Memoirs vom 7. Februar d. J. vorgesehene Fall ein, wo die beiden am spätesten mobil werdenden Armeekorps über Hannover und Cassel unverzüglich nach dem unteren Rhein heranzuziehen sind.

Es ist von entscheidendster Wichtigkeit, gleich bei dem ersten Zusammenstoß mit der Französischen Hauptmacht den Sieg auch durch numerische Ueberlegenheit zu sichern. Gebieten politische und strategische Gründe die Aufstellung eines Nebenheeres am Main und ist die Konzentrirung der ganzen Preußischen Truppenmacht in Belgien sonach nicht angängig, so muß wenigstens das Hauptheer dort so stark wie irgend thunlich, das Nebenheer am Main nicht höher bemessen werden, als es zur Erreichung dieser Zwecke durchaus erforderlich ist.

Da volle zwei Armeekorps an der Russischen Grenze zurückgelassen werden sollen, so verbleiben für die Main-Armee nur zwei Preußische Armeekorps. Schließen sich das VIII. und VII. Bundesarmeekorps diesem Heere an, so wird es dadurch immer noch auf die Stärke von 140 000 Mann gebracht, welche vollkommen ausreicht Süddeutschland von einem feindlichen Nebenheere zu säubern.

Ginge Frankreich trotz der Bedrohung seiner eigenen Nordgrenze mit gesammter Macht in Süddeutschland vor, so würde die Main-Armee vom unteren Rhein sehr schnell noch verstärkt werden können. Schließen sich hingegen die VII. und VIII. Bundesarmeekorps Oesterreich an, so würde die direkte Befreiung Süddeutschlands nicht Preußen obliegen. Dieses würde aber eine solche Aufgabe indirekt wesentlich erleichtern durch eine kräftige Offensive in Nordfrankreich, deren linke Flanke die Preußische Main-Armee zu decken hat.

Hiernach verbleiben für die Hauptarmee

fünf Preußische Armeekorps.	165 000 Mann,
das IX. und X. Bundeskorps	69 000 „ ,
zusammen	234 000 Mann.
Rechnet man	
die Niederländische Armee etwa	20 000 Mann,
die Belgische Armee	60 000 „ ,
so bildet dies zusammen ein Heer von	314 000 Mann.

Bei diesen beträchtlichen Ziffern ist indeß nicht zu übersehen, daß für die Preußischen und Deutschen Korps die Sollstärke in Ansatz gebracht, daß das rechtzeitige Eintreffen der beiden fremden Armeen unsicher, ihr Zustand wahrscheinlich höchst mangelhaft ist und daß Maastricht, Lüttich, Namur und Luxemburg sogleich mit starken Garnisonen versehen werden müssen. Es ist sehr möglich, daß das Preußische Heer, um die Versammlung seiner Bundesgenossen zu ermöglichen, Anfangs allein vorgehen, den ersten Stoß des Gegners allein aushalten muß, und daher durchaus nöthig hier nicht schwächer aufzutreten als fünf Preußische Armeekorps.

Unstreitig ist es eine schwierige Aufgabe für die Politik den Zeitpunkt der Mobilmachung der Armee so zu bemessen, daß selbige weder zu früh noch zu spät eintritt. Es erscheint wünschenswerth Frankreich sich zuvor schon mit bedeutenden Kräften gegen Italien engagiren zu lassen. Zwar ist der Kaiser schon jetzt zu weit vorgegangen, um Sardinien ganz preiszugeben, doch kann Frankreich, wenn es sich von Preußen an seiner Nordgrenze bedroht sieht, in Italien mit einem Minimum auftreten und desto größere Streitmittel gegen uns führen. Erfolgt hingegen unsere Rüstung zu spät, so sind wir außer Stande Belgien an der Maas zu unterstützen und der erste strategische Aufmarsch unseres Heeres kann nur noch unter dem Schutze unserer Rheinlinie erfolgen, auf welche das III. und IV. Korps sich zurückziehen müssen.

Vorausgesetzt indeß, daß die Zeit von etwa sechs Wochen vorhanden bleibt, um unsere Streitmacht am linken Rheinufer zu versammeln, so erscheint es angemessen dies in nachstehender Weise zu bewirken:

IV. Armeekorps	Luxemburg
VIII. "	Trier
IX. Bundeskorps	Coblenz
III. Armeekorps	Aachen
VII. "	Düren
X. Bundeskorps	Cöln
Gardekorps	Bonn

1. Erfolgt der Französische Hauptangriff von Lille und Valenciennes her, so konzentriren sich auf der Linie Lüttich—Maastricht:

in vier Tagen Belgisch-Holländische Armee	80 000 Mann
III. und VII. Armeekorps und X. Bundeskorps	100 000 "
	180 000 Mann

Denkschrift vom 26. Februar 1859.

und in spätestens sieben Tagen
    das VIII. Korps von Trier
        „ IX. Bundeskorps von Coblenz . . . . . . 60 000 Mann
                                                                     240 000 Mann

Das IV. Armeekorps bleibt an der oberen Mosel.

2. Geht hingegen die Französische Hauptmacht von Metz aus gegen die Rheinprovinz vor, so stoßen bei Trier zu

    dem VIII. Armeekorps . . . . 30 000 Mann
    vom IV.   „   aus Luxemburg . . . . 20 000 „
und in spätestens sieben Tagen
    das IX. Bundeskorps aus Coblenz . . . . . . ⎫
     „ Gardekorps aus Bonn . . . . ⎬ 120 000 „
     „ VII. Armeekorps aus Düren . . . . . . ⎬
     „ X. Bundeskorps „ Cöln . . . . . . ⎭
                                                                    170 000 Mann

Das III. Armeekorps bleibt an der Maas.

Aus der vorgeschlagenen Aufstellung würde man daher in einem kurzen Zeitraum dem feindlichen Hauptangriff in der Defensive entgegentreten, demnächst aber zur Offensive vorgehen und zwar:

Zu 1. Mit 240 000 Mann durch Belgien nach Nordfrankreich. Das Operationsobjekt der Rhein-Armee würde dabei zunächst nicht Paris, sondern das Französische Hauptheer sein, dessen Stärke kaum auf mehr als 200 000 Mann gesteigert werden kann und an der Maas nach Besetzung von Charleroy, Mons, Brüssel ꝛc. schwerlich noch 150 000 Kombattanten zählen wird. Man wird demselben womöglich noch in Belgien eine Entscheidungsschlacht liefern, da über dessen Gebiet hinaus durch die nothwendige Besetzung der Belgischen und Einschließung der Französischen Grenzplätze ein bedeutender Theil der bis dahin vorhandenen Ueberlegenheit verloren geht.*)

Das IV. Armeekorps bleibt vorerst an der Mosel zurück, um die Rheinprovinz gegen einen Einfall von Metz aus zu schützen, Luxemburg und Saarlouis gegen eine Belagerung zu decken.

---

*) Randbemerkung des Generals v. Moltke:

„Die Französischen Grenzplätze von Lille bis Givet haben 54 000 Mann Kriegsbesatzung, allerdings Depotbataillone, die jedoch in geringerer Stärke im Felde erscheinen können."

Moltkes militärische Werke. I. 4.   4

Wird das Korps zurückgedrängt, so muß es 10 000 Mann in Luxemburg belassen.

Die Main-Armee würde in diesem Falle, wo sie nur ein Französisches Nebenkorps vor sich haben kann, unverzüglich vorrücken, sich durch das IV. Armeekorps auf 100 000 Preußen verstärken, Saarlouis, Luxemburg beblokiren, die Belagerung von Metz und eventuell Diedenhofen, für welche die erforderlichen Vorkehrungen getroffen sein müssen, durch eine über den Argonnerwald fortzusetzende Offensive decken, welche um so dreister geführt werden darf, weil sie im Fortschreiten mit der Rhein-Armee konvergirt.

Für die Einschließung von Straßburg, die Belagerung dieses Platzes und Festhaltung der Vogesen, bleiben das VII. und VIII. Bundeskorps und das Deutsche Kontingent Oesterreichs verfügbar: etwa 150 000 Mann, welche von dort zu einer gemeinsamen Offensive auf Paris schreiten können.

Zu 2. Sind die Französischen Hauptkräfte zwischen Metz und Straßburg konzentrirt, so werden sie kaum stärker als 180 000 Mann sein, da Belgien nicht unbeachtet bleiben kann.

Gegen das hierher gerichtete Französische Nebenkorps erscheint es ausreichend, wenn die Belgische und Holländische Armee durch das III. Preußische Armeekorps auf über 110 000 Mann verstärkt wird, um Brüssel zu sichern und bis Mons und Doornik vorzugehen.

Das Französische Hauptheer finden wir dann in eben dem Landstrich, welchen wir zu erobern gedenken, und können gegen dasselbe alle Kräfte vereinen; nämlich von Trier her

die Rhein-Armee mit . . . . 170 000 Mann
vom Main zwei Preußische Korps . . . . 60 000 "
und dann wohl jedenfalls auch das VII. und VIII. Bundeskorps 60 000 "
                                                                                                               gegen 300 000 Mann,

selbst ohne Oesterreich.

Die Hauptoffensive gegen Paris in der Richtung über Nancy längs der Marne deckt dann direkt die zu erobernden Landstriche, und das kombinirte Heer in Belgien bildet in diesem Fall ein rechtes Flankenkorps.

Nachstehende Vorarbeiten benutzte General v. Moltke bei Aufstellung der Denkschrift vom 26. Februar 1859:

Nr. 5.

Ohne Datum; vor dem 26. Februar 1859.

VII. Armeekorps nach Aachen,
VIII. "   "   Trier,
IV.   "   "   Düsseldorf—Cöln,
Gardekorps   "   Coblenz—Gießen,
X. Bundeskorps " Duisburg—Düsseldorf.
III. Armeekorps nach Mainz—Frankfurt,
V.   "   ⎫
VI. "   ⎬ " Frankfurt—Würzburg.
IX. "   ⎭

I. und II. Armeekorps konzentrirte Aufstellung gegen Rußland.

Bei Aachen: VII. Armeekorps 28. Tag   120 000 Franzosen 36. Tag.
 " Trier: VIII.   "   29. "   40 000   "   22. "
Straßburg   70 000 Franzosen 17. Tag.

Nr. 6.

Ohne Datum; vor dem 26. Februar 1859.

IV. Armeekorps   Luxemburg ⎫
VIII.   "   Trier   ⎬ Mosel 100 000
IX. Bundeskorps Coblenz   ⎭

III. Armeekorps Aachen   ⎫
X. Bundeskorps ⎫   ⎪
VII. Armeekorps ⎬ Cöln   ⎬ Maas 120 000
Gardekorps   Bonn   ⎭

V. Armeekorps   Frankfurt a. M. ⎫
VI.   "   ⎬ Main 60 000

VII. Bundeskorps
VIII.   "   ?   70 000
                                ───────
                                350 000

Belgische Armee Namur—Lüttich 60 000
Holländische Armee Maastricht 25 000

4*

Greift die Französische Hauptmacht von Lille—Valenciennes an, so konzentriren sich binnen vier Tagen bei Lüttich—Maastricht

   Belgisch-Holländische Armee 85 000
   Maas-Armee 120 000
sieben Tagen
  VIII. Korps von Trier
   IX. Bundeskorps von Coblenz . . . . . <u>60 000</u>
             265 000 Mann.

Das IV. Armeekorps bleibt an der obern Mosel.

Geht der Französische Hauptangriff von Metz aus gegen den untern Rhein, so versammeln sich bei Trier

   IV. und VIII. Armeekorps 60 000
in sieben Tagen
   IX. Bundeskorps von Coblenz 30 000
   Gardekorps von Bonn 30 000
   VII. und X. Bundeskorps von Cöln . . . <u>60 000</u>
             180 000

Das III. Armeekorps bleibt an der Maas.

Rückt die Hauptmacht der Franzosen in Süddeutschland ein...

Außer diesen beiden Vorarbeiten benutzte General v. Moltke für die Denkschrift vom 26. Februar eine dritte, deren Entstehung allerdings noch in den Januar 1859 fällt, die indeß bei dem Memoire vom 7. Februar nicht mehr verwerthet wurde. Diese Arbeit hatte der Chef des Generalstabes der Armee gegen Ende Januar neben anderen Schriftstücken dem Fürsten Radziwill, damaligem kommandirenden General des III. Armeekorps, übersandt. Der Fürst schickte sie, mit zahlreichen Randbemerkungen versehen und von einem Schreiben begleitet, am 2. Februar an Moltke zurück.

Die Vorarbeit des Generals v. Moltke folgt hier:

Nr. 7.

Ohne Datum, aber vor dem 2. Februar 1859.

Zur Kriegsbesatzung der Rhein-Festungen sind außer den Ersatzbataillonen und dem zweiten Aufgebot durch den Mobilmachungsplan Beilage 74 bestimmt:

   in Cöln . . . . 2 Linien-, — Landwehr-Bataillone,
   » Coblenz . . . 2 » 1 »
   » Saarlouis . 2 » 1 »
   » Mainz . . . 5 » 1 »
   » Luxemburg . 5 » 1 »

  Im Ganzen . . 16 Linien-, 4 Landwehr-Bataillone.

Darauf sind vorhanden die 16 Bataillone der Reserve-Regimenter und die Landwehr-Bataillone Essen, Altendorf, Neuß und Grefrath.

Das VII. und VIII. Armeekorps können daher in derselben Stärke wie alle übrigen mobil werden.

Nach Saarlouis kommt nur ein Bataillon des zweiten Aufgebots und die Rhein-Festungen werden einer Verstärkung durch Linie und erstes Aufgebot erst dann bedürfen, wenn sie ihrer eigenen Vertheidigung überlassen werden müssen.

Am linken Rhein-Ufer treten sonach das VII. und VIII. Korps noch mit über 60 000 Mann auf, welche gegen überlegene Kräfte zwar keine Entscheidungsschlacht liefern dürfen, in einem sehr günstigen Terrain aber sicher Gelegenheit finden dem Vordringen des Gegners große Schwierigkeit zu bereiten und die Truppen zu aguerriren.

Die Stärken der Bundeskorps gestalten sich nach der Beilage folgendermaßen: nach allen nöthigen Abzügen

VII. Bundeskorps 42 000,
VIII. " 32 000,
IX. " 34 000,
X. " 35 000.

Am Rhein werden das III., VII., VIII. Preußische und X. Bundes-Armeekorps über . . . . 130 000 Mann stark sein;

am unteren Main das IV., V., VI. Preußische und IX. Bundeskorps ebenso stark.

Das VII. und VIII. Bundeskorps 74 000 Mann, wenn sie sich der Main-Armee anschließen, bringen diese auf . . . . . 200 000 Mann.

Die Reserven an der Saale: Gardekorps und II. Armeekorps etwa 66 000 Mann, wobei das I. Armeekorps an der Weichsel verbleibt.

Mobile Armee im Ganzen 400 000 Mann ohne Oesterreich.

Der Brief des Fürsten Radziwill an General v. Moltke lautet:

Berlin, den 2. Februar 1859.

Die Anlagen mit Dank zurück: ich habe seit ihrem Empfange den General Dannhauer[*]) gesprochen, der aus Frankfurt kommt und sich daher über die Deutschen Streitkräfte eine eigene Anschauung zu bilden im Stande gewesen. Er stimmt mit mir überein, daß Bayern im Stande sein wird, nach Ab-

---

[*]) Erster Bevollmächtigter Preußens bei der Bundes-Militärkommission in Frankfurt a. M.

rechnung der Festungsbesatzungen in Landau und Germersheim 50 000 Mann aktiv aufzustellen. Die anderen Bundeskorps sind effektiv (wobei von dem Etat auf dem Papier stets Manches abgeht) pr. pr. 30 000 Mann, also so wie unsere Korps zu rechnen. Gehen die Dänen vom X. Korps ab, so werde ich es auf 26 000 ziemlich richtig normirt haben.

Die Rhein-Festungen werden, wenn die Franzosen mit einiger Energie vorgehen (und das muß man annehmen, will man sich von Haus aus nicht verrechnen), sehr bald nach der Mobilmachung kriegstüchtig und widerstandsfähig besetzt werden müssen. Den Zeitraum schlage ich sehr kurz an, in dem man auf dem linken Rhein-Ufer mit dem VII. und VIII. Korps guerroyiren und operiren kann; dazu wird uns Pelissier mit überlegenen Kräften keine Zeit gönnen, wie wir es 1793/94 den Franzosen boten. Ich lege hierauf um so mehr Gewicht, als mir Dannhauer gesagt, daß auf dem Bundestage nun festgesetzt worden, daß uns die Besetzung Luxemburgs allein zufällt.

Hiernach scheint es mir nicht gerathen, ein Reservekorps bei Halle aufzustellen, sondern das III. und IV. Armeekorps gleich an den Rhein zu werfen, wo wir einen ersten und gewiß mächtigen Stoß zu erwarten haben, und die Zweite Armee, II., V., VI. Korps und die Garde sobald als möglich zwischen Würzburg und Frankfurt zu konzentriren, gleich bereit, nach Süden oder Westen einzugreifen.

Dannhauer glaubt, daß Oesterreich in nicht langer Frist, und mit 250 000 Mann in Italien, 50 000—60 000 Mann wird bei Ulm konzentriren können.

Mein Motiv bei den Annahmen, die ich mir gebildet, ist, bei solchen Kalküls den Feind so stark anzunehmen, als er kommen kann, wenn er richtig sich formirt und konzentrirt, und seine entrée en Campagne so energisch anzuschlagen, als es bei der gewiß zu erwartenden furia francese unter Pelissiers Anführung erwartet werden kann.

Ich habe nämlich gehört, daß für den möglichen Fall die Kommandofragen in Paris schon zur Sprache gekommen. Der Kaiser habe sich die Armee in Italien vorbehalten, mit Canrobert an der Spitze der Franzosen, Pelissier sei der Rhein bestimmt.

Herzlich der Ihre

Radziwill.

Auf den Inhalt beider Moltkeschen Denkschriften, vom 7. sowohl wie vom 26. Februar 1859, geht ein Promemoria ein, das sich in Abschrift in den Akten des Kriegsministeriums befindet, dessen Verfasser aber nicht zu ermitteln war. Es ist indessen nicht ausgeschlossen, daß diese Denkschrift ebenfalls den Fürsten Radziwill zum Urheber hat. Hierfür spricht der Inhalt des vorstehenden Briefes vom 2. Februar, in dem empfohlen wird keine Reserven zurückzulassen, sondern zwei Armeen, eine am Rhein und eine bei Würzburg-Frankfurt, zu bilden. Dieselben Vorschläge finden sich in der Denkschrift vom 5. März wieder.

Promemoria
über die politische Lage der von dem Oesterreichisch-Französischen Konflikt berührten Staaten und Entwickelung der daraus hervorgehenden militärischen Eventualitäten.

Berlin, den 5. März 1859.

Um zu den richtigen Prämissen zu gelangen, welche geeignet sind die politische und militärische Lage der Staaten klar zu machen, die eventuell sich in den Oesterreichisch-Französischen Konflikt verwickelt sehen werden, ist es nothwendig neben den rein militärischen und geographischen Beziehungen auch deren politische Tendenzen zu berücksichtigen, so weit sie hier in Frage kommen werden. Es ist hierbei aber auch unabweisbar, die Charaktere derjenigen Monarchen und ihrer Organe zu berücksichtigen, welche die Initiative in jenem Konflikt ergriffen haben, und die Stellung derjenigen, welche in zweiter Linie wahrscheinlich in die Situation eintreten werden.

1. **Frankreich.** Der Charakter und die Eigenschaften des Kaiser Napoleon sind genugsam bekannt und es wäre überflüssig sie hier näher charakterisiren zu wollen. Nach seinem bisherigen Auftreten darf man auf Ueberraschungen gefaßt sein. Selbständig denkend und wesentlich unabhängig von seinen Umgebungen hat er sich bis zur neuesten Zeit in seiner Politik maßvoll gehalten und die Fäden der Begebenheiten geschickt genug geleitet. Aber wie er stets in der Einleitung zu seinen Unternehmungen große Behutsamkeit gezeigt hat, so hat er in ihrer Durchführung eine ebenso große Hartnäckigkeit als Rücksichtslosigkeit bewiesen. Menschenleben, Geldopfer sind ihm nichts. Sein Befehl bei der Ausführung des Staatsstreiches in Paris war der „keinen Stein auf dem anderen zu lassen, nicht das Kind im Mutterleibe zu verschonen". Gleiche und noch größere Rücksichtslosigkeit hat er in der Krimkampagne gezeigt.

In dieser letzteren Beziehung wird er von seinen Organen noch übertroffen. Der Marschall Pelissier z. B., welcher ein großes Kommando führen wird, hat seine Resultate nur durch eine Menschenschlächterei erreicht, die in der Geschichte der Kriege neuerer Zeit ganz unerhört ist und die den Prinzen Napoleon zu der Aeußerung veranlaßte, der Marschall möge nicht glauben, daß er ein General sei, weil er ein Henkersknecht wäre. Das Verbrennen eines ganzen Araber-Tribus in der Höhle Dehara im Atlas war Pelissiers Debut, der Sturm auf Sebastopol mit einer ganzen Armee sein letztes Kunststück.

Hiernach zu schließen und nach den Kriegsgewohnheiten auch der übrigen Generale Napoleons möchte die eventuelle Kriegführung der Franzosen durch eine ungewohnte Brutalität und Rücksichtslosigkeit bezeichnet werden.

Die Schnelligkeit, mit welcher die kriegsbereite Französische Armee sich mobil machen kann, ihre Dislokation und die Leichtigkeit der Kommunikationen in Frankreich lassen außerdem erwarten, daß der Kaiser sich die Initiative nicht nehmen lassen werde, wenn er sich zum Kriege entschließt.

Nach der Berechnung des Generalstabes hat die Französische Armee
eine Stärke von . . . . . 576 000 Mann,
von denen immobil sind . . 170 000 „
mobiler Rest . . . 406 000 Mann.

Von diesen rechnet General v. Moltke 50 000 Mann für Algier, so daß für die Kampagne 356 000 Mann disponibel bleiben.

Der Kaiser wird ganz ohne allen Zweifel die Kräfte, welche er in Italien zu verwenden beschließt, nach der Wahrscheinlichkeit bemessen, ob er zugleich einen Krieg mit Preußen und Deutschland zu bestehen haben wird.

General v. Moltke nimmt an, daß die Franzosen nicht unter 120 000 Mann über die Alpen senden würden, so daß 236 000 Mann für den Krieg in Deutschland disponibel blieben, vorausgesetzt, daß das Land mit den 170 000 Mann immobiler Truppen besetzt bliebe.

Wenn es auch nicht wahrscheinlich ist, daß der Kaiser Paris bei dessen unsicherer Stimmung der Art entblößen wird, so ist es doch immer besser sich auf die höchste Zahl der Gegner gefaßt zu machen, um später nicht unangenehm überrascht zu werden.

Es kann nun keinem Zweifel unterliegen, daß der Kaiser seine für Deutschland disponibeln Kräfte sofort auf das Kriegstheater versetzen wird, wo sie ihm am meisten nützen und von wo er die empfindlichsten Schläge zu erwarten hat.

Um diese Punkte zu zeigen, ist es nöthig zuvörderst die Lage der übrigen Staaten näher zu prüfen:

2. Oesterreich. Für die hier zu behandelnde Frage sind die Italienischen Verhältnisse des Kaiserstaats insofern von Wichtigkeit, als durch dieselben eine ansehnliche Quantität der Französischen Streitkräfte an sich gezogen, festgehalten und konsumirt werden müssen.

Oesterreich fühlt sehr wohl, daß die Zahl seiner transalpinen Feinde sich in dem Maße steigern wird, als Frankreichs Besorgnisse von Preußen und Deutschland her nicht erregt werden. Es ist daher auch durch seine Agenten in Frankfurt a. M. schon jetzt — nicht ohne Ungeschicklichkeit — bemüht den Deutschen Bund gegen Frankreich zu kompromittiren. Graf Rechberg, bekannt und berüchtigt durch seinen Haß gegen Preußen und durch seine oft bewiesene persönliche Heftigkeit, ist in dieser Richtung thätig und wendet natürlich seine Bemühungen auf die Deutschen Mittel- und kleinen Staaten, denen er Besorgnisse für ihre militärische Lage und Existenz einzuflößen sucht. Der Kaiser von Oesterreich, ein noch junger Herrscher, unter dem Einfluß eines kriegslustigen Generals, scheint lebhaft zum Kriege zu drängen.

Oesterreich hat bereits so große Truppenmassen nach Italien gezogen und scheint deren noch mehr dahin dirigiren zu wollen, daß die vom General v. Moltke berechnete Zahl von 220 000 kaum zu hoch gegriffen zu sein scheint. General v. Moltke nimmt ferner an, daß die Oesterreicher in Ungarn und Galizien 120 000 Mann stehen lassen und daß sie ferner 33 000 Mann in Tirol als eventuelle Reserve für Italien aufstellen würden. Hiernach würden für Deutschland nur 67 000 Mann disponibel bleiben, im Ganzen 440 000 Mann.

Der Generalstab berechnet, daß Oesterreich drei Monate nach gegebenem Mobilmachungsbefehl die obenbezeichneten Kräfte völlig aufgestellt haben würde.

Es ist nun ersichtlich, daß, wenn Oesterreich eine so lange Zeit gebrauchen wird, um 67 000 M. für die Vertheidigung von Süddeutschland aufzustellen, dieses Letztere einem Einfall der Franzosen für längere Zeit offen bleiben und auf seine eigene Vertheidigung angewiesen bleiben muß, wenn ihm nicht Hülfe von Norden her, d. h. von Preußen zugeführt werden kann. Sollen die Süddeutschen Staaten nicht übergerannt werden, sollen sie nicht partiell unterliegen und von ihrer Verbindung mit Preußen losgelöst werden, so muß die Hülfe, welche ihnen gebracht wird, ebenso energisch als rasch sein und diese Bedingung ist unbedenklich ins Auge zu fassen, wenn vom Entwurf eines allgemeinen Operationsplans die Rede sein soll.

3. Die Süddeutschen Staaten scheinen bereit zu sein sich einem Kriege gegen Frankreich anzuschließen, doch möchte auf die Konsequenz dieser Neigung nicht allzufest zu bauen sein, besonders wenn ihnen nicht eine kräftige und zeitgemäße Hülfe von einem der Deutschen Großstaaten oder von beiden gebracht wird. Die Süddeutschen Festungen sind mangelhaft armirt, ihre Dotation ist noch unvollständig und auch hierdurch wird ihre Haltung auf die Dauer bedingt werden.

Die militärische Organisation der Süddeutschen Staaten ist locker und wird kaum ausreichen, um einem Französischen Invasionsheere von etwa 100 000 Mann mit Erfolg die Spitze zu bieten. Auch dadurch wird jenen Regierungen ein Gefühl der Unsicherheit gegeben, das sie wohl veranlassen könnte ihr Separatabkommen mit Frankreich zu schließen. Geschieht dies aber auch nicht, so ist doch anzunehmen, daß man sich dort mehr auf Oesterreich zu basiren geneigt sein wird als auf Preußen, und daß ein eventueller Rückzug vom Rhein aus über den Schwarzwald auf Ulm, Augsburg und München 2c., niemals aber seitwärts nach dem Main stattfinden werde.

Erst mit dem Vorgehen der von Oesterreich für den Bund zu stellenden drei Armeekorps wird sich hier ein Gleichgewicht herstellen, wenn nicht, wie bereits oben gesagt ist, eine energische Offensive der Preußen vom Main direkt nach Süden gegen die vorgedrungene Französische Invasionsarmee oder aber direkt nach Frankreich selbst die Truppen von Baden, Rheinhessen, Württemberg und Bayern begagirt.

Es war nöthig dieses Verhältniß schon hier ins Auge zu fassen, weil dasselbe für die Gruppirung der Preußischen Armee und der übrigen Norddeutschen Truppen von wichtigem Einfluß werden dürfte.

4. **Belgien und Holland.** In beiden Ländern regieren Monarchen, die einen erträglichen Frieden wohl einem bedenklichen Kriege vorzuziehen geneigt sein dürften. Dennoch ist nach ihrer Lage — besonders Belgiens — eine thätige Theilnahme am Kriege gegen Frankreich vorauszusetzen, weil die Französischen Gelüste wohl zweifellos zuerst auf eine Inkorporation Belgiens gerichtet sein werden, sobald dies mit Erfolg auszuführen ist. Der Appetit Frankreichs auf die Rheingrenze ist heute noch so lebendig wie früher.

Belgien ist aber ein so kleiner und so wenig wehrhafter Staat, daß es sich gegen Frankreich nicht entscheiden kann und wird, wenn es nicht von Preußen und Norddeutschland sichern Schutz und nachhaltige Hülfe zeitgerecht erhält.

Holland ist militärisch nur höchst unbedeutend und wirkungslos.

Nach dem hier Angeführten tritt also für Preußen den nachtheilige Fall ein, daß, während es von einem Französischen Angriff in direkter Richtung, entweder von Metz aus über Luxemburg und Saarlouis auf Coblenz, oder über Namur und Lüttich auf Aachen und Cöln getroffen werden kann, die politische Situation seiner wahrscheinlich Verbündeten zu einer Diversion seitwärts links nach Süddeutschland oder rechts seitwärts vielleicht in der Richtung auf Brüssel oder Mons bringend auffordert.

Dieser dreifachen Eventualität zu genügen, giebt es nur ein Mittel und dies Mittel liegt in der Konzentration aller Kräfte und in einer energischen Offensive nach Frankreich hinein. In welcher Richtung diese Offensive zuvörderst unternommen werden kann und muß, hängt von den Umständen ab und ist daher nicht speziell sofort anzugeben; das endliche Objekt, nachdem die Französische Armee geschlagen ist, kann indeß nur Paris sein, trotz der Schwierigkeiten und Bedenken, welche durch die Fortifikation der Französischen Hauptstadt erregt werden.

5. **Preußen.** Preußen befindet sich den politischen Verhältnissen gegenüber in einer außerordentlich delikaten und schwierigen Lage. Seine Mobilmachung und die Konzentration seiner Armee sind bei der großen Ausdehnung seines Ländergebiets nur mit großem Zeitaufwand zu erreichen und dabei ist es einem brüsken und sehr gefährlichen Angriff Frankreichs ausgesetzt, welcher

möglicherweise die Mobilmachung des VIII. Korps unterbrechen und sich bis an den Rhein ausdehnen kann.

Die Zeit, in welcher die Mobilmachung auszusprechen ist, unterliegt gleichfalls den gewichtigsten Bedenken.

Kommt sie zu früh, so begagirt sie zwar die Oesterreicher in Italien, zieht aber sofort die Französischen Hauptkräfte nach dem Rhein und dies ist der Fall, welchen Oesterreich wünscht und wünschen muß. Oesterreichs Neid und Eifersucht gegen Preußen besteht heute wie früher ungeschwächt und — abgesehen von den persönlichen Ansichten und Gefühlen des Kaisers von Oesterreich — wird dieser Staat ohne Rücksicht die Last des Krieges gern auf die Schultern von Preußen und Deutschland wälzen, wenn ihm dies nützlich ist, ohne sich wesentlich um die Resultate zu kümmern, die dies für uns haben kann.

Kommt die Mobilmachung zu spät, so kann Oesterreich in Italien übergerannt sein, ehe es durch die Preußische Offensive begagirt wird. Ist Oesterreich genöthigt sich bis hinter die Linie Verona—Mantua oder nach Tirol zurückzuziehen, so wird es seine in Deutschland disponibel gehaltenen Kräfte an sich ziehen, um in Italien zur Offensive übergehen zu können, und Süddeutschland ist dem Französischen Anfall dann um so mehr preisgegeben. In diesem Fall wird die Konzentration der Preußischen Armee dann auch in der Zeit verzögert und in der Ausführung erschwert und wie auch der strategische Aufmarsch dieser Armee beabsichtigt und ausgeführt werden mag, jedenfalls sind ihre Flanken durch die dringende Gefährdung von Süddeutschland und von Belgien in bedenklicher Weise kompromittirt.

Diese Verhältnisse unterliegen indeß einem höheren Ermessen und können hier nur angedeutet werden.

Es ist nützlich, sie ins Auge zu fassen, um später durch möglich eintretende Fälle nicht überrascht zu werden. Zu bemerken wäre nur noch, daß, wenn Preußen sich am Kriege gar nicht zu betheiligen gedächte, dadurch sein Einfluß in Deutschland vernichtet werden möchte, und daß der Kaiser Napoleon, nachdem er Oesterreich abgefertigt hätte, auch alsbald die Gelegenheit finden würde über Preußen herzufallen, um seine Revanche für Waterloo zu nehmen und das linke Rhein-Ufer zu gewinnen.

Will man, so weit dies überhaupt möglich ist, gegen alle Eventualitäten gewaffnet sein, so ist es nöthig seine Kräfte so zu konzentriren und zu gruppiren, daß dieselben sich gegenseitig unterstützen können und daß dieselben zu einem Hauptunternehmen schnell zu vereinigen sind, daß ein Schlagen en detail nicht zu fürchten ist. Aber es ist auch nöthig alle Kräfte, über die man gebieten kann, sofort heranzuziehen, denn Frankreich wird mit seiner Antwort auf Preußens Mobilmachungsordre keinen Augenblick zögern.

Hier fragt es sich nun, welche Kräfte im Lande zurückgelassen werden müssen, und diese Frage führt unmittelbar auf die Verhältnisse Rußlands und seine Stellung zu Deutschland im Allgemeinen und zu Preußen und zu Oesterreich im Speziellen.

G. Rußland. Daß Rußland nach den enormen Verlusten in der Krim und bei den jetzt eben getroffenen Maßregeln zur Entwickelung seiner inneren Zustände nicht geneigt sein wird sich aktiv am Kriege zu betheiligen, ist mehr als wahrscheinlich. Um diese Annahme zu unterstützen, braucht man die Motive nicht bis zum Amur zu suchen.

Danach kann man voraussetzen, daß der tief eingefressene Haß Rußlands, ja jedes Russen gegen Oesterreich infolge des feindseligen, undankbaren und gehässigen Verfahrens dieser Macht während des orientalischen Krieges die Neigung Rußlands lebendig machen wird an Oesterreich die Wiedervergeltung zu üben.

Unter keinen Umständen aber wird Rußland feindselig gegen Preußen auftreten. Der Kaiser müßte wenig von den Eigenschaften seiner Eltern geerbt haben, wenn er auch nur im Entferntesten daran denken könnte gegen Preußen in dieser Situation einen Schlag zu führen. Wenn hiergegen angeführt werden sollte, daß der Kaiser bei einer gewissen Weichheit seiner Natur sich dem Anbringen der spezifisch Russischen Partei im Lande nicht werde erwehren können und dadurch gezwungen sein würde einen Angriff auch auf Preußen zu richten, so steht dieser Ansicht die Konsequenz entgegen, die der Kaiser in der Durchführung seiner etwas stark philantropischen Maßregeln in Rußland bis jetzt bewiesen hat. Wollte man indeß unabhängig von dieser Voraussetzung und ohne Rücksicht auf Rußlands augenblickliche Schwäche an eine Gefahr von dieser Seite glauben, so reicht doch ein Armeekorps hin, um den Staat gegen Osten zu decken. Das Korps kann nur das I. sein, das durch seine große Entfernung vom Kriegsschauplatz außerdem zur Entscheidung nicht herangezogen werden kann.

Wird diese Voraussetzung als richtig anerkannt, so kann Preußen zum Kriege gegen Frankreich über acht Armeekorps verfügen, denen die Truppen der Norddeutschen Staaten hinzugerechnet werden können. Diese ganze Masse würde, wie zuvor angegeben, so gegen den Rhein und eventuell über denselben hinaus vorzuschieben sein, daß sie vereinigt die Offensive gegen Frankreich unternehmen könne. Die Details einer solchen Aufstellung sind hier nicht zu erläutern, aber es kann und muß in allgemeinen Umrissen und mit Bezugnahme auf die allgemeine politische Lage, wie sie zuvor entwickelt wurde, angeführt werden, daß ein so bedeutendes Heer nicht auf einem zu engen Raum zusammengestellt werden kann und darf, daß es aber nicht angemessen erscheinen würde bedeutende Theile so weit von der Hauptarmee zu trennen, daß man nicht zur Entscheidungsschlacht mit Sicherheit auf ihr Herankommen rechnen kann.

Wenn man die Hauptarmee, fünf Preußische Armeekorps, die Truppen von Hannover, Oldenburg, Mecklenburg und Braunschweig am Rhein und zwar von Coblenz abwärts und gegen die Belgische Grenze sowie gegen Trier und Luxemburg aufstellt, so ist Belgien gesichert und die Offensive nach Frankreich (Paris) vorbereitet.

Die Zweite Armee — drei Preußische Armeekorps, die Kontingente von Sachsen und den Sächsischen Herzogthümern, Hessen-Nassau 2c. — aber würde am Main (bei Würzburg z. B. und eventuell abwärts bis Frankfurt a. M.) konzentrirt, in der Lage sein entweder einer in Süddeutschland vorgedrungenen Französischen Armee direkt in die Flanke zu fallen, um die Truppen von Baden, Württemberg und Bayern zu begagiren und mit ihnen vereint den Rhein zu passiren, um in Uebereinstimmung mit der Hauptarmee auf Paris zu operiren, oder aber sofort der großen Offensive der Hauptarmee zu folgen und deren linke Flanke deckend und sich ihr immer mehr nähernd zu der großen Operation ins Innere von Frankreich mitzuwirken.

Wenn auf diese Weise die gesammten Kräfte Deutschlands (Oesterreichs mit inbegriffen) gemeinsam und unaufhaltsam wie ein vernichtender Strom sich über die Französische Armee werfen und bis zur Hauptstadt vordringen, dann wird auch diese nicht widerstehen und wenn sie dennoch widerstehen sollte, werden sich die Mittel finden ihren Widerstand zu überwinden. Erst dann würde es Zeit sein daran zu denken, welchen weiteren Regreß man an Frankreich nehmen wollte und welche Mittel in Anwendung zu bringen sein würden es für die Zukunft unschädlich zu machen.

Bedeutende Kräfte zu einem sekundären Zweck, wie solches eine Besetzung von Lothringen, eventuell Elsaß und die wirkliche Belagerung von Metz und Straßburg sein würde, von der Hauptarmee abzuzweigen und zurückzulassen, möchte sich nicht empfehlen; man würde dann wahrscheinlich um des kleinen Vortheils willen das große Ganze verlieren und sich an Paris den Schädel zerstoßen.

Alle Kräfte zu einem entscheidenden Zweck zu vereinigen und diesen Zweck unaufhaltsam zu erreichen, das wird die Aufgabe sein, wenn man einen Krieg gegen Frankreich führen will.

An die Denkschrift vom 26. Februar schließen sich Bemerkungen von Anfang März an „Zur Zeitfrage", die Moltke nach einer Randbemerkung für sich behielt und in denen er seinen Vorschlag vom 26. Februar mit dem Beginn des Kampfes zu warten, bis möglichst viele Kräfte der Franzosen in Italien gefesselt seien, eingehend begründet. Der General war Anfang des Monats Februar für sofortiges Loosschlagen eingetreten. Die Friedensbemühungen der Diplomatie, deren Erfolge er nicht für unmöglich hält, so verdächtig auch die Friedensbetheuerungen Napoleons erscheinen, haben wahrscheinlich den veränderten Vorschlag herbeigeführt.

Nr. 8.
Zur Zeitfrage.
6. März 1859.*)

Die Eigenthümlichkeit unserer Landwehrorganisation und die enormen Kosten, welche das Heer auf dem Kriegsfuß verursacht, gestatten uns nicht mit den einmal versammelten Streitkräften längere Zeit in einer zuwartenden Stellung zu verharren. Die Mobilmachung muß, wollen wir nicht unsere Kräfte unnütz verzehren, unmittelbar zur Aktion führen.

Zur Zeit würde die Frage entstehen, gegen wen diese Aktion gerichtet sein soll. Die beiden sich bedrohenden Mächte, Frankreich und Oesterreich, sind für jetzt noch gar nicht auf dem Kampfplatz erschienen und letzteres hat zu rüsten kaum angefangen. Das Auftreten des Preußischen Heeres am Rhein würde Frankreich zu dem Kriege nöthigen, den die Diplomatie noch zu vermeiden hofft. Es würde die Französische Hauptmacht sofort auf uns ziehen, ohne daß wir irgend eine Garantie dafür haben, daß Oesterreich und Deutschland uns in diesem Falle auf eine wirksame Weise unterstützen. Frankreich würde die Italienische Frage zur Nebensache machen, an Oester-

---
*) Randbemerkung des Generals v. Moltke:
„Nicht weiter mitgetheilt. 11. 3. 59. v. M."

reich gute Bedingungen bieten und mit aller Macht sich gegen die scheinbare Aggression Preußens wenden. Wir würden also zu früh kommen.

Andererseits ist die drohende Gefahr zu spät zu kommen nicht zu verkennen. Der bei Weitem größte Theil der Französischen Armee befindet sich fast kriegsbereit zwischen Paris und dem Rhein, während wir im Friedenszustand vom Rhein bis zur Weichsel stehen.

Die freundschaftlichen Versicherungen des Kaisers Napoleon können uns über das wahre Ziel seiner kriegerischen Absichten nicht verblenden. Die Möglichkeit, daß ein Französisches Heer die Grenze Belgiens, Rheinpreußens oder Süddeutschlands überschreitet, bevor selbst unsere Mobilmachungsfrist, geschweige denn die unserer Nachbarn abläuft, ist vorhanden. Es fragt sich daher, ob wir nicht durch eine theilweise Mobilmachung unsere Grenze decken und so die weitere Entwicklung der Verhältnisse überwachen können, ohne dadurch Frankreich zum Angriff zu nöthigen.

Wenn zunächst nur zwei Armeekorps im Centrum der Monarchie mobil gemacht werden, so ist dies allerdings ein Schritt, der ebenso gegen Rußland wie gegen Oesterreich oder Frankreich gedeutet werden kann. Während einer Frist von drei Wochen braucht das Kabinet seine Intentionen noch nicht definitiv auszusprechen. Durch den Transport beider Armeekorps nach dem Rhein erscheint dann zwar die Maßregel gegen Frankreich gerichtet, jedoch auch nur im defensiven Sinne, da nicht angenommen werden kann, daß wir mit 60 000 Mann einen Angriff auf Frankreich beabsichtigen.

Die beiden mobilen Korps werden zunächst bei Aachen und Trier aufzustellen sein. Denn wenn Belgien und Niederland an dem Kriege in Verbindung mit uns aktiv theilnehmen wollen, so müssen ihre Heere sich an der Maas, bei Lüttich und Maastricht versammeln. Sie werden das aber nur thun, wenn sie ein Preußisches Korps bei Aachen zu ihrer Aufnahme bereit stehen sehen.

Respektirte Frankreich die Belgische Neutralität, so werden ohne Zweifel weder Holland noch Belgien zu uns stoßen. In diesem Fall ist der Französische Hauptangriff nur von Metz und Straßburg her zu erwarten. Luxemburg und Saarlouis sind zunächst bedroht, und das III. Armeekorps würde dann über Prüm heranzuziehen sein, um das IV. bei Trier zu unterstützen.

66 000 Mann an dem sehr günstigen Terrainabschnitt der Mosel würden die Mobilmachung des VIII. und VII. Armeekorps decken.

Scheinbar empfiehlt sich daher diese Maßregel. Es muß dagegen aber Folgendes in Betracht gezogen werden.

Es liegt ebensowenig in unserem Interesse, daß Oesterreich große Niederlagen in Italien erleidet, wie daß es glänzende Siege erficht, ohne daß wir selbst auf dem Kampfplatz erscheinen.

Die Französische Armee braucht, auch wenn ein Theil derselben in Genua landet, zum Vormarsch an den Ticino 20 Tage.

Geschähe dieses Einrücken mit beträchtlich weniger als 100 000 Mann Französischer Truppen, so ist es offenbar nur eine Demonstration, denn selbst vereint mit den Sardiniern würde in diesem Fall Frankreich gegen das Oesterreichische Heer in Oberitalien nichts Entscheidendes unternehmen können. Der wahre Zweck der Kriegsrüstung Napoleons wäre dann Deutschland und wir würden nicht säumen dürfen unser ganzes Heer mobil zu machen, da ein Angriff auf unsere eigene Grenze mit dann möglicherweise 300 000 Mann in sehr kurzer Frist zu erwarten steht.

Gehen hingegen die Franzosen mit 100 000 Mann und darüber gegen Italien vor, kann werden auch sehr bald große Entscheidungen dort stattfinden. Nachdem die Oesterreicher Zeit gehabt haben durch Einberufung der Augmentations-Mannschaften schon jetzt ein Heer von 150 000 Mann zusammen zu bringen, welches durch das 2., 11. und 12. Korps noch verstärkt werden kann, werden sie keinenfalls die Lombardei räumen, vielleicht selbst noch die Offensive gegen Piemont versuchen. Vier Wochen nachdem die Franzosen die Piemontesische Grenze überschritten, können daher schon große und entscheidende Schlachten geschlagen werden, und da wir vier bis sechs Wochen brauchen, um unsere Armeekorps am Rhein zu versammeln, so darf die allgemeine Mobilmachung nicht länger verschoben werden, als bis zu dem bezeichneten Zeitpunkt des Französischen Vorgehens.

Hieraus dürfte sich ergeben, daß unter allen Umständen

1. selbst nur eine theilweise Mobilmachung, bevor die Franzosen in Piemont einrücken, verfrüht sein würde; sie würde die Französischen Hauptkräfte von Italien ab und unmittelbar auf uns ziehen, ohne daß wir eine Bürgschaft dafür haben, daß dann Oesterreich angriffsweise gegen Frankreich vorginge, und sie würde bei der gegenwärtigen Bereitschaft und Aufstellung der Französischen Armee doch zu spät kommen, um die Mobilmachung der 16. Division zu schützen.

2. daß, sobald die Franzosen den Sardinischen Boden betreten, die Mobilmachung des ganzen Heeres erfolgen muß, um im rechten Augenblick

die Offensive gegen Frankreich ergreifen zu können, damit entweder einem siegreichen Vordringen des Feindes durch Italien gegen Tirol und Kärnthen ein Ziel gesetzt wird oder wir an den Erfolgen Oesterreichs gegen Frankreich theilnehmen.

Ist man hierzu fest und unwiderruflich entschlossen, so scheint mir, daß vor Allem schon jetzt ein Vertrag mit Oesterreich abgeschlossen werden muß, durch welchen wir übernehmen:

Mobilmachung unseres ganzen Heeres, sobald die Franzosen die Sardinische Grenze überschreiten;

offensives Vorgehen gegen Frankreich, wenn dieses das Lombardische Gebiet betritt.

Die Gegenleistung Oesterreichs für diese gewichtige Zusage zu einer Zeit, wo Preußen noch ganz freie Hand hat und jedenfalls sich auf eine defensive Haltung beschränken könnte, würde durch die Diplomatie zu formuliren sein und soll hier nicht weiter berührt werden.

Diese Verhandlungen dürfen aber wohl nicht länger verschoben werden, denn wenn Kaiser Napoleon von seinen Kriegsplänen zurücktritt, so wird Oesterreich allein sich den Erfolg zuschreiben dürfen und Preußen steht vermöge seiner bisherigen Zurückhaltung in dem Lichte da, als habe es Oesterreichs und Deutschlands Sache nicht zu vertreten die Absicht gehabt; geht hingegen Frankreich wirklich gegen Italien vor, so werden wir in unserem eigenen Interesse dasselbe dennoch und ohne Bedingungen thun müssen, wofür wir jetzt noch Gegenleistungen stipuliren können.

Nächst der Verständigung mit Oesterreich, welche die Basis für alles Uebrige bildet, wird dann auf die Deutschen Regierungen dahin zu wirken sein, daß sie ihre Kriegsbereitschaft erhöhen, damit sie nach Ablauf der Preußischen Mobilmachung ebenfalls fertig sein können.

Der Anschluß des IX. und X. Bundeskorps an das Preußische Heer und ihre Heranziehung nach Coblenz und Cöln wäre zu vermitteln, dem VII. und VIII. Bundeskorps aber lediglich zu überlassen, ob sie am Main sich uns oder etwa bei Ulm den Oesterreichern anschließen wollen.

Demnächst würde ferner mit Belgien und Holland zu verhandeln sein. Von Letzterem haben wir jedenfalls nur eine schwache Hülfe zu gewärtigen und würde hauptsächlich nur auf die Besatzung von Luxemburg und Maastricht zu dringen sein. Wichtiger ist Belgien, doch würde demselben keinesfalls die Zusicherung zu machen sein, daß wir dessen Grenze sichern werden. Respektirt Frankreich die Belgische Neutralität, so ist dadurch unsere wichtigste Grenze gesichert. Rücken die Franzosen in Belgien ein und konzentrirt sich die Belgische Armee bei Antwerpen, so haben wir davon immer noch den Vortheil, daß ein starkes Französisches Korps diesem Platz gegenüber stehen bleiben muß, und der Feind um so viel schwächer an unserer Grenze erscheinen wird. Das eigene Interesse wird aber Belgien uns zuführen und muß dessen Heer sich dann an der Maas versammeln.

In unserem eigenen nächsten Interesse haben wir hauptsächlich die so sehr gefährdete Grenze zwischen Saarbrücken und Luxemburg gegen eine Unternehmung von Metz aus zu schützen und die Mobilmachung der 16. Division zu sichern.

Dies wird erreicht, wenn aus dem Bezirk des 30. Landwehr-Regiments die sämmtliche Reserve aller Waffen und die Wehrmänner ersten Aufgebots zu den Fahnen einberufen und die Mobilmachungspferde ausgehoben werden. Die Landwehr-Bataillone I. Trier, Saarlouis und II. Trier wären nach Luxemburg, das I. Bataillon 29. Regiments nach Saarlouis zu verlegen, beide Festungen aber vollständig zu armiren.

Die Einberufung der Landwehr-Infanterie zweiten Aufgebots kann ausgesetzt bleiben und würden nur die Bekleidungsgegenstände rechtzeitig nach den betreffenden Festungen zurückzuschaffen sein.

Es würden demnach stehen:

in Luxemburg 35., 36. und ½ 37. Regiment	5000 Mann,
dazu drei Bataillone Landwehr ersten Aufgebots	3000 " ,
Luxemburger	1600 " ,
	9600 Mann:
in Saarlouis I. und II. Bataillon 40. Regiments	} 3000 " ,
II. " 29. "	
dazu I. " 29. "	1000 " ,
	4000 Mann:
in Trier Füsilier-Bataillon 29. Regiments	1000 "
7. Ulanen	
ein Cadre 7. Landwehr-Ulanen . .	etwa 1500 " .
9. Husaren-Regiment	
ein Cadre 9. Landwehr-Husaren	
zwei 6pfdg. Batterien	167 " ,
	Beobachtungskorps 2667 Mann.

Aufsatz vom 6. März 1859: „Zur Zeitfrage."

Diese rein defensive Maßregel wird nicht als eine Feindseligkeit betrachtet werden, wenn sie in eine Zeit fällt, wo Frankreich noch ein so großes Interesse hat Preußens Freundschaft oder doch dessen Neutralität zu gewinnen.

Nachdem sodann die allgemeine Mobilmachung befohlen wird, können der Zeit nach dastehen:

1. am linken Rheinufer

Ende der Konzentrirung:

VII. Armeekorps bei Luxemburg . . $\left\{\begin{array}{l}13.\text{ Inf. Div. am } 25.\text{ Tag}\\14. \quad\text{ , } \quad\text{ , } \quad 27. \quad\text{ ,}\end{array}\right\}$ 28. Tag

VIII.   ,   , Trier . . $\left\{\begin{array}{l}15. \quad\text{ , } \quad\text{ , } \quad 27. \quad\text{ ,}\\16. \quad\text{ , } \quad\text{ , } \quad 23. \quad\text{ ,}\end{array}\right\}$ 29. ,

IX. Bundeskorps , Coblenz . . . . 24. ,

III. Armeekorps , Aachen . . . $\left\{\begin{array}{l}5.\text{ Inf. Div. am } 25.\text{ Tag}\\6. \quad\text{ , } \quad\text{ , } \quad 24. \quad\text{ ,}\end{array}\right\}$ 29. ,

nach vier Wochen . . . . 130 000 Mann.

IV. Armeekorps bei Düren . . . $\left\{\begin{array}{l}7. \quad\text{ , } \quad\text{ , } \quad 34. \quad\text{ ,}\\8. \quad\text{ , } \quad\text{ , } \quad 30. \quad\text{ ,}\end{array}\right\}$ 36. ,

Gardekorps bei Bonn . . . . $\left\{\begin{array}{l}1. \quad\text{ , } \quad\text{ , } \quad 32. \quad\text{ ,}\\2. \quad\text{ , } \quad\text{ , } \quad 33. \quad\text{ ,}\end{array}\right\}$ 39. ,

mithin in fünf Wochen gegen 200 000 Mann.

X. Bundeskorps bei Cöln . . . . 48. ,

innerhalb sieben Wochen . . 230 000 Mann.

2. am Main

V. Armeekorps bei Aschaffenburg $\left\{\begin{array}{l}9.\text{ Inf. Div. am } 24.\text{ Tag}\\10. \quad\text{ , } \quad\text{ , } \quad 24. \quad\text{ ,}\end{array}\right\}$ 30. ,

VI.   ,   , Würzburg . . $\left\{\begin{array}{l}11. \quad\text{ , } \quad\text{ , } \quad 33. \quad\text{ ,}\\12. \quad\text{ , } \quad\text{ , } \quad 33. \quad\text{ ,}\end{array}\right\}$ 40. ,

zwischen der vierten und
    sechsten Woche . . 66 000 Mann.

Im Preußischen Generalstabe war man über die Fortschritte in den Rüstungen der am bevorstehenden Kriege zunächst betheiligten Staaten, Frankreich-Sardiniens und Oesterreichs, in zweiter Linie Rußlands, im Allgemeinen gut unterrichtet. Allerdings mußte General v. Moltke zuweilen selbst dafür eintreten, daß er in seiner Stellung als Chef des Generalstabes der Armee von den anderen Behörden mit hinreichenden Nachrichten versehen würde, so waren ihm z. B. nicht alle Berichte des Militärbevollmächtigten in Petersburg*) zugegangen und es bedurfte erst einer Vorstellung beim Kriegsminister, daß darin ein geregeltes

*) Major Fhr. v. Loën.

Verfahren eintrat. Abgesehen von den zunächst wichtigen Berichten der Militärbevollmächtigten in Paris und Wien*) trugen die Zeitungs- und Agentennachrichten am meisten zur Aufklärung über die Lage bei.

In politischer Beziehung scheint die Aufklärung des Generalstabschefs keine erschöpfende gewesen zu sein: Die Berichte der Gesandten in Wien, Paris und Turin sowie sonstige politische Nachrichten gingen dem General v. Moltke zwar zuweilen durch Mittheilungen des Kriegsministers zu, eine regelmäßige Orientirung über die augenblickliche politische Lage ist indeß nicht nachweisbar und ist der General anscheinend oft gezwungen gewesen aus Zeitungen das ihm Wissenswerthe zu erfahren.

In militärischer und politischer Beziehung waren dagegen von besonderem Werthe die Berichte der vom Februar an wiederholt nach Frankreich und Italien entsandten Generalstabsoffiziere.**)

Die Franzosen hatten im Laufe dieses Monats begonnen ihre tüchtigste Afrikanische Division (Renault) nach Lyon heranzuziehen, außerdem aber Algerische Infanterie-Regimenter sowie die gesammte dortige Kavallerie, alles kriegsgewohnte Truppen, gegen andere aus Europa auszutauschen; in Oesterreich war Ende Februar die „Augmentirung" der in Italien befindlichen Armee (3., 5., 7., 8. Armeekorps) sowie des 2. Armeekorps in Wien befohlen worden, worauf auch Sardinien, das bis dahin nur 15 000 Mann bei Novara versammelt hatte, seine sämmtlichen Truppen auf den Kriegsfuß setzte. Die Wahrscheinlichkeit eines Ausbruches des Konfliktes nahm demnach immer mehr zu und war wohl anzunehmen, daß, ebensowenig wie die persönlichen Schritte des Prinz-Regenten bei den Monarchen Frankreichs und Rußlands, so auch das thatsächliche Eingreifen Rußlands zu Gunsten des Friedens und sein Vorschlag der Einberufung eines Kongresses der fünf Großmächte noch Erfolg haben würden (März 1859).

Unter diesen Umständen ist es begreiflich, wenn General v. Moltke unablässig bemüht war, in Anlehnung an seine bereits Anfang Februar gemachten, aber noch unbeantworteten Vorschläge, auch seinerseits Alles zu thun, um die schnellste Konzentration der Preußischen Streitkräfte an und jenseits des Rheines zu erreichen, zumal kein wesentlicher Gebietstheil des Preußischen Staates von vornherein aufgegeben werden sollte.

Die Vorarbeiten für die erste Versammlung hatten manche Lücken in dem Preußischen bezw. Deutschen Eisenbahnsystem erkennen lassen, insbesondere waren Unzuträglichkeiten durch den Mangel an Doppelgeleisen und dadurch hervorgetreten, daß das Bahnnetz nicht erlaubte jedem einzelnen Korps eine bestimmte Linie für den Aufmarsch zuzuweisen. Um in beiden Punkten Wandel zu schaffen, wandte sich General v. Moltke am 24. März 1859 an den Kriegsminister unter Einreichung einer Denkschrift, die den Ausbau von fünf Bahnlinien verlangte. Diese Denkschrift war am 14. März vom Hauptmann Grafen Wartensleben verfaßt und durch General v. Moltke verbessert worden. Das Schreiben an den Kriegsminister und die Denkschrift folgen hier:

Nr. 9.

An den Kriegsminister Generallieutnant v. Bonin.

Berlin, den 24., ab den 25. März 1859.

Die in neuerer Zeit bei dem Generalstabe bearbeiteten Projekte von Konzentrationen der Armee gegen Westen hin haben mehr und mehr zur

---

*) Die Majore v. Thile und v. Redern.

**) Im Februar die Majore Graf Gustav v. Waldersee und Stein v. Kaminski, Ende März Oberstleutnant v. Hanenfeldt, Ende April Major Petersen sowie Premierleutnant v. Thile.

Erkenntniß derjenigen Lücken im Preußischen bezw. Deutschen Eisenbahnsystem geführt, deren Ausfüllung dringend nothwendig ist, um eine schnelle und ununterbrochene Beförderung der Truppenkörper in der angegebenen Richtung zu ermöglichen; es hat sich dabei aber auch ergeben, daß das militärische Bedürfniß leicht mit den Interessen des allgemeinen Verkehrs zu vereinbaren sein wird, da einige der Bahnlinien, auf welche es ankommt, schon im Bau begriffen, für andere die Konzessionen ertheilt und noch andere wenigstens als projektirt in Anregung gebracht worden sind, endlich aber die Nothwendigkeit der allgemeinen Einführung doppelter Geleise von Seiten der Eisenbahngesellschaften schon mit Rücksicht auf die Anforderungen des gewöhnlichen Eisenbahndienstes anerkannt ist.

Da es nun von der entschiedensten Wichtigkeit ist, bei dem Einflusse, den die Staatsbehörden auf die Richtung und die Förderung der Eisenbahnanlagen auszuüben vermögen, die militärisch strategischen Verhältnisse nicht nur in einzelnen Beziehungen, sondern in größerem Zusammenhange, soweit es angeht, planmäßig im Auge zu behalten, so habe ich es für meine Pflicht erachtet, die Resultate der in diesem Sinne diesseits angestellten Untersuchungen in einer Denkschrift zusammenstellen zu lassen, welche Euerer Excellenz in der Anlage zur geneigten Prüfung zu überreichen ich mir erlaube.

Denkschrift

betreffend den etwaigen Einfluß der neuen Eisenbahnbauten und Projekte auf künftige Truppenkonzentrationen gegen Westen.

Berlin, den 14. März 1859.

Wenn im Fall eines Krieges mit Frankreich entweder sogleich die Offensive ergriffen oder doch die erste Vertheidigungsstellung derartig gewählt werden soll, daß kein wesentlicher Gebietstheil des Preußischen Staates von vornherein aufgegeben werden muß, so muß das höchste Gewicht auf eine möglichst schnelle Konzentration der Preußischen Armee am und jenseits des Rhein gelegt werden.

Dieselbe würde zwar unter Benutzung der bis jetzt in Betrieb gesetzten Norddeutschen Eisenbahnen in weit früheren Terminen erfolgen, als es mittelst bloßer Fußmärsche bewirkt werden könnte; indessen sind doch noch immer vielfache Inkonvenienzen zu überwinden und würden diese im Ernstfalle gewiß noch greller hervortreten, als es bis jetzt schon nach theoretischen Anschauungen und Berechnungen sowie nach vereinzelten praktischen Erfahrungen geringeren Maßstabes beurtheilt werden kann.

Diese Inkonvenienzen machen sich hauptsächlich aus folgenden zwei Ursachen fühlbar:

1. Der Mangel an Doppelgeleis auf den meisten Bahnstrecken.

2. Der Umstand, daß das bisher in Betrieb gesetzte Eisenbahnnetz es noch nicht gestattet jedem einzelnen Korps seine bestimmte Linie zu überweisen, auf welcher dasselbe, sobald die beendete Mobilmachung der einzelnen Truppentheile größere fortdauernde Transporte zuläßt, unbehindert durch Truppen anderer Korps in Bewegung gesetzt werden kann.

Der Umstand zu 1 macht es nöthig die täglich auf die Bahn zu bringende Axenzahl und die Etappenlänge bedeutend gegen die sonstige Leistungsfähigkeit der Bahn zu verringern, um mit Sicherheit auf das Wiedereintreffen der leeren Wagen am Abfahrtsort vor dem Beginn des neuen Transportes rechnen zu können. Verschiedene Berechnungen, gegründet auf die Natur des von der betreffenden Bahnlinie passirten Terrains, haben ergeben, daß man durchschnittlich auf eingeleisigen Bahnen täglich höchstens 750 Achsen 33 Meilen weit fortschaffen kann, während man theoretisch zu der Annahme berechtigt ist, daß auf doppelgeleisigen Bahnen 1000 Achsen täglich 50 Meilen zurücklegen.

Da nun ein mobiles Preußisches Armeekorps ungefähr 8000 Achsen zu seiner Fortschaffung bedarf, so ergiebt sich folgende Zeitdauer des Transportes auf 100 Meilen, je nachdem das Korps auf ein- oder auf zweigeleisigen Bahnlinien fahren kann, wobei zu bemerken ist, daß jeder nicht durchweg doppelgeleisigen Linie nur die Leistungen von eingeleisigen zugemuthet werden können.

1 Armeekorps zu 8000 Achsen auf:	Tägliche Achsenzahl	Zahl der Abfahrtstage (einschl. 1 Ruhetag)	Zahl der Zwischenpunkte auf 100 Meilen	Zahl der Tage von der Abfahrt der ersten bis zur Ankunft der letzten Truppen
a) eingeleisigen Bahnen	750	12	2	14
b) zweigeleisigen Bahnen	1000	9	1	10

Die doppelgeleisigen Bahnen gewähren außerdem den Vortheil, daß auf den Etappenpunkten das todte Material nicht umgeladen werden muß.*) Hinsichtlich der Wahl dieser Punkte endlich ist man nicht in dem Grade wie auf eingeleisigen Bahnen an oben bestimmte tägliche Meilenzahl gebunden. Diese kann vielmehr auf doppelgeleisigen Bahnen ohne Bedenken überschritten werden, um eine günstigere Lokalität zu erreichen, während man auf eingeleisigen oft nur eine über Gebühr kurze Etappe fahren kann, weil die Rücksicht auf den Rücktransport der leeren Wagen es nicht mehr gestattet eine andere, vielleicht nur um wenige Meilen zu entfernte günstige Lokalität noch heut zu erreichen.

Zu 2 müssen vielfache Transportprioritätsfragen in Bezug auf solche Korps erörtert werden, welche auf dieselbe Bahnlinie angewiesen und in ziemlich gleichen Terminen mobil werden. Wenn auch diese Fragen immer auf genügend motivirte Weise zu erledigen sind, so ist es doch klar, daß eine wesentliche Beschleunigung für das Ganze erreicht werden würde, wenn man jedem Armeekorps, unabhängig von dem anderen, eine besondere, vom Abfahrtsbis zum Konzentrationsrayon durchgehende Bahnlinie zuweisen könnte.

---

*) Bemerkung von der Hand des Grafen Wartensleben:
„Was unter Umständen auf eingeleisigen geboten sein kann."

Um nun den Einfluß einer Beseitigung der zu 1 und 2 erörterten Inkonvenienzen genauer übersehen zu können, soll eine Aufgabe für den Fall erörtert werden, daß für den Transport jedes nach dem Rhein und Main bestimmten Korps eine durchgehende doppelgeleisige Bahnlinie bestimmt werden könnte.

Es ist hierbei zu bemerken:

1. daß die im September 1858 in Triest stattgefundene Generalversammlung des Deutschen Eisenbahnvereins beschlossen hat, „der Bahnkörper jeder neu zu bauenden (nicht zu einer bloßen lokalen Zweigbahn bestimmten) Strecke solle derartig angelegt werden, daß Doppelgeleis darauf liegen kann";*)

2. sollen die supponirten Linien mit vorzugsweiser Berücksichtigung der schon im Bau begriffenen, der konzessionirten und auch der bis jetzt bloß projektirten Strecken gewählt werden.

Dadurch wird dem nachfolgenden Versuch der Charakter eines unausführbaren Ideals genommen und wird das Resultat desselben vielleicht einen Beitrag zur Beurtheilung desjenigen Werthes geben, welcher den neuen Projekten vom militärischen Standpunkt aus beizumessen ist.

Auf der anderen Seite wird eine Vergleichung des bereits vollendeten und befahrenen Theiles jeder Linie mit demjenigen, was darin noch unvollendet oder nur projektirt ist oder sich bisher noch ganz der Beachtung entzogen hat, ein Bild davon geben, inwieweit und nach Verlauf welcher Zeit jenes Ideal einmal zur Wirklichkeit werden kann.

Es wird supponirt, daß die Preußische Armee direkt durch die beiden Norddeutschen Bundeskorps (IX. und X.) unterstützt wird, daß es aber die anderweitigen politischen und sonstigen Rücksichten geboten haben das sich hierzu wegen seiner Friedensdislokation am meisten eignende I. Armeekorps vorläufig im östlichen Theil der Monarchie zu belassen.

Da ferner das Gardekorps wegen seiner späten Mobilmachungstermine unter allen Umständen erst nach dem III. Armeekorps fahren kann, endlich auch das erst nach vier Wochen mobil werdende X. Bundeskorps auf eine vorher von Preußischen Truppen zu benutzende Linie füglich anzuweisen ist, so wird folgende Supposition aufgestellt:

Es sollen gegen Frankreich konzentrirt werden:
1. An und jenseits des Rheins:
   a) In erster Linie das II., III., IV., VII., VIII. Armeekorps.
   b) In zweiter Linie das Garde- und X. Bundeskorps.
2. Am untern Main: das V., VI. Armeekorps und IX. Bundeskorps.
   Zu 1a) sind die Punkte Luxemburg, Trier, Coblenz, Aachen, Düren,
   zu 1b) Cöln und Bonn,
   zu 2) Frankfurt, Aschaffenburg, Würzburg bestimmt.

Es werden in Berücksichtigung der Friedensdislokationen die als vollendet supponirten Bahnlinien, wie folgt, an die einzelnen Korps vertheilt, woraus sich zugleich der für jedes derselben unter obigen Aufstellungspunkten geeignetste ergiebt:

II. Korps: Stolp ⎫
           Bromberg ⎬ Stargard—Stettin—Güstrow—Lauenburg—
           Posen ⎭
           Hannover—Dortmund—Ruhrort—Crefeld—Aachen.

---
*) Bemerkung von der Hand des Grafen Wartensleben:
„Vergl. Eisenb. Zeitung 1858, Nr. 41."

III. Korps: Frankfurt a. O.—Berlin:—Potsdam—Magdeburg—Wolfenbüttel — Kreiensen — Höxter — Paderborn — Dortmund — Elberfeld—Düsseldorf—Cöln—Düren.
IV. Korps: Magdeburg— Eisleben —Nordhausen — Cassel — Gießen — Coblenz.
VII. Korps: (vor dem II. und III.): Minden—Cöln—Düren—Schleiden Trier—Luxemburg.
VIII. Korps: marschirt, theils benutzt es die Linie: Cöln—Coblenz—Trier.
Gardekorps: (hinter dem III.) nach Bonn.
X. Bundeskorps: (hinter dem II.) bis Düsseldorf und Marsch nach Cöln.
V. Korps: Posen—Glogau—Hansdorf—Guben—Torgau—Eilenburg—Leipzig—Erfurt—Bebra – Fulda— Hanau – Aschaffenburg.
VI. Korps: Breslau—Görlitz—Dresden—Riesa—Chemnitz—Werdau—Hof—Bamberg—Würzburg.
IX. Bundeskorps: marschirt; nur die Königlich Sächsischen Truppen benutzen die Linien des V. und VI. Korps vor denselben: nach Frankfurt.

Es sind also hier fünf von Osten bis an den Rhein durchgehende Linien angenommen worden, welche durch die Fahrrichtung des II., III., IV., V., VI. Korps bezeichnet werden. Diese Linien als durchweg doppelgeleisig vorausgesetzt, würde sich der Transport im Großen und Ganzen wie folgt gestalten:

II. Korps: Weiteste Entfernung: Bromberg—Aachen = 150 Meilen, also drei Etappen. Das 5. Landwehr-Husaren-Regiment und die Trains (etwa 1200 Achsen) können erst nach dem Transport des Gardekorps auf dessen Linie nachgeschafft werden. Die übrigen Bestandtheile des Korps können vom 21. Tage ab in Transporten von etwa 1000 Achsen täglich fahren. 6600 Achsen fahren also in 7 + 1 (Ruhetag) = 8 Tagen, also bis einschl. 28. Tage ab, so daß die letzten Züge am 30. Tage bei Aachen eintreffen.

III. Korps: Weiteste Entfernung: Frankfurt a.O.—Düren = 95 Meilen, also zwei Etappen. Die fortdauernden Transporte beginnen am 18. Tage, fahren mit Einrechnung eines Ruhetages in neun Tagen, d. h. bis einschl. 26. Tag ab (8000 Achsen zu je 1000 Achsen täglich), so daß die letzten Bestandtheile des Korps am 27. Tage bei Düren eintreffen. Die an den ersten Tagen fahrenden Truppen müssen von Cöln aus marschiren, damit das VII. Korps die linksrheinischen Bahnen ungestört benutzen kann.

IV. Korps: Weiteste Entfernung: Dobendorf—Coblenz = 60 Meilen, also eine Etappe. Die fortdauernden Transporte können mit 1000 Achsen täglich am 20. Tage beginnen, so daß die letzten Bestandtheile am 28. Tage bei Coblenz eintreffen.

VII. Korps: Die ersten Transporte können über Deutz, die letzten aber müssen, um das II. und III. Korps nicht aufzuhalten, auf der linksrheinischen Bahn Neuß—Cöln nach Düren und von hier in beiden Fällen, da die weiteste Entfernung: Minden—Luxemburg nur wenig über 60 Meilen beträgt, noch an demselben Tage bis an letzteren Ort gelangen. Am 14. und 15. Tage kann alle Linieninfanterie fahren, für den Rest von etwa 6600 Achsen sind noch 7 Transport- und 1 Ruhetag für die Bahn nöthig; mithin ist das Korps am 23. Tage bei Luxemburg versammelt.

Denkschrift vom 14. März 1859 über den Einfluß der Eisenbahnen auf Konzentrationen. 71

VIII. Korps: Die entfernteren, im Rayon von Cöln bislozirten Truppentheile fahren auf der Cöln-Coblenzer, dann auf der Cöln-Trierer Bahn und zwar in einer Etappe bis Trier. Alles, was um oder nicht mehr als vier Märsche von Trier bislozirt ist, marschirt. Das Korps ist am 24. Tage bei Trier konzentrirt, nachdem nämlich an diesem und dem 23. Tage die Coblenzer Artillerie und Trains eingetroffen sind.

Gardekorps. Am 28. Tage beginnt (vergl. III. Korps) die Abfahrt von Berlin bezw. Potsdam und dauert (einschl. ein Ruhetag) neun Tage, also bis einschl. 36. Tag. Die Entfernung Berlin—Bonn = etwa 85 Meilen wird in zwei Etappen zurückgelegt, so daß am 37. Tage die letzten Bestandtheile des Korps bei Bonn eingetroffen sind.

X. Bundeskorps. Der Transport auf der Linie Harburg—Düsseldorf = 55 Meilen kann (vergl. II. Korps) am 31. Tage beginnen. Soll Alles fahren, was nicht nöthig sein wird, so sind für etwa 10 000 Achsen 11 Tage (einschl. ein Ruhetag) erforderlich, so daß das Korps (unter Hinzurechnung zweier Märsche von Düsseldorf nach Cöln für die ersten Transporte, während die letzten auf der inzwischen vom Gardekorps verlassenen Strecke bis Cöln durchfahren können) am 41. Tage bei Cöln konzentrirt ist.

V. Korps. Weiteste Entfernung Posen—Aschaffenburg = 100 Meilen, also zwei Etappen. Am 16. und 17. Tage kann die Linieninfanterie fahren, wonach vom 18. ab für 6600 Achsen noch sieben Transport- und ein Ruhetag erforderlich sind. Die Abfahrt dauert also bis einschl. 25. Tag und ist bis einschl. 26. Tag Alles bei Aschaffenburg versammelt.

VI. Korps. Nachdem bis einschl. 24. Tag alles Uebrige auf die Bahn gebracht ist, bleiben noch die erst am 24. und 25. Tage mobil werdenden Landwehr-Kavallerie-Regimenter und Trains mit etwa 2000 Achsen fortzuschaffen, wozu zwei Tage, der 25. und 26., erforderlich sind. Die Entfernung Breslau—Würzburg = 90 Meilen wird in zwei Etappen zurückgelegt. Also treffen die letzten Bestandtheile des Korps am 27. Tage bei Würzburg ein.

IX. Bundeskorps. Mit Ausnahme des Königlich Sächsischen Kontingents, welches vor dem V. und VI. Korps deren Linien benutzt, gelangt Alles mittelst Fußmarsches nach Frankfurt, wo sich das Korps bis zum 23. Tage konzentrirt.

Rekapitulation dieser Konzentrirung.

Rhein-Armee						Main-Armee		
In erster Linie			In zweiter Linie					
Korps	Ort	Tag	Korps	Ort	Tag	Korps	Ort	Tag
VII.	Luxemburg	23.	Garde-	Bonn	37.	IX. Bundes-	Frankfurt	23.
VIII.	Trier	24.	X. Bundes-	Cöln	41.	V.	Aschaffenburg	26.
IV.	Coblenz	28.				VI.	Würzburg	27.
II.	Aachen	30.						
III.	Düren	27.						
Summa: in 4 Wochen 150 000 Mann.			Summa: in 6 Wochen 60 000 Mann.			Summa: in 4 Wochen 90 000 Mann.		

Es stehen also nach vier Wochen 240 000 Mann, nach sechs Wochen 300 000 Mann an der Rhein-Main-Linie konzentrirt. Dahingegen ist dieseits ermittelt worden, daß mittelst der bis jetzt vorhandenen, meist eingeleisigen Bahnlinien im günstigsten Falle folgendes Resultat zu erzielen sein würde, wobei von der Mitnahme des II. Armeekorps ganz abstrahirt werden mußte:

Rhein-Armee						Main-Armee		
In erster Linie			In zweiter Linie					
Korps	Ort	Tag	Korps	Ort	Tag	Korps	Ort	Tag
VII.	Luxemburg	28.	IV.	Düren	36.	V.	Aschaffenburg	30.
VIII.	Trier	29.	Garde-	Bonn	39.	VI.	Würzburg	40.
IX. Bundes-	Coblenz	24.	X Bundes-	Cöln	48.			
III.	Aachen	29.						
Summa: in 4 Wochen 120 000 Mann.			Summa: in 6 Wochen 60 000 Mann, in 7 Wochen 90 000 Mann.			Summa: in 4 Wochen 30 000 Mann, in 6 Wochen 60 000 Mann.		

Es stehen also nach vier Wochen 150 000 Mann, nach sechs Wochen 240 000 und erst nach sieben Wochen 270 000 Mann konzentrirt.

Zur Erreichung des ersten Resultats, wonach eine Masse von 240 000 Mann um 14 Tage früher als bei dem zweiten disponibel wird, ist Folgendes nöthig:

1. Auf allen bisher eingeleisigen Strecken*) muß Doppelgeleis gelegt werden.
2. Es müssen folgende neue Eisenbahnstrecken in Betrieb gesetzt werden:
    Linie des II. Korps:
        Stolp—Cöslin,¹)
        Cöslin—Stargard,²)
        Stettin—Güstrow,³)
        Lauenburg—Lüneburg;⁴)
    Linie des III. Korps:
        Kreiensen—Paderborn,⁵)
        Magdeburg } — Eisleben—Nordhausen—Cassel,⁶)
        Halle
        Gießen—Coblenz,⁷)
    Linie des V. Korps:
        Guben—Torgau—Eilenburg—Leipzig,⁸)
        Bebra—Fulda—Hanau;⁹)
    Linie des VII. Korps:
        Düren—Schleiden }¹⁰)
        Schleiden—Trier
        Trier—Luxemburg;¹¹)
    Linie des VIII. Korps:
        Coblenz—Trier.¹²)

*) Bemerkung von der Hand des Grafen Wartensleben:
„Namentlich auch auf der im Bau begriffenen Cölner Eisenbahnbrücke über den Rhein."

Denkschrift vom 14. März 1859 über den Einfluß der Eisenbahnen auf Konzentrationen.

Anmerkungen.

1. In neuester Zeit ist dem großen Generalstab die Zweckmäßigkeit dieser Linie zur Begutachtung vorgelegt worden, namentlich um sich zwischen dieser und der Linie Belgard—Schneidemühl zu entscheiden. Der Generalstab hat schon bei dieser Gelegenheit die besondere Wichtigkeit der ersteren Linie hervorgehoben.

2. Als „Hinterpommersche Eisenbahn" vom Staate garantirt. Anfang Januar 1859 von Stargard bis Cöslin fertig gebaut, dem Verkehr aber noch nicht übergeben. In diesem Frühjahr soll der Bau beendet werden.

3. Die östliche Fortsetzung der Mecklenburgischen Eisenbahnen von Güstrow über Malchin und Neubrandenburg zum Anschluß an die Stettin—Berliner Eisenbahn ist projektirt, von den Mecklenburgischen Ständen aber zur Zeit abgelehnt.*)

4. Projektirt ist die Linie Lüneburg bis zur Palmschleuse bei Lauenburg zum Anschluß an Lauenburg—Büchen.

5. Der Bau einer Eisenbahn von Kreiensen über Holzminden bis zur Weser bei Höxter zum Anschluß an die Preußische Westfälische Staatsbahn bei Altenbeken oder Paderborn ist beschlossen, und soll dieselbe bis Herbst 1862 befahren werden. Die Verhandlungen mit Braunschweig sind dem Abschluß nahe. Die Bahn umgeht das Hannoversche Gebiet und eröffnet eine um drei Meilen kürzere Linie nach den westlichen Provinzen.

6. Halle—Nordhausen—Heiligenstadt—Cassel (oder Göttingen oder Münden) wurde im Mai 1856 vom großen Generalstabe als ungünstig bezeichnet, weil Erfurt und Magdeburg von dieser Linie umgangen, aber Allerhöchsten Orts genehmigt und der Bau der Anhaltischen Bahngesellschaft übertragen.**)

Magdeburg—Erfurt ist ein Projekt der Magdeburg—Leipziger Gesellschaft. Dasselbe wurde im Juni 1856 dem großen Generalstab zur Begutachtung vorgelegt, welcher sich für die Linie Dobendorf—Aschersleben—Eisleben (oder Sangerhausen)—Artern—Sömmerda—Erfurt aussprach.

7. Coblenz—Ems gebaut. Gießen—Wetzlar gehört in die im Bau begriffene Bahn von Gießen nach Deutz. Wetzlar—Ems ist dagegen noch gar nicht projektirt. Diese im Lahn-Thal zu bauende Strecke würde insofern von höchster Wichtigkeit sein, als sie die Verbindung zwischen dem östlichen Theil der Preußischen Monarchie einerseits, Coblenz, Trier und Luxemburg andererseits auf direktestem Wege vermittelt.

8. Dies Projekt hat dem großen Generalstab in verschiedenen Modifikationen zur Begutachtung vorgelegen (27./6. 56, 6./1. 57, 27./4. 57). Dem letzteren Projekt zufolge soll die Bahn von Guben über Torgau und Eilenburg zum Anschluß an die Bitterfeld—Leipziger Bahn gebracht werden.

---

*) Bemerkung von der Hand des Grafen Wartensleben:
„Insofern muß diesseits besonderes Gewicht auf die Ausführung des Projekts Seehausen—Salzwedel—Uelzen gelegt werden. Die Linie des II. Korps würde dann von Stettin aus nach Berlin, hier mittelst der Verbindungsbahn auf die Hamburger Bahn übergehen und über Wittenberge und Seehausen die ursprünglich angegebene Linie bei Uelzen wieder erreichen."

**) Bemerkung von der Hand des Grafen Wartensleben:
„Die Nachtheile jener Linie haben aufgehört, seitdem die Bitterfeld—Wittenberger Bahn gebaut wird. Die Roßlauer Brücke kann nun im Kriegsfall leicht zerstört werden, da wir den gesicherten Uebergang über die Elbe in der Festung Wittenberg besitzen."

9. Die Provinzialregierung zu Fulda ist durch Verfügung des Ministerii des Innern benachrichtigt, daß die Ausführung der Hanau—Fulda—Bebraer Eisenbahn nunmehr als gesichert erscheine, und mit dem Bau derselben schon in nächster Zeit begonnen werden soll. (Neue Preußische Zeitung von 1859 Nr. 48.)

10. Die Rheinische Eisenbahngesellschaft betreibt folgende Unternehmungen: a. den Bau einer Zweigbahn von Düren nach Schleiden. Vorarbeiten im Gange, der Bau noch nicht angefangen; event. Anschluß an die projektirte Coblenz—Trierer Bahn.

11. Die Bahn von Saarbrücken über Trier nach Luxemburg ist seit 1856 im Bau begriffen.*) Sie soll oberhalb Trier bei Igel die Mosel überschreiten und auf deren linkem Ufer einerseits nach Trier, andererseits über Wasserbillig nach Luxemburg gehen, wo der Bahnhof im Süden der Diedenhofener Front etablirt werden wird. Man hofft den Bau 1860 oder 1861 zu beenden.

Diese Notizen zu 1—11 ergeben, daß bis jetzt nur noch von dem Bau der Strecke Wetzlar—Ems in keiner Weise die Rede gewesen ist, während alle anderen Strecken, welche zur Erreichung des obigen Resultats noch fehlen, theils schon im Bau begriffen, theils wenigstens aus Handelsinteressen ins Auge gefaßt sind und vielleicht nur einer wesentlichen Unterstützung der betreffenden Regierungen bedürfen, um zur Ausführung zu gelangen. Daß hierbei die kleineren Norddeutschen Regierungen ebenso interessirt sind als die Preußische, erhellt wohl aus der Erwägung, daß jene allein nicht im Stande sein würden, ihre Länder vor einer Französischen Invasion zu schützen, wenn die Preußische Regierung in der sicheren Voraussicht, am Rhein zu spät zu kommen die Konzentrirung der Armee weiter rückwärts, etwa in der Linie Cassel—Erfurt, beschließen müßte.

Irgend einen praktischen Erfolg hatten Moltkes Bemühungen auch diesmal nicht, sie blieben zunächst ohne jede Beantwortung; erst am 13. April theilte der Kriegsminister mit, daß die Denkschrift vom 24. bezw. 14. März an das Handelsministerium weitergegangen sei; dagegen hörte General v. Moltke am 15. April auf vertraulichem Wege, daß das Promemoria vom 7. Februar bisher gar nicht zur Kenntniß des Handelsministers gelangt sei, da der Kriegsminister von der Ansicht ausgehe, dies sei so lange unzulässig, als Sich der Prinz-Regent noch nicht für einen Plan entschieden habe. Anscheinend wollte der Minister Alles vermeiden, was die Preußischen Absichten bloßstellen könnte.

General v. Moltke sah sich daher veranlaßt Mitte April den Kriegsminister an seine Denkschrift vom 7. Februar zu erinnern und erneut auf Prüfung sowohl der dort gemachten Vorschläge durch das Handelsministerium wie auch der Bahnleistungen in den Nachbarstaaten zu bringen.

Das Schreiben an den Kriegsminister lautete:

Nr. 10.
An den Kriegsminister Generalleutnant v. Bonin.

Berlin, den 16. April 1859.

Euerer Excellenz beehrte ich mich unterm 7. Februar d. Js. ein Promemoria betreffend die Eisenbahntransporte Preußischer und Deutscher

---
*) Bemerkung von der Hand des Grafen Wartensleben:
„und gegenwärtig auf der Strecke Saarbrücken—Merzig vollendet."

Truppen nach dem Westen nebst den dazu angefertigten Fahr- und Marsch-
tableaus zu überreichen. Wenn sich zwar diese Tableaus bei der wirklichen
Ausführung wahrscheinlich noch anders gestalten, so geben sie doch den Maß-
stab für die Leistungen, welche nach Eintritt einer Mobilmachung von den
Eisenbahnverwaltungen erwartet werden müssen, und stellte ich deshalb die
Erwägung Euerer Excellenz anheim, ob nicht im Voraus das Königliche
Handelsministerium über die Ausführbarkeit dieses oder eines ähnlichen Trans-
ports vom technischen Standpunkt aus zu hören sein möchte.

In Rücksicht auf die gegenwärtige politische Lage erlaube ich mir an das
vorgenannte Promemoria anknüpfend noch folgende Punkte zur geneigten
Erörterung bezw. Entscheidung Euerer Excellenz vorzulegen.

1. Es wird, ohne über die spezielle Verwendung der einzelnen Korps
irgendwie vorgreifen zu wollen, von Seiten des Königlichen Generalstabes
von der Voraussetzung ausgegangen, daß bei Eintritt eines Krieges mit
Frankreich höchstens acht Preußische und zwei Deutsche (das IX. und X.) Armeekorps für Norddeutschland disponibel sind, und daß davon möglicherweise
sieben Korps in der Rhein-Maas-Mosel-Gegend, drei am unteren Main konzentrirt werden können.

2. Ob eintretendenfalls diese Truppenbewegungen infolge eines Bundesbeschlusses stattfinden werden, ist nicht zu übersehen, aber auch die Nichtpreußischen Strecken der in Betracht kommenden Eisenbahnen müssen jedenfalls
der Preußischen Regierung für ihre Truppentransporte zur Verfügung gestellt
werden, und zwar auch von Seiten derjenigen Staaten, mit denen diesseits
noch keine besonderen Verträge dieserhalb abgeschlossen sind.

Wenn nun auch im Allgemeinen die Bereitwilligkeit der betreffenden
Deutschen Regierungen angenommen wird, so dürfte es nichtsdestoweniger zur
Vermeidung von Stockungen in den Transporten nicht unerheblich sein, wenn
die Leistungsfähigkeit jener Nichtpreußischen Bahnstrecken durch Vermittelung
ihrer Regierungen schon vorher festgestellt wird.

3. Mit Bezug hierauf ist der Generalstab nach den vorliegenden amt-
lichen Nachrichten und Rekognoszirungen der Ansicht, daß im Allgemeinen das
Material der Preußischen Bahnen so reichhaltig ist, daß man von der Gestellung fremder Transportwagen abstrahiren kann, und zwar umsomehr, als
dadurch das Umladen und Neurangiren der Züge an den Etappenpunkten
vermieden wird.

4. Dagegen erscheint es nach allen darüber eingeholten technischen Gut-
achten gefährlich die Fahrbeamten auf solchen Strecken zu verwenden, wo sie

mit der Lokalität unbekannt sind, desgleichen auch Lokomotiven von fremden Lokomotivführern führen zu lassen. Es muß deshalb unbedingt verlangt werden, daß die betreffenden Deutschen Regierungen ihre Bahnverwaltungen veranlassen die für die Preußischen Wagenzüge nöthigen Lokomotiven und Fahrbeamten auf den zu passirenden Nichtpreußischen Bahnstrecken zu stellen.

5. Unter Festhaltung des zu 1 aufgestellten Gesichtspunktes würden die Transporte Preußischer Truppen:

auf der Braunschweigischen Strecke Oschersleben—Peine und auf der Hannoverschen Peine—Minden etwa 18 Tage, auf der Hessen-Casselschen Gerstungen—Warburg etwa 14 Tage, auf der Königlich Sächsischen Görlitz—Hof und auf der Bayerischen: Hof—Frankfurt a. M. etwa 23 Tage dauern, und abgesehen von einigen zwischenliegenden Ruhetagen, täglich auf den eingeleisigen Bahnen etwa 800, auf den doppelgeleisigen 1000 Preußische Achsen durchpassiren. Für dieselben müssen die betreffenden Regierungen die Stellung der nöthigen Lokomotiven und Fahrbeamten übernehmen; auch würde für die Königlich Sächsischen und Bayerischen Strecken eine Aushülfe mit Transportwagen wenigstens wünschenswerth sein, da hier das Preußische Material voraussichtlich nicht so reichlich disponibel sein wird als auf den anderen Strecken. Selbstverständlich würde auch eine Beschränkung bezw. gänzliche Einstellung des Privatverkehrs auf jenen Strecken, insoweit es der Zweck erheischt, verlangt werden müssen.

Es erscheint diesseits sehr wünschenswerth die desfallsigen Verhandlungen mit den betreffenden Regierungen schon im Voraus einzuleiten, jedoch muß ich Euerer Excellenz Entscheidung anheimgeben, wann dazu der geeignete Zeitpunkt eintritt.

6. In gleicher Weise gestatte ich mir auf die nothwendigen Vorbereitungen hinzuweisen, welche für die Instandsetzung der Etappenpunkte nach den verschiedenen Branchen hin getroffen werden können. Es läßt sich diesseits übersehen, daß eintretendenfalls folgende Punkte hierzu designirt werden müssen:

Oschersleben und Minden auf der Linie Berlin—Hannover—Cöln.

Eisenach und Paderborn =   =   =   Berlin—Cassel—Cöln.

Görlitz, Leipzig und Hof =   =   = $\frac{\text{Posen}}{\text{Breslau}}$ — Frankfurt a. M.

Hinsichtlich Eisenach, Leipzig und Hof würde eine vorhergehende Verständigung mit der Großherzoglich- und Königlich Sächsischen und Königlich Bayerischen Regierung gewiß sehr förderlich sein. Dabei würde nur ganz

Schreiben des Handelsministers an den Kriegsminister. 23. April 1859.   77

allgemein angedeutet werden müssen, daß eintretendenfalls auf den Etappen=
punkten für ein tägliches Maximum von 10 000 Mann Infanterie der Biwaks=
raum nebst den nöthigen Bedürfnissen einzurichten sind, indem vorausgesetzt
wird, daß die Kavallerie und Artillerie im Umkreis von weitestens einer halben
Stunde vom Etappenpunkt kantonnirt.

Als fernere Vorbereitung würde es auch nothwendig sein, die obigen
sieben Punkte durch Generalstabsoffiziere und Intendanturbeamte rekognos=
ziren zu lassen, um zu ermitteln, ob sie für gedachten Zweck geeignet sind.

Bei allen diesen Erörterungen im März und April geht General v. Moltke
von der Ansicht aus, daß acht Preußische und zwei Bundeskorps für Norddeutsch=
land verfügbar sind, deren Verwendung im Einzelnen er zwar nicht vorgreifen will,
die er aber in der Rhein=Maas=Moselgegend — sieben Armeekorps — und
am unteren Main — drei Armeekorps — für möglich hält. Hieraus geht einer=
seits hervor, daß der Aufmarschplan vom 26. Februar im Großen und Ganzen
beibehalten worden ist, dann aber spricht sich in der so bescheiden vorgebrachten
Ansicht der noch sehr geringe Einfluß aus, den General v. Moltke selbst seinen
Vorschlägen beimißt und den sie in der That vorläufig erst hatten.

Am 29. April endlich erfährt der Chef des Generalstabes der Armee durch
den Kriegsminister, daß folgende Antwort des Handelsministers Frhrn. v. d. Heydt
auf die Denkschrift vom 24. bezw. 14. März eingegangen sei:

Berlin, den 23. April 1859.

Von dem Inhalte der von Euerer Excellenz mit gefälligem Schreiben
vom 13. d. mir mitgetheilten, hierbei zurückerfolgenden Denkschrift des General=
stabs der Armee über den Einfluß der neueren Eisenbahnbauten und Projekte
auf künftige Truppenkonzentrationen gegen Westen habe ich mit großem Interesse
Kenntniß genommen. Indem ich mir eine ausführliche Rückäußerung über die
Andeutungen der Denkschrift bezüglich des vorzugsweise dringlichen Ausbaues
einiger Eisenbahnlinien vorbehalte, beschränke ich mich gegenwärtig auf einige
Bemerkungen über die darin enthaltenen Annahmen in Betreff der Leistungs=
fähigkeit der Verbindung mit dem Westen vermittelnden Bahnen.

Es unterliegt in dieser Beziehung keinem Zweifel, daß auf eingeleisigen
Bahnen 750, auf zweigeleisigen Bahnen 1000 Achsen mit Truppen und
Kriegsmaterial täglich befördert werden können und daß nöthigenfalls noch
eine Steigerung dieser Leistung möglich ist. Die Zahl der Meilen hierbei,
wie geschehen, auf nur 33 bezw. 50 festzusetzen ist durch betriebstechnische
Gründe nicht geboten. Sofern daher nicht militärische Gründe eine derartige
Beschränkung der täglichen Transportweiten als nothwendig erscheinen lassen,
wird eine Erhöhung jener Sätze sehr wohl eintreten dürfen und zur besseren
Ausnutzung des Betriebsmaterials sogar zweckmäßig sein.

Ferner erscheint die Annahme, daß jeder nicht durchweg zweigeleisigen
Linie nur die Leistungen einer eingeleisigen Linie zugemuthet werden können,
nicht stichhaltig. Nach den vorliegenden Erfahrungen ist vielmehr für eine
pünktliche Beförderung einer größeren Anzahl von Zügen in beiden Richtungen
schon viel gewonnen, wenn einzelne Bahnstrecken, insbesondere die den End=
und Knotenpunkten sich anschließenden, mit einem zweiten Geleise versehen sind.

In Bezug auf die Leistungsfähigkeit der Bahnen zu militärischen Zwecken
wird ferner wesentlich in die Wagschale fallen, ob und inwieweit die fahr=

planmäßigen Züge während der Transporte beibehalten oder aus dringenden militärischen Rücksichten beschränkt werden sollen.

Für den Fall, daß Euere Excellenz bezw. der Chef des Generalstabs der Armee für wichtig genug halten sollten diese Punkte in Bezug auf die in der Denkschrift beispielsweise aufgeführten Dispositionen für einen Truppentransport nach dem Westen durch kommissarische Verhandlungen einer näheren Erörterung unterworfen zu sehen, habe ich den Geheimen Baurath Weishaupt beauftragt als diesseitiger Kommissarius an den Verhandlungen theilzunehmen, und würde der Bezeichnung des dortseitigen Kommissarius entgegensehen.

Ich nehme schließlich Veranlassung Euerer Excellenz wiederholt die größte Bereitwilligkeit auszudrücken, in allen die Benutzung der Eisenbahnen zu militärischen Zwecken betreffenden Angelegenheiten meine besten Dienste eintreten zu lassen.
gez. v. d. Heydt.

Somit lag wenigstens eine Antwort auf Grund praktischer Erfahrungen vor und konnten nunmehr die ursprünglichen Fahrtafeln entsprechend umgearbeitet werden.

Neben den Vorbereitungen für den Eisenbahntransport der eigenen Truppen gingen die Beobachtungen der Rüstungen in Oesterreich, Sardinien und Frankreich weiter. Von Ende März liegen Stärkeberechnungen der Oesterreichischen Armee in Oberitalien sowie der Sardinischen im Piemontesischen, von Anfang April Betrachtungen über den „Truppentransport und Marsch von Lyon, Chambéry und Briançon ins Piemontesische", von Mitte April eine Arbeit, die den „Uebergang einer Französischen Armee von 120 000 Mann vom südlichen Frankreich nach Sardinien" behandelte und sämmtliche in Frage kommenden Straßen — über den kleinen St. Bernhard, Mont Cenis, Mont Genèvre, Col d'Argentière, Col di Tenda — sowie auch den Seeweg in Betracht zog. Alle diese Vorarbeiten waren in den Abtheilungen des großen Generalstabes auf Grund der eingelaufenen Berichte der Militärattachés und der nach Italien sowie Frankreich entsandten Offiziere abgefaßt worden.

Moltkes Nachrichten standen fortgesetzt im Widerspruch zu dem Leugnen jeder Kriegsvorbereitung, das von Französischer Seite bei Gelegenheit der seit Wochen sich hinziehenden Verhandlungen über den Kongreß in auffallender Weise betrieben wurde. Der General benutzte daher seine bessere Kenntniß der wirklichen Zustände in Frankreich, um den Kriegsminister am 19. April darauf hinzuweisen, daß die Französischen Behauptungen falsch seien, insofern als Vorbereitungen zum Kriege eben als Rüstungen bezeichnet werden müßten. Alle Nachrichten ließen darauf schließen, daß Frankreich nicht nur nach Südosten, sondern auch nach Nordosten und Osten, gegen Belgien—Preußen=Deutschland rüste; hierauf wies insbesondere die Heranziehung von Kavallerie hin, während für erstere Richtung die Bildung neuer Divisionen bei Lyon Ende März und Anfang April sprach.

General v. Moltke übersandte seine Berechnungen dem Kriegsminister mit nachstehendem Anschreiben:

Nr. 11.

An den Kriegsminister Generallieutnant v. Bonin.

Berlin, den 19. April 1859.

Bei dem gegenwärtigen Stand der diplomatischen Verhandlungen dürfte es nicht ohne Interesse sein genau zu übersehen, ob und wieweit Frankreich wirklich zum Kriege gerüstet hat.

Ich gestatte mir daher das anliegende Memoire Euerer Excellenz ergebenst zu übersenden.

Nr. 12.
Denkschrift.

Berlin, den 19. April 1859.

Frankreich behauptet, es habe keine Rüstungen einzustellen, weil es bis jetzt nicht gerüstet habe; diese Behauptung ist falsch, sofern Vorbereitungen zum Kriege als Rüstungen bezeichnet werden müssen.

Aufstellungen von Truppen in dem Sinne, wie darin Oesterreich und Sardinien vorgegangen sind, haben indeß in Frankreich nur in sehr beschränktem Maßstabe stattgefunden. Rekapitulirt man die seit dem Beginn dieses Jahres in der Französischen Armee vorgekommenen Veränderungen, so wird sich darin aussprechen, welchen Charakter die Rüstungen haben.

Infanterie: 34 Garde-Bataillone sind unverändert geblieben, indem man die abgegangenen Mannschaften in letzter Zeit aus der Linie ersetzt hat. Stärke zwischen 700 und 800 Mann.

300 Linien-Bataillone zu 8 Kompagnien haben sich verwandelt in 400 Linien-Bataillone zu 6 Kompagnien. Die Stärken der Kadres und Mannschaften sind dadurch nicht alterirt. — Das Regiment zu 4 Bataillonen hat immer nur 2000 bis 2100 Mann; es werden somit die aktiven Bataillone jedes Regiments 600 Köpfe und das Depot davon 200 bis 300 bis zur Einstellung der Rekruten haben.

20 Chasseur-Bataillone zu 10 Kompagnien nichts verändert.

Die spezifisch algierischen Truppen 26 Bataillone. Uebereinstimmende Nachrichten geben die Bildung eines 4. régiment de tirailleurs algériens zu, also 3 Bataillone mehr als früher.

Resultat: Es bestanden bis jetzt 381 Bataillone, darunter 108 Depots; es bestehen jetzt 484 Bataillone, darunter 108 Depots, also sind 103 Bataillone neu gebildet, ohne Verstärkung der Mannschaften; nur die Leute en congé semestriel sind zum 1. April einberufen worden   = 250 000 Mann.
Reserven dazu vorhanden für die Infanterie etwa   120 000 „

= 370 000 Mann.

Kavallerie: Die Regimenter haben Pferde bekommen, wie viel ist nicht genau ersichtlich — wahrscheinlich remontiren sich die schweren Regimenter langsamer als die leichten. — Daß man den Pferdebestand bedeutend höher

stellen will, geht aus der wahrscheinlich bis jetzt nur noch beabsichtigten Neu-
bildung der 7. Escadron in jedem Regiment hervor.

Im März hatten die schweren Regimenter bereits 20 bis 30 Pferde
bekommen; sie werden demnach jetzt 40 bis 50 Pferde bekommen haben;
einzelne leichte Regimenter haben bis 200 Pferde erhalten, so z. B. das
6. Chasseur-Regiment aus dem Süden.

Aus Algier kommende Nachrichten behaupten die Bildung eines 4. régiment de chasseurs d'Afrique.

$$\left.\begin{array}{r}37 \text{ Escadrons der Garde} \\ 312 \text{ , , Linie} \\ 36 \text{ , , spezifisch algierische Truppen} \\ \hline 385 \text{ Escadrons.}\end{array}\right\} = \begin{array}{l}58\,000 \text{ Mann,} \\ 35\,000 \text{ Pferde.}\end{array}$$

Resultat: Die Kavallerie muß jetzt mindestens 4000 bis 5000 Pferde
mehr erhalten haben. Die Bildung von 64 Depot-Escadrons und einem
neuen Regiment chasseurs d'Afrique scheint beschlossen.

Die Zahl der Mannschaften ist nicht vermehrt; die Kavallerie hat 2000
bis 3000 Reserven im Lande.

Artillerie: Es bestanden bis vor Kurzem:

   105 bespannte Batterien (batterie montée),
   38 reitende Batterien (batterie à cheval),
   143 Batterien zu je 6 Geschützen,
   108 unbespannte Batterien,
   12 Kompagnien Pontoniere,

im Ganzen 35 000 Mann, 14 000 Pferde.

Die Artillerie ist in einer Reorganisation begriffen, indem 38 unbespannte
Batterien (einschl. Garde) in bespannte verwandelt werden und, wie unzweifelhaft hervorgeht, sämmtliche Batterien wenigstens auf den pied de
manoeuvre gesetzt, also mit mehr Mannschaften und Pferden versehen werden.

Resultat: Da die Artillerie nicht genug Reserven hatte, um solcher
Vermehrung zu entsprechen, sind Leute der Infanterie zur Ausbildung in der
Waffe und von der Kavallerie zum Reiten und Fahren überwiesen, sie
dürften wohl ganz inkorporirt werden.

38 neue Feld-Batterien sind gebildet und etwa 8000 Mann und 10 000
Pferde eingestellt.

Genie: nichts geändert.

   3 Regimenter = 6 Bataillone und 2 Kompagnien Garde
   = 7000 Mann.

Französische Rüstungen. 19. April 1859.

Train des équipages: Bekanntlich ist die Kriegsformation vorbereitet und leicht, auch hat der Train Pferde und Maulesel bekommen, wie viel, ist nicht ersichtlich, doch haben einzelne Abtheilungen wegen Mangels an Raum aus den Garnisonen hinausgeschoben werden müssen.

11 000 Mann und 4000 Pferde.

Demnach: Die Französische Armee ist in diesem Jahre vermehrt worden um

8000 Mann Artillerie,

15 000 Pferde in der Kavallerie, Artillerie und im Train.

Umformungen haben stattgefunden: von 100 Bataillonen und 38 Batterien.

Neuformation von 3 Bataillonen.

In Aussicht stehen Neuformationen: von 64 Depot-Eskadrons und 1 Kavallerie-Regiment.

Wenn dies die Veränderungen in der Organisation sind, so fragt es sich, welche Veränderungen haben in der Aufstellung dieser Streitkräfte stattgefunden:

Infanterie: Zunächst hat ein Wechsel zwischen Algier und Frankreich derart stattgehabt, daß man kriegsgewöhnte Truppen aus Algier herangezogen hat, und zwar die Infanterie-Regimenter 23, 41, 56, 90, 45, 65, das 8. Jäger-Bataillon, das 2. Fremden-Regiment nach Frankreich, das 1. Fremden-Regiment nach Corsika; dagegen hat man hingeschickt das 3., 4., 12., 24. — also sind 13 Bataillone mehr nach Frankreich herübergeführt.

Nachkommen sollen aus Algier ferner, ohne daß von einem Ersatz die Rede ist: das 70., das 71. Infanterie-Regiment, 3 Regimenter de tirailleurs algériens = 15 Bataillone.

Kavallerie: 3 Kavallerie-Regimenter im Innern Frankreichs sind bestimmt mit Zurücklassung ihrer Pferde nach Algier zu gehen, nämlich das 1. und 8. Chasseur-Regiment und das 1. Husaren-Regiment, — dafür sollen aus Algier 3 régiments de chasseurs d'Afrique gezogen werden, die stärker und kriegsbrauchbarer sind.

Die letzte Nachricht auffallender Natur ist die Heranziehung von 5 Kavallerie-Regimentern aus den Garnisonen des Westens und des Innern nach dem Osten, nämlich des 7., 9. und 10. Kürassier-Regiments, des 5. Ulanen-Regiments, des 8. Husaren-Regiments, wofür einige Depots der im Osten stehenden Kavallerie-Regimenter nach dem Innern verlegt sind.

Artillerie: Jede der 4 Divisionen der Lyoner Armee ist mit 2 Batterien auf den pied de manoeuvre ausgerüstet — wie viel Batterien außerdem nach Lyon geschickt sind, ist nicht ersichtlich. — Ein Theil der Lyoner Batterien scheint mit gezogenen Geschützen bewaffnet zu sein.

Train: 1 Train-Kompagnie ist mit einigen 100 Maulefeln von Algier in Frankreich eingetroffen.

Rekapitulation: 1. Umtausch kriegserfahrener Truppen aus Algier gegen nicht kriegsgewohnte aus Frankreich.

2. Bildung einer 4. Division bei Lyon.

3. Ausrüstung aller Lyoner Divisionen mit Batterien, Genie-Detachements und Gensdarmen.

4. Beginn der Bildung einer 5. Division bei Lyon.

5. Heranziehung von 5 Kavallerie-Regimentern aus dem Westen und Innern Frankreichs nach dem Osten, so daß jetzt im Elsaß und Lothringen 21 Kavallerie-Regimenter stehen, mithin mindestens gerechnet 13 000 Pferde.

Zwischen Paris und Belgien stehen ebenfalls 21 Kavallerie-Regimenter.

Moltkes Annahmen sollten sich sehr bald als wohlberechtigt erweisen.

Am 19. April abends sandte nämlich Oesterreich, nachdem Anfang des Monats der Befehl zur vollständigen Mobilmachung nicht nur der Armee in Italien (3., 5., 7., 8. Armeekorps) und des 2. Armeekorps in Wien*), sondern auch des 6. und 9. Armeekorps in Steiermark, Oberösterreich und Tirol bezw. in Mähren ergangen war, ein Ultimatum an Sardinien, das sofortige Abrüstung auf den Friedensfuß verlangte und nur drei Tage Bedenkzeit ließ. Wenngleich das Wiener Kabinet seine Theilnahme an dem Kongreß bereits wiederholt von der Ausschließung Sardiniens an demselben sowie von allgemeiner Abrüstung der in Frage kommenden Staaten abhängig gemacht hatte, kam dieser letzte Schritt der Großmächten doch überraschend, am meisten Preußen, in dessen Hauptstadt vom 12. bis zum 20. April mittags der Erzherzog Albrecht in besonderer Mission geweilt hatte, um über die Bedingungen einer gemeinsamen Aktion zu verhandeln; allerdings war man in der strittigen Frage des Oberbefehls zu keinem befriedigenden Ergebniß gelangt, denn Oesterreich wollte ihn beiden Regenten gemeinsam übertragen, Preußen aber beanspruchte ihn für sich allein.

*) Vergl. S. 66.

Theil II.

Kriegsbereitschaft.

Für Preußen war durch das Oesterreichische Ultimatum der in seiner Februarerklärung vorgesehene Fall eingetreten, daß Deutsche Interessen gefährdet wurden, und traf es nun selbständig die zu seinem eigenen und Deutschlands Schutze nothwendigen Maßnahmen. Am 20. April wurde die Kriegsbereitschaft von drei Armeekorps, des III., VII. und VIII., sowie der Reserve-Infanterie-Regimenter und der gesammten Linien-Kavallerie Allerhöchst verfügt, und am 23., an demselben Tage, an dem Oesterreich nach dreitägigem Zögern sein Ultimatum in Turin überreichen ließ, von der Preußischen Regierung beim Bunde beantragt, daß die Hauptkontingente der Bundesstaaten in Marsch gesetzt würden. Am 24. April erhoben daraufhin Rußland und Frankreich die Beschuldigung gegen Preußen, daß es Oesterreich durch seine Anordnungen ermuthige; das Berliner Kabinet sah sich daher am 26. veranlaßt die rein defensive Natur seiner Maßnahmen und die Absicht strikter Neutralität zu betonen.

Die inzwischen fortgesetzten Friedensbemühungen der Großmächte erwiesen sich als erfolglos: Am 25. rückten die Franzosen, am 29. April die Oesterreicher über die Sardinische Grenze.

An demselben Tage setzte Preußen seine übrigen Korps auf den Kriegsfuß:*) — Garde, I., II., IV., V., VI. — und ordnete eine beschränkte fortifikatorische Armirung seiner Rheinfestungen an.

Der Prinz-Regent hatte sich inzwischen auf Vortrag des Kriegsministers am 17. April entschlossen für den Fall einer Mobilmachung, entsprechend dem Plane des Generals v. Moltke vom 26. Februar 1859, zwei Armeen, die eine am Niederrhein und die andere am Main, aufzustellen; dagegen waren von dem Regenten als Sammelpunkte für die erste Aufstellung der einzelnen Armeekorps nicht die vom Generalstab, sondern die vom Kriegsminister vorgeschlagenen angenommen worden. General v. Bonin wollte sie von Aachen bis Bamberg, auf einen Raum von 60 Meilen ausdehnen, während Moltke am 24. März eine engere Aufstellung, zwischen Cöln und Aschaffenburg, beantragt hatte. Bei Annahme der Absicht des Kriegsministers, die Korps auf einem weiteren Raume zu versammeln, sah der Chef des Generalstabes der Armee die Nothwendigkeit einer neuen Konzentration vorwärts der Sammelpunkte, einen zweiten Aufmarsch, voraus, ehe zu wirklichen Operationen geschritten werden könnte.

Er wandte sich deshalb am 26. April gleichzeitig an den Prinz-Regenten und an den Kriegsminister mit dem Verlangen — in Anbetracht der so überaus schnellen Kriegsbereitschaft und der Möglichkeit von Offensivoperationen der Franzosen — die Preußischen Korps sofort enger aufzustellen, zwischen Cöln und Aschaffenburg; Moltke wiederholte also den Vorschlag der Denkschrift vom März 1859 und hob hervor, daß eine engere Aufstellung ganz in derselben Zeit zu bewerkstelligen sei, da zehn bis zwanzig Meilen weiter mit der Eisenbahn keinen Tag mehr in Anspruch nehmen würden, während Aus- und Wiedereinschiffung acht Tage kosteten. Der General bezeichnet bei dieser Gelegenheit sehr mit Recht die erste Aufstellung des Heeres als „von so überaus großer Wichtigkeit" und „so ganz in das Ressort des Generalstabes" fallend.

---

*) Der Allerhöchste Erlaß, der die Kriegsbereitschaft anordnete, ist vom 29. April; der Befehl erfolgte indeß in der That erst durch Telegramm des Prinz-Regenten an den Kriegsminister vom 30. April 9¼ abends.

Es folgen hier der Erlaß des Prinz-Regenten vom 17. April sowie die beiden Schreiben des Generals v. Moltke vom 26. einschließlich der an den Kriegsminister beigefügten Denkschrift von der Hand des Grafen Wartensleben:

Für den Fall einer unter den gegenwärtigen Verhältnissen eintretenden Mobilmachung der Armee will Ich hinsichtlich der ersten Aufstellung derselben schon jetzt folgende Bestimmungen treffen:

1. Es werden nach erfolgter Mobilmachung zwei Armeen gebildet, wovon die eine — die Haupt-Armee — am Niederrhein, die andere am Main aufzustellen ist.

2. Die Armee am Niederrhein soll bestehen aus dem VII., VIII., II., IV. Armeekorps und dem Gardekorps.

Als Konzentrationspunkte werden bestimmt:
    für das VII. Armeekorps Aachen,
    » » VIII. » Coblenz—Trier,
    » » II. » Düsseldorf,
    » » IV. » Cöln,
    » » Gardekorps die Gegend an der Eisenbahn zwischen Hamm und Düsseldorf.

3. Die Main-Armee wird aus dem III., V. und VI. Armeekorps gebildet und an folgenden Punkten aufgestellt:
    das III. Armeekorps bei Eisenach—Fulda,
    » V. » Würzburg und
    » VI. » Bamberg.

4. Das I. Armeekorps rückt vorläufig nach Berlin und an die Elbe.

Ich trage Ihnen auf zur eventuellen Ausführung dieses Aufstellungsplanes alle Vorbereitungen so zu treffen, daß nach Eingang meines definitiven Befehls jeder Zeitverlust vermieden wird.

Berlin, den 17. April 1859.

Im Namen Seiner Majestät des Königs:
gez. Wilhelm Prinz von Preußen, Regent.
gegengez. v. Bonin.

An den Kriegsminister.

Nr. 13.
An des Prinzen Regenten Königliche Hoheit.

Berlin, den 26. April 1859.

In Folge eines mir durch des Herrn Kriegsministers Excellenz mündlich ertheilten Auftrags habe ich die Tableaus*) für den Transport von acht Armeekorps nach dem Rhein und dem Main zwar sogleich bearbeiten lassen und solche heute eingereicht; die erste Aufstellung des Heeres ist aber von so überaus großer Wichtigkeit und fällt so ganz in das Ressort des Generalstabes, daß ich Euere Königliche Hoheit bitte mir Allergnädigst ge-

---
*) Nicht aufgenommen.

statten zu wollen meine Bedenken gegen die mir bezeichneten Sammelpunkte ehrfurchtsvoll aussprechen zu dürfen.

Nach jenen Tableaus würden eintreffen:

das VII. Armeekorps bei Aachen	vom 16. bis 20. Tag
" VIII. " " Coblenz, Trier	" 23. " 24. "
" IV. " " Cöln	" 29. " 34. "
" II. " " Düsseldorf	" 32. " 38. "
" Gardekorps " Hamm, Düsseldorf	" 40. " 44. "
ferner	
" III. Armeekorps bei Eisenach, Fulda	" 25. " 29. "
" V. " " Würzburg	" 24. " 30. "
" VI. " " Bamberg	" 32. " 39. "

nach befohlener Mobilmachung.

Diese Aufstellung umfaßt den Raum von Aachen bis Bamberg, eine Ausdehnung von 60 Meilen, und es muß jedenfalls noch eine neue Konzentrirung stattfinden, ehe zu wirklichen Operationen geschritten werden kann.

Bei der Kriegsbereitschaft, welche das Französische Heer schon jetzt erlangt hat, kann aber dazu die durchaus erforderliche Zeit fehlen. Ich glaube, daß gleich der erste Transport der mobilen Korps eine engere Zusammenziehung erzielen müßte, welche auch ganz in derselben Zeit erreicht werden kann. Denn sind die Truppen einmal auf die Eisenbahn gebracht, so machen 10 oder 20 Meilen Weitertransport keinen Tag Unterschied. Hat aber ein Armeekorps schon irgendwo debarkirt, so erfordert dessen Rembarkation acht Tage, wobei die Kürze der noch zurückzulegenden Strecke nicht in Betracht kommt.

Es kann allerdings fraglich erscheinen, ob der Kaiser Napoleon wagen wird zwei Offensiven, in Italien und in Deutschland, zugleich zu unternehmen oder ob er vorziehen wird letzterem gegenüber sich auf die Defensive zu beschränken. Denn ist er einmal in Italien mit 120 000 Mann engagirt, so verbleiben ihm gegen Deutschland im freien Felde wenig mehr als 200 000 verfügbar. Acht Preußische Armeekorps sind ohne alle fremde Hülfe dieser Macht allein schon materiell überlegen, vorausgesetzt daß wir unsere Streitmittel beisammen haben. Aber dies ist wesentlich eine Frage der Zeit und darin sind die Franzosen im entschiedenen Vortheil gegen uns.

Bei der Französischen Armee bedarf es nur noch der Einstellung von Mannschaft in fertige Kadres und es unterliegt keinem Zweifel, daß die Hauptmacht in einer geringeren Frist als sechs Wochen zwischen Metz und

Straßburg versammelt werden kann, von wo sie gleichzeitig Rheinpreußen und Süddeutschland bedroht.

Nach diesseitiger Berechnung können in zwei Wochen bei Metz 40 000, bei Straßburg 70 000, in vier Wochen außerdem zwischen beiden Punkten 100 000 Mann konzentrirt werden.

Schon jetzt sind in Metz 20 000 Mann beisammen, welche die Mobilmachung des VIII. Korps zu stören versuchen können.

Eine Französische Offensive auch gegen Deutschland liegt daher nicht außer der Möglichkeit und bei Wahl unserer ersten Aufstellung darf nicht unbeachtet bleiben, daß die Franzosen ihre Operationen beginnen können, während wir uns noch versammeln müssen.

Ist Kaiser Napoleon dazu entschlossen, so wird, wenn nicht früher, die Konzentrirung des Französischen Heeres an dem Tage beginnen, wo die Preußische Mobilmachung befohlen wird. Die Vortheile eines schnellen Vorgehens sind zu groß, als daß der Kaiser sie nicht erkennen und danach handeln sollte.

Die Offensive der Französischen Hauptmacht kann in drei Richtungen geführt werden:

a) Durch Belgien.

Diese Operation würde uns, mehr wie jede andere, Zeit lassen um unsere Streitkräfte zu versammeln, denn die Entfernung von Hamm, Coblenz und Trier nach Aachen ist nicht größer als von Brüssel dorthin.

Die Franzosen müßten wenigstens 70 000 Mann am oberen Rhein zurücklassen und würden auf drei Kriegstheatern operiren, von denen das nördliche und südliche 100 Meilen auseinander liegen.

Sie würden in Belgien einen neuen Feind herausfordern, müßten die Grenzplätze und die Hauptstadt dieses Landes besetzen, gegen das Belgische Heer detachiren und kämen sonach spät und schwach auf unserer Grenze an. Dieser Angriff bietet so wenig Aussicht auf Erfolg, daß er eben deshalb unwahrscheinlich ist.

b) Durch Rheinpreußen.

Diese Operation kann in sehr kurzer Zeit durch 40 000 Mann begonnen und durch nachrückende Massen unterstützt werden.

Die Entfernung von Metz nach Cöln beträgt zehn Märsche. Das Französische Heer kann daher den Rhein zu einer Zeit erreichen, wo unser II. und Gardekorps dort noch nicht vollständig versammelt sind, wenn es nicht zuvor schon auf ernstlichen Widerstand stößt. Für diesen sind zunächst verfügbar das VII. und VIII. Armeekorps, welche sich von Aachen und Coblenz aus bis zum 28. Tag an der Mosel oder etwas früher in der Eifel vereinen können. Da aber diese beiden Korps allein eine Entscheidungsschlacht gegen das Französische Hauptheer nicht annehmen dürfen, so müssen sie schleunigst verstärkt werden und für diesen Zweck wird es wünschenswerth die nachrückenden Korps gleich näher heranzuziehen, d. h. sie zwischen Cöln und Coblenz zu écheloniren. Dies würde auch dann kein Nachtheil sein, wenn wirklich der Fall a eintreten oder die Rhein-Armee behufs einer Offensive bei Aachen konzentrirt werden sollte, da die Entfernungen dorthin von Cöln und Coblenz nicht größer sind als von Düsseldorf und Hamm. Ganz besonders wird aber diese nähere Aufstellung der Korps wichtig für den dritten Operationsfall.

c) Durch Süddeutschland.

Zur Sicherung des Französischen Vormarsches würden vielleicht 40 000 Mann von Metz aus gegen Mainz und Coblenz dirigirt werden; 70 000 überschreiten in sehr kurzer Zeit den Oberrhein, schließen Rastatt ein und sprengen die Versammlung der Süddeutschen Abtheilungen.

Von Straßburg nach Frankfurt sind zehn Märsche, kaum mehr als von Bamberg dorthin.

Das Französische Hauptheer kann daher mit etwa 120 000 Mann möglicherweise früher vor Frankfurt ankommen, als unsere drei Korps dort versammelt sind, die von Eisenach und Bamberg aus erst zwischen dem 35. und 48. Tag eintreffen können.

Dringt der Feind über den Main vor, so wird dadurch unsere gegen Westen so überaus starke Rheinlinie umgangen und in die Flanke gefaßt.

Nun kann offenbar bei dieser Operation des Feindes unsere Rhein-Armee sowohl auf dem linken Rheinufer offensiv vorgehen, als am rechten die Main-Armee direkt unterstützen, um mit ganz entschiedener Ueberlegenheit die Entscheidungsschlacht am unteren Main zu schlagen; dazu gehört aber, daß dann ihre Korps um diese Zeit nicht noch bis Düsseldorf und Hamm zurück stehen.

Das III. und V. Armeekorps können in vier Wochen bei Frankfurt versammelt den Kern für den Anschluß der Süddeutschen Abtheilungen bilden. Es scheint mir nicht gerechtfertigt sie 20 bezw. 15 Meilen weiter rückwärts Halt machen zu lassen.

Ich glaube, daß die erste Aufstellung der mobilen Armeekorps gleich bis zum Rhein und Main vorgeschoben, dort aber auf die Ausdehnung von Cöln bis Aschaffenburg zu beschränken wäre. Dadurch wird die Versammlung der Rhein- und der Main-Armee in sich beschleunigt und ein Zusammenwirken beider ermöglicht.

Wird die Neutralität Belgiens anerkannt, so müßten das VII. und VIII. Armeekorps gleich bis Trier vorgehen, um die Rheinprovinz zu decken.

In dieser Weise würden aufgestellt sein nach vier Wochen
      VII. und VIII. Armeekorps bei Trier
      III. » V. » » Frankfurt
und in sechs Wochen
      Gardekorps bei Cöln
      II. Armeekorps » Bonn
      IV. » » Coblenz
      VI. » » Aschaffenburg
      mithin 60 000 Mann bei Trier
      60 000 (später 100 000) bei Frankfurt
      und 100 000 zwischen Cöln und Coblenz,

welche gegen Trier oder Frankfurt abrücken, je nachdem der feindliche Hauptangriff am linken oder am rechten Rheinufer erfolgt.

Sollten Euere Königliche Hoheit die hier vorgeschlagene engere Aufstellung für angemessen erachten, so würden auch dann die von mir eingereichten Marschtableaus, deren baldige Prüfung durch die technische Behörde des Handelsministeriums dringend erforderlich ist, gültig bleiben, denn es brauchen nur die letzten Eisenbahnetappen verlängert zu werden. Dagegen würde allerdings für Unterbringung und Ernährung der Truppen an anderen Bestimmungsorten im Voraus Sorge zu tragen sein.*)

Nr. 14.
An den Kriegsminister Generallentnant v. Bonin.
Berlin, den 26. April 1859.

Euerer Excellenz übersende ich in den Anlagen ergebenst die Marschtableaus**) für die mobilen Armeekorps nach den mir mündlich mitgetheilten

---

*) General v. Moltke trug sofort Sorge dafür, daß die Unterbringung der Armeekorps im großen Generalstab vorbereitet wurde. Es ergiebt sich dies aus Vorarbeiten für Kantonnements von zwei Armeekorps bei Trier und von drei Armeekorps am Main; letztere trägt das Datum des 6. Mai. Beide Arbeiten sind später anscheinend von Moltke zu dem Vortrage beim Prinz-Regenten am 19. Mai benutzt worden. Vergleiche Nr. 17.

**) Nicht aufgenommen.

Bestimmungsorten und zugleich ein kurzes Memoire, welches das den Transport Betreffende näher erläutert.

Nach meiner bereits geäußerten Ansicht, welche ich auch Seiner Königlichen Hoheit dem Prinz-Regenten vorgetragen habe, würde es vortheilhafter sein die Armeekorps gleich beim ersten Transport bis an den Rhein und Main in eine engere Aufstellung heranzuführen. Sollte dies noch nachträglich beliebt werden, so bleiben dennoch die hier vorgelegten Marsch- und Fahrpläne gültig und würden von den Endstationen nur zu verlängern sein.

Es ist daher wünschenswerth sie von der technischen Behörde des Handelsministeriums sobald wie irgend möglich in Hinsicht auf die Betriebsverhältnisse prüfen zu lassen und würde dies Geschäft dadurch beschleunigt und erleichtert werden, wenn der Hauptmann Graf Wartensleben vom Generalstabe, welcher die Tableaus im Detail bearbeitet hat, angewiesen werden darf mit dem vom Handelsministerium zu bezeichnenden Beamten mündlich zu verhandeln. Es wird sich dann ergeben, ob und welche Abänderungen hierorts etwa noch zu bewirken sind.

Demnächst würden durch das Königliche Kriegsministerium wegen Benutzung der ausländischen, namentlich der Sächsisch-Bayerischen Bahnen, noch Verhandlungen einzuleiten sein, bevor schließlich die Tableaus den betreffenden Generalkommandos mitgetheilt werden.

Schließlich bemerke ich noch ergebenst, daß, wenn das IX. Bundeskorps etwa nach dem Main herangezogen werden soll, dies wahrscheinlich vor dem Transport des V. und VI. Preußischen Armeekorps bewirkt werden kann, wogegen das X. Bundeskorps, welches sehr spät mobil und versammelt sein wird, nach dem Rhein marschiren oder die Bahn erst nach dem Transport des II. und Gardekorps benutzen müßte.

Denkschrift,
betreffend die Konzentration von acht Preußischen Armeekorps am Rhein und am Main.

Es soll aufgestellt werden:
1. Die Hauptarmee am Niederrhein, bestehend aus dem
   VIII. Armeekorps zwischen Coblenz und Trier,
     VII. = bei Aachen,
      IV. = = Cöln,
       II. = = Düsseldorf,
   Gardekorps an der Eisenbahn zwischen Hamm und Düsseldorf.

2. Die Main-Armee, bestehend aus dem
   III. Armeekorps zwischen Eisenach und Fulda,
   V.   =   bei Würzburg,
   VI.   =   = Bamberg.

Den Aufstellungsrayons gemäß müssen zum Transport überwiesen werden:

Der Hauptarmee die Eisenbahnlinie $\genfrac{}{}{0pt}{}{\text{Stettin}}{\text{Bromberg}}$} Berlin—Minden—Cöln und die linksrheinischen Eisenbahnen,

dem III. Armeekorps die Linie Berlin—Eisenach, welche aber nach dem Transport dieses Korps ebenfalls den Korps der Hauptarmee zu überweisen ist, um dieselben über Cassel an den Rhein zu schaffen,

dem V. und VI. Armeekorps die Eisenbahnlinie $\genfrac{}{}{0pt}{}{\text{Breslau}}{\text{Posen}}$} Dresden—Hof—Würzburg.

I. Allgemeine Bemerkungen.*)

1. . . . .
2. . . . .
3. Die täglichen Fahretappen sind in der Regel auf den doppelgeleisigen Linien nicht über 50, auf den eingeleisigen mit Rücksicht auf den Rücktransport der leeren Wagen nicht über 30 Meilen lang festgesetzt worden, welche Maxima meist sogar nicht erreicht werden.

4. Es haben sich danach folgende Etappenpunkte ergeben, deren Einrichtung (Lagerplatz für 10 000 Mann) zu diesem Zweck nothwendig werden würde:

Oschersleben, Minden, Eisenach, Görlitz, Leipzig, Hof.

Aehnliche Einrichtungen, nur in weit geringerem Maßstabe, würden bei Dresden und Werdau (im Königreich Sachsen) zu treffen sein. — Abgangspunkte der Truppen von der Bahn sind außer den eingangs genannten Aufstellungspunkten des VII., IV., II., V. und VI. Armeekorps noch Elberfeld für Echelons des IV., Dortmund, Hamm und Soest für solche des Garde-, Lichtenfels für solche des VI. Korps. Auch diese Punkte würden mit Magazineinrichtungen versehen werden müssen, um den Truppen hier sogleich nach beendeter Tagesfahrt Lebensmittel verabreichen zu können.

5. Wenn die Tableaus hier und da ergeben, daß Echelons einige Märsche vor dem Konzentrationspunkt die Bahn verlassen und diese Strecke mit Fußmarsch zurücklegen, so ist bei dieser Anordnung maßgebend gewesen:
   a) Rücksicht auf die Länge der Fahretappe,
   b) Vermeidung von Kollisionen mit anderen Truppentransporten (z. B. wo zwei bisher selbständige Linien in eine zusammenfallen),
   c) Der Gesichtspunkt, daß die Konzentration der Infanterie möglichst gleichzeitig mit den ihr zugetheilten Truppentheilen der anderen Waffen vor sich gehen soll.

Diese Märsche einzelner Echelons von dem Punkt, wo sie die Bahn verlassen, bis an den Konzentrationspunkt des Korps sind in den Tableaus speziell vorgeschrieben worden, um diesseits die genaue Uebersicht über die Termine der Gesammtkonzentration zu behalten.

6. . . . .

---

*) Einige die Tableaus erläuternde Bemerkungen sind als unwichtig fortgelassen.

7. Auf Grund der Tableaus würden nunmehr vom Königlichen Handelsministerium die speziellen Fahrpläne — enthaltend die Eintheilung der diesseits festgesetzten täglichen Echelons in Züge, deren Nummer und genaue Abfahrtszeit (nach Stunde und Minute) — zu entwerfen und demnächst hierher mitzutheilen sein. Von hier aus würde dann diese Mittheilung durch das Königliche Kriegsministerium und die Generalkommandos an die einzelnen Truppentheile gelangen und den letzteren dabei bekannt zu machen sein, daß jeder Truppentheil, welcher zur bestimmten Abfahrtsstunde aus irgend welcher Ursache zum Abfahren nicht disponibel ist, aus dem Tableau ganz ausfällt und erst an einem Ruhetage der Bahn oder nach Beendigung des ganzen Transports auf der betreffenden Linie nachgeschafft werden kann.

8. In Betreff der Ruhetage der Bahnen so wird bemerkt, daß solche auf jeder befahrenen Strecke, durchschnittlich einer nach je vier oder fünf Transporttagen, eingeschaltet worden sind, um den Bahnverwaltungen Gelegenheit zu geben etwa nöthige Ausbesserungen der Strecke sowie des Materials vornehmen zu können oder um Unregelmäßigkeiten im Transport wieder auszugleichen.

9. . . . .
10. . . . .

11. Die Zusammensetzung der täglichen Echelons betreffend so ist dabei die Rücksicht auf die möglichste Beschleunigung der Gesammtkonzentration maßgebend gewesen. Es sind deshalb von dem auf jeder Linie zuerst fahrenden Armeekorps die zuerst mobil werdenden und an der Bahn stehenden Truppentheile zur Einschiffung bestimmt worden, sobald fortdauernde größere Transporte stattfinden können, weshalb bei diesen Korps zuerst nur Infanterie fährt und die später mobil werdenden anderen Waffen dann folgen, und also die Formirung der Brigaden und Divisionen erst am oder kurz vor dem Konzentrationspunkt erfolgt. — Bei den später fahrenden Korps konnte dagegen die Brigade- und Divisionseintheilung schon beim Transport festgehalten werden, und werden hier zuerst die beiden Infanterie-Divisionen, dann die Reservekavallerie, Artillerie und Trains auf die Bahn gebracht.

12. Die Vertheilung der drei nach Westen führenden Haupteisenbahnlinien ergab sich, wie schon gesagt, aus den für die beiden Armeen bestimmten Konzentrationsrayons. Die Reihenfolge der Korps im Transport auf derselben Linie mußte mit Rücksicht auf möglichste Beschleunigung des Ganzen nach den Mobilmachungsterminen und dem für jedes Korps festgesetzten, mehr oder weniger vorgeschobenen Aufstellungspunkt bemessen werden. Bei dem eingeschlagenen Verfahren sind hier noch folgende Gesichtspunkte maßgebend gewesen:

Das VIII. Armeekorps, welches ganz auf den Fußmarsch angewiesen und

das VII., welches schon in Aachen konzentrirt ist, ehe die Transporte der übrigen drei Korps der Hauptarmee beginnen können, kollidiren mit denselben in keiner Weise. Von diesen letzteren muß zunächst das am frühesten mobil werdende IV. fahren, und zwar die Truppentheile der 7. Friedensdivision auf der Linie Magdeburg—Minden—Cöln, die der 8. auf der Linie Erfurt—Eisenach—Cassel—Elberfeld, letztere aber erst, nachdem diese Linie vom III. Armeekorps verlassen ist. Es ist deshalb für die meisten Truppentheile der 8. Friedensdivision der Fußmarsch nach Cassel angeordnet worden, in welcher Beziehung eine Vereinbarung mit der Kurfürstlich Hessischen Regierung einzuleiten sein dürfte. — Nach Beendigung des Transports der

7. Friedensdivision sind das Garde- und II. Armeekorps in gleicher Weise disponibel. Da das erstere zu einer Art von Reserveaufstellung bestimmt scheint, so ist dem letzteren die Priorität beim Transport eingeräumt worden. Während derselbe nun vor sich geht, wird die Eisenach—Casseler Linie von der 8. Friedensdivision verlassen, so daß nunmehr diese letztere Linie zum Transport des Gardekorps benutzt werden kann. Sobald dann das II. Armeekorps die Magdeburg—Mindener Linie verlassen hat, geht der Transport des Gardekorps auf beiden Linien gleichzeitig vor sich.

Die Main-Armee betreffend, so fährt das III. Armeekorps, wie schon gesagt, auf der Linie Berlin—Eisenach.

Das V. und VI. Armeekorps, welche auf die Sächsisch-Bayerische Bahnlinie angewiesen sind, werden in fast gleichzeitigen Terminen mobil und zwar derartig, daß man im Stande ist in den ersten Transporttagen den größten Theil der Infanterie beider Korps fortzuschaffen, ehe die anderen Waffen dazu disponibel sind. Es ist daher, um das Ganze zu beschleunigen, diese Anordnung gegen den Grundsatz immer nur ein Korps hinter dem andern fahren zu lassen getroffen worden. Die weitere Frage, welchem Korps nach dem Transport jener Infanterie die Priorität einzuräumen sei, mußte für das V. entschieden werden, und zwar einmal, weil es den vorgeschobenen Aufstellungspunkt einnehmen soll, sodann auch, weil seine Kavallerie und Artillerie früher, als die des VI., mobil wird, die Vereinigung der Infanteriedivisionen einschließlich ihrer Hülfswaffen also früher stattfinden kann.

II. Besondere Bemerkungen.

VIII. Armeekorps.

Es ist diesseits berechnet worden, daß unter Festhaltung der im Mobilmachungstableau angegebenen Ausrüstungstermine dieses Korps folgende Aufstellung nehmen kann: 16. Infanterie-Division (vorläufig verstärkt durch sämmtliche vier Kavallerie-Regimenter der 16. Friedensdivision) am 23. Tage bei Trier, 15. Infanterie-Division am 24. Tage bei Lützerath, alle übrigen Bestandtheile des Korps (wobei auch das von Wetzlar heranzuziehende 8. Jägerbataillon) am 23. Tage in und um Coblenz. Um dies Resultat zu erreichen, müssen nur am 18. Tage die der 16. Infanteriedivision zuzutheilenden Batterien aus Cöln und am 20. Tage die ebenfalls in Cöln mobil werdenden zwei Bataillone des 30. Infanterie-Regiments die Cöln—Coblenzer Bahn bis Andernach benutzen. Da diese Bahn für die übrigen Truppentransporte nicht benutzt wird, im Uebrigen aber nur Fußmärsche zur Anwendung kommen, so sind die speziellen Anordnungen in Betreff dieses Korps lediglich dem Generalkommando zu überlassen, welchem nur die obigen drei Aufstellungspunkte und Tage mitgetheilt werden müssen.

VII. Armeekorps.

Da dies Korps dem VIII. die erste mögliche Unterstützung gewähren kann, so ist in dem Tableau auf eine möglichst schnelle Konzentrirung desselben Bedacht genommen und deshalb die Ausrüstungszeit der Landwehrbataillone um ein oder zwei Tage abgekürzt worden, was sonst nirgends vorkommt. Es fahren alle im Rayon der 13. Friedensdivision dislozirten Truppentheile (auch einige wenige aus dem der 14.) auf der Cöln—Mindener Bahn ohne Zwischenetappe nach Aachen; die Truppentheile aus dem Rayon der 14. Friedensdivision gelangen theils unter Benutzung der linksrheinischen

Eisenbahn über Crefeld, theils mittelst Fußmarsches ebendahin. Die Anordnungen für den letzteren sind dem Generalkommando überlassen, jedoch mit der Maßgabe, daß die bei jedem betreffenden Truppentheil schwarz*) eingetragenen Ankunftstermine eingehalten werden.

     Am 16. Tage steht die 13. Division,
      „ 18. „ „ „ 14. „ ,
      „ 20. „ „ das ganze Korps
bei Aachen konzentrirt.

IV. Armeekorps.

  Der Transport der 7. Friedensdivision, welchem auch das zur 8. Division gehörige Landwehrbataillon Torgau angeschlossen werden muß, beginnt auf der Magdeburg—Minden—Cölner Linie erst mit dem 22. Tage, so daß die Bahn also nach dem Transport des VII. Armeekorps mehrere Ruhetage hat. Die ersten, nur aus Infanterie bestehenden Echelons der 7. Division fahren von Magdeburg und westlich davon ohne Zwischenetappe bis Dortmund (50 Meilen) und erreichen von hier aus Cöln mittelst einiger Fußmärsche. Die späteren stärkeren Echelons, welche Kavallerie**) und Artillerie enthalten und zum Theil auch noch diesseits Magdeburg abfahren, werden mit der ersten Etappe bis Minden (30 Meilen) und mit der zweiten bis Cöln (35 Meilen) befördert.

  Die Truppentheile der 8. Friedensdivision fahren von Cassel (die letzten Echelons zum Theil noch von Eisenach und Gegend) ohne Zwischenetappe bis Elberfeld, wo sie, um die Transporte zwischen Minden und Cöln nicht zu stören, ausgeschifft werden und in zwei Märschen nach Deutz gelangen. Nur zwei kleinere Echelons fahren, da es ohne Störung jener Transporte geschehen kann, bis Deutz durch.

  Auf diese Weise steht bei Cöln konzentrirt:

    die 7. Infanterie-Division . . . . am 29. Tage,
    die 8. Infanterie-Division (welcher vorläufig statt
     des 12. Husaren- das früher eintreffende 6. Ulanen-
     Regiment zuzutheilen ist) . . . . „ 31. „
    der Rest des Korps . . . . „ 34. „

  Der spezielle Entwurf der Fußmärsche vor der Einschiffung (einschließlich desjenigen nach Cassel) ist dem Generalkommando überlassen.

II. Armeekorps.

  Der Transport dieses Korps auf der Linie Stettin / Bromberg } Berlin—Minden—Düsseldorf beginnt am 30. Tage von Berlin her. Das Korps ist nämlich inzwischen in allen seinen Theilen mobil geworden und zum Theil mittelst Fußmarsches schon bis Berlin und darüber hinaus vorgerückt, wie dies die im Tableau eingetragenen Einschiffungsstationen ergeben. Die Anordnungen zu den Fußmärschen bis an diese Punkte, welche ohne Anstrengung vor sich gehen können, hat das Generalkommando selbständig zu treffen.

  Die Entfernung Berlin—Düsseldorf beträgt 80 Meilen, bedingt also eine Zwischenetappe. Dieselbe ist für alle Truppentheile, welche in der Nähe von Berlin abfahren, in Minden, für die noch weiter zurückstehenden in Oschersleben angeordnet worden.

---

  *) Bezieht sich auf die Eintragung in den nicht aufgenommenen Tableaus.
  **) Bemerkungen von der Hand des Grafen Wartensleben: „Die Ausrüstungszeit des 7. schweren Landwehr-Reiterregiments mußte um einen Tag abgekürzt werden."

Der Transport geschieht nach der Ordre de bataille, so daß
die 3. Infanterie-Division am 32. Tage,
„ 4.   „   „   34.   „
der Rest des Korps   „ 38.   „
bei Düsseldorf steht.

Nur die Trains, welche erst am 38. Tage in Bischofswerder mobil werden und von hier noch zwei bis drei Märsche nach Berlin zurückzulegen haben, werden erst nach beendetem Transport des Gardekorps nachgeschafft und treffen am 44. Tage ein.

Gardekorps.

Der Transport des Korps geht in der früher bezeichneten Weise auf den beiden Linien

Berlin—Eisenach—Cassel—Soest

und

Berlin—Minden—Hamm

vor sich. Auf der ersteren Linie werden (mit der Zwischenetappe Eisenach) die 2. Garde-Infanterie-Division, Reservekavallerie und -Artillerie von den Stationen zwischen Berlin und Halle aus fortgeschafft. Auf der letzteren Linie fahren die 1. Garde-Infanterie-Division, das 1. Garde-Ulanen-Regiment und die Trains. Da der Transport auf dieser Linie erst mit dem 40. Tage beginnen kann, so sind inzwischen die auf dieselbe angewiesenen Bestandtheile des Korps bis Oschersleben mittelst Fußmarsches vorgerückt. Dieser Fußmarsch und die Konzentrirung an der Preußischen Grenze bei Oschersleben ist wieder in seinen Details dem Generalkommando überlassen. Ebenso hat dasselbe auch die neun Garde-Landwehr-Bataillone der östlichen Provinzen nach Maßgabe der für dieselben bestimmten Einschiffungspunkte, die drei Bataillone des 4. Garde-Landwehr-Regiments aber direkt nach dem Konzentrationsrayon des Korps per Fußmarsch zu instrabiren.

Auf diese Weise stehen versammelt:
Die 1. Garde-Division am 41. Tage bei Dortmund
„   2.   „   „   40.   „   „ Hagen,
der Rest des Korps   „ 44.   „   „ Unna und Hamm.

III. Armeekorps.

Der Transport des Korps geht in der früher angegebenen Weise vom 16. bis 28. Tage nach Eisenach vor sich, von wo aus sich die zu den Infanterie-Divisionen gehörigen Truppentheile nach Fulda, die zur Reservekavallerie gehörigen nach Vach in Marsch setzen, Artillerie und Trains bei Eisenach verbleiben.

Es stehen versammelt:
die 5. Infanterie-Division (welcher vorläufig das 3. Ulanen-Regiment
beizugeben ist) . . . . am 25. Tage bei Fulda,
die 6. Infanterie-Division . . . . .   „ 26.   „   ebendaselbst,
die Reservekavallerie . . . .   „ 29.   „   bei Vach,
der Rest des Korps (einschließlich des
3. Jäger-Bataillons) . . . . . .   „ 28.   „   „ Eisenach.

Die Detailanordnungen für die Fußmärsche nach den Einschiffungsorten hat auch hier das Generalkommando zu treffen.

V. Armeekorps.

Die Linie von Posen über Dresden, Leipzig, Hof nach Würzburg, welche zum Theil Terrainschwierigkeiten zu überwinden hat, meist eingeleisig, und deren Leistungsfähigkeit diesseits nicht genau bekannt ist, bedarf einer Eintheilung in mehrere Etappen. Die in den ersten Transporttagen gleichzeitig mit Truppen des VI. Korps fahrende Infanterie wird mit der 1. Etappe nach Dresden, mit der 2. bis Werdau, mit der 3. nach Bamberg geschafft, von wo sie Würzburg mittelst Fußmarsch erreicht. Die späteren Echelons, welche bis Würzburg durchfahren sollen, bedürfen, insoweit sie am ersten Fahrtage nicht bis Leipzig geschafft werden können, noch einer Etappe mehr, welche, wie folgt, gelegt sind: Görlitz, Leipzig, Hof, Würzburg. Es ist vorgezogen worden die Etappen abzukürzen, um dafür die Echelons gehörig stark machen zu können, welches Verfahren das Ganze beschleunigt.

Es konzentriren sich auf diese Weise:
 die 9. und 10. Infanterie-Division . . . . am 24. Tage,
 der Rest des Korps . . . . « 30. «
 bei Würzburg.

Die Anordnungen zu den Fußmärschen nach den Einschiffungsorten hat das Generalkommando zu treffen.

VI. Armeekorps.

Da die Linien des V. und VI. Korps in Kohlfurt zusammentreffen, so müssen die an den ersten Transporttagen fahrenden Bataillone des VI., ehe sie jene Station erreichen, das Durchpassiren der Bataillone des V. Korps abwarten, welchen letzteren an jedem Tage eine vorgeschobene Etappe angewiesen ist (vergl. V. Armeekorps), so daß Kollisionen der beiden Korps nicht zu besorgen sind. Die an diesen Tagen fahrende gesammte Infanterie des VI. Korps (ausschl. der Landwehr-Bataillone) gelangt mit der 1. Etappe nach Görlitz, mit der 2. nach Leipzig, mit der 3. nach Hof. Hier verläßt sie die Bahn und bezieht Kantonnirungen, in welchen sich allmählich die Regimenter und Brigaden formiren und dann mittelst Fußmarsches in vier Brigadeechelons nach Bamberg vorrücken, wo sie noch um einige Tage früher anlangen, als der erste Truppenzug mit den anderen Waffen. Wegen des Aufenthalts bei und Vorrücken von Hof aus dürften eventuell Verhandlungen mit der Königlich Bayerischen Regierung einzuleiten sein.

Während nunmehr der Transport des V. Korps vor sich geht, wird das VI. allmählich vollständig mobil und rücken die einzelnen Truppentheile mittelst Fußmarsches, der speziell vom Generalkommando zu entwerfen ist, bis an die Stationen Görlitz oder Liegnitz vor. Es könnten sogar einige Truppentheile noch bis über Görlitz hinausgelangen; indessen erscheint es einfacher sie hier noch innerhalb der Preußischen Grenze zu versammeln und bis zum Beginn des Transports kantonniren zu lassen. Der letztere kann demnächst von Görlitz aus mit nur einer Zwischenetappe (Leipzig = 27 Meilen) vor sich gehen, wobei die ersten Echelons am zweiten Fahrtage von Leipzig bis Lichtenfels (35 Meilen), die letzten bis Bamberg (40 Meilen) durchfahren. Sollten hier Stockungen eintreten, so würden dieselben, da hinter dem VI. Armeekorps keine weiteren Transporte nachfolgen, ohne erheblichen Einfluß auf das Gesammtresultat sein. Dem Tableau zufolge stehen die 11. und 12. Infanterie-Division am 33., der Rest des Korps am 39. Tage bei Bamberg versammelt.

Rekapitulation.*)

	Armee-korps	Konzentrationspunkt oder Rayon	Konzentration der Infanterie-Divisionen am —. Tage		Endtermin der Konzentrirung des Korps am —. Tage
Haupt-Armee	VIII.	zwischen Coblenz und Trier	15. 16.	am 24. Tage : 23.	24.
	VII.	Aachen	12. 14.	: 16. : 18.	20.
	IV.	Cöln	7. 8.	: 29. : 31.	34.
	II.	Düsseldorf	3. 4.	: 32. : 34.	38. (Trains am 44.)
	Garde-	Zwischen Düsseldorf und Hamm	1. Garde- 2. Garde-	: 41. : 40.	44.
Rein-Armee	III.	Zwischen Eisenach und Fulda	5. 6.	: 25. : 26.	28.
	V.	Würzburg	9. 10.	: 24. : 24.	30.
	VI.	Bamberg	11. 12.	: 33. : 33.	39.

Am 2. Mai 1859 endlich trat zur Feststellung der Gesichtspunkte für den Eisenbahntransport nach dem Westen eine Kommission zusammen, an der neben Mitgliedern des Kriegs- und Handelsministeriums vom großen Generalstabe der durch Moltke vorgeschlagene Hauptmann Graf Wartensleben theilnahm. Das Protokoll dieser Kommission schließt sich an das Promemoria des Chefs des Generalstabes der Armee vom 7. Februar 1859 an, dessen Fahr- und Marsch-tableaus inzwischen vom Handelsministerium geprüft und theilweise abgeändert worden waren.

Die Aufmerksamkeit des Generals v. Moltke mußte selbstverständlich haupt-sächlich andauernd auf die militärischen Maßnahmen des westlichen Nachbarn gerichtet sein, da mit ihm zunächst ein Zusammenstoß wahrscheinlich blieb. Aber auch die Rüstungen Rußlands durften nicht ohne Beobachtung bleiben, wenn-gleich selbst bei offensiven Absichten dieses Staates noch geraume Zeit vergehen mußte, ehe seine Armee in Thätigkeit treten konnte. Die im Generalstabe darüber vorhandenen Nachrichten übermittelte der Chef des Generalstabes der Armee Ende April mit nachstehendem Anschreiben dem Kriegsminister:

*) Bemerkung von der Hand des Grafen Wartensleben:
„Die den Infanterie-Divisionen nach der neuen Artillerieformation etwa noch zu überweisenden Haubitzbatterien sind in den Tableaus noch unter der Reserve-Artillerie ent-halten und müssen eventuell später zu denselben herangezogen werden."

Nr. 15.

An den Kriegsminister Generallieutenant v. Bonin.

Berlin, den 30. April 1859.

Bei den sich zum Theil sehr widersprechenden Nachrichten über Rußlands militärische Maßregeln wird es Euerer Excellenz vielleicht nicht ohne Interesse sein zu übersehen, was hier darüber bekannt ist, und gestatte ich mir solches in dem anliegenden kurzen Memoire zusammengestellt sehr ergebenst zu überreichen.

Denkschrift.

Ohne Datum.

Nach den Berichten des Flügeladjutanten Major v. Loën zu Petersburg, hat die Russische Regierung in Bezug auf den von Sardinien und Frankreich gegen Oesterreich beschlossenen Krieg folgende Maßnahmen getroffen:

Schon vor der Mitte Februar d. Js. wurde die Einziehung von 50 000 Mann Beurlaubter zur Deckung des stattgefundenen Abganges von Mannschaften an der normirten Stärke bei den sechs Armeekorps und dem Grenadierkorps angeordnet, dem Kriegsminister ein Kredit von fünf Millionen Silberrubel bewilligt und der früher in Ungnade gefallene und aus dem aktiven Dienst geschiedene General Lüders, der unter allen Generalen allein für ein Armeekommando befähigt gehalten wird, nach Petersburg berufen.

Mitte März d. Js. wurde die Aufstellung einer Truppenmacht von 120 000 Mann gegen die Oesterreichische Grenze beschlossen. Sie sollte bestehen aus:

dem 2. Armeekorps,	welche bereits in Wolhynien und Podolien an der Grenze Galiziens und der Moldau stehen, mit Ausnahme der 13. Infanterie-Division des 5. Armeekorps, die sich zur Zeit noch im Kaukasus befindet,
dem 5. Armeekorps,	
und dem 3. Armeekorps,	welches mit der 8. und 9. Infanterie-Division und der 3. leichten Kavallerie-Division weit hinter dem Dnjepr in Kaluga, Orel und Kursk und nur mit der 7. Infanterie-Division diesseits des Dnjepr bei Petrikow am Pripet steht.

Behufs der Ausführung dieses Beschlusses erhielt das 3. Armeekorps schon Mitte März den Befehl, sobald mit dem Eintritt des Frühlings der Straßenzustand es erlauben würde, mit den im Innern Rußlands stehenden Divisionen nach dem Dnjepr abzurücken und diesen Strom zu überschreiten. Indeß etwa eine Woche später wurde der Abmarsch dieses Korps bis auf Weiteres sistirt.

Nach einem Bericht des Majors v. Loën vom $\frac{23.\text{ März}}{4.\text{ April}}$ d. Js. hat nun das 3. Armeekorps von Neuem Marschbefehl erhalten und soll am 1./13. Mai in den westlich des Dnjepr im Gouvernement Kijew zu beziehenden Standquartieren eintreffen.

Bei diesen gegen Oesterreich aufzustellenden drei Armeekorps (ohne die im Kaukasus befindliche 13. Infanterie-Division) und dem auf den Grenzen Preußens in Kurland, Samogitien und Polen stehenden 1. Armeekorps (im Ganzen vier Korps weniger eine Infanterie-Division) sind die Infanterie-Regimenter zu 3 Bataillonen zu je 976 Köpfen,
    die Scharfschützen- und Sappeur-Bataillone zu je 668 Köpfen,
    die Kavallerie-Regimenter zu je 138 Köpfen,
    die Batterien zu je acht Geschützen, nachdem Mitte März der Ankauf von Artilleriepferden angeordnet worden, um die Fußbatterien von vier bespannten Geschützen wiederum auf acht zu bringen.

Demgemäß ist die Stärke der gegen Oesterreich aufzustellenden Truppenmacht:

  8 Infanterie-Divisionen = 107 Bataillone = 93 696 Mann Infanterie,
  3 Kavallerie-Divisionen = 108 Eskadrons = 15 000   „   Kavallerie,
38 Batterien   = 304 Geschütze = 11 000   „   Artillerie,

    im Ganzen rund 120 000 Mann.

Das 1. Armeekorps in Kurland, Samogitien und Polen zählt:

          40 Bataillone = 37 536 Mann Infanterie,
          36 Eskadrons = 4 968   „   Kavallerie,
14 Batterien = 112 Geschütze = 3 000   „   Artillerie,
    im Ganzen rund 45 504 Mann.

So gering ist die gegen die Preußische Grenze stehende Truppenmacht, welche nur als das zur Aufrechthaltung der gesetzlichen Ordnung in Polen und Russisch-Litauen erforderliche Minimum von Truppen angesehen werden kann, seit einer langen Reihe von Jahren nicht gewesen, und noch im Herbste vorigen Jahres befanden sich zwei Infanterie-Divisionen und eine Kavallerie-Brigade mehr in Polen.

Wenn nun gegenwärtig etwa die Augmentation der Infanterie-Bataillone auf die volle Kriegsstärke von 1000 Mann angeordnet sein sollte, so würde die Stärke des 1. Armeekorps damit doch nur im Ganzen um 3000 Mann vermehrt.

Eine Einziehung der Beurlaubten bei den hinter der Düna und dem Dnjepr stehenden 36 vierten oder Reserve-Bataillonen der Ersten Armee war noch im März d. Js. ausdrücklich nicht beabsichtigt und nicht vorbereitet. Ihre dem Mobilmachungsplan gemäße Augmentirung zur Formation von 36 Reserve-Infanterie-Regimentern zu je drei Bataillonen würde die Einziehung einer außerordentlich großen Zahl von Beurlaubten erfordern, die in den neu zu gründenden selbständigen Bauerwirthschaften, in welchen die bisherigen Leibeigenen sich ansiedeln, schwer zu entbehren sein möchte.

Das Grenadierkorps in Petersburg und den umliegenden Gouvernements zählt nur zwei Bataillone zu je 571 Köpfen in jedem Infanterie-Regiment und hat keine Reserve-Bataillone. Die Kavallerie-Regimenter dieses Korps sind nur zu vier Eskadrons zu je 116 Köpfen und zwei Reserve-Eskadrons zu je 165 Köpfen; die Fuß- und reitenden Batterien nur zu je vier bespannten Geschützen. Die Kriegsausrüstung dieses Korps würde daher sehr lange Zeit und ein sehr starkes Aufgebot von Beurlaubten und Reserven kosten.

Das 6. Armeekorps endlich steht mit zwei Infanterie-Divisionen auf der Grenze Asiens bei Pensa und Saratow, und die 18. Infanterie-Division desselben ist im Kaukasus detachirt.

Um Preußen zu bedrohen, wären nur die in und bei Petersburg stehenden Garden zu verwenden. Diese können aber nicht abrücken, bevor nicht, wie es im Orientkriege geschah, ein Reserve-Gardekorps geschaffen worden.

Zu einem Angriffskriege auf Preußen würde daher Rußland sich wohl schwerlich entschließen, jedenfalls aber geraume Zeit brauchen, um es zu können.*)

Diese Denkschrift ging am 4. Mai auch an das Generalkommando I. Armeekorps in Königsberg,**) zugleich mit einer im Generalstabe aufgestellten Unterbringungsübersicht der Russischen Armee:

Tableau der Dislokation der Russischen Armee.

Berlin, den 3. Mai 1859.

Die Garden in und bei Petersburg.
Das Grenadierkorps: Moskau, Jaroslaw, Wladimir, Rjäsan und Twer.

1. Armeekorps
- 1. Infanterie-Division Kurland
- 2. " " Polen
- 3. " " Grodno
- 1. leichte Kavallerie-Division Polen bis Kowno.

2. Armeekorps
- 4. Infanterie-Division Berditschew
- 5. " " Kremenez
- 6. " " Kamenez-Podolsk
- 2. leichte Kavallerie-Division Uman.

3. Armeekorps
- 7. Infanterie-Division Piotrkow (Petrikow.)
- 8. " " \
- 9. " " } auf dem Marsche von Kaluga, Orel, Kursk über den Dnjepr.
- 3. leichte Kavallerie-Division /

4. Armeekorps
- 10. Infanterie-Division Tula   \ die Bataillone
- 11. " " Woronez   } nur zu 570
- 12. " " Ostrogoschk   / Köpfen
- 4. leichte Kavallerie-Division Tschugujew.

5. Armeekorps
- 13. Infanterie-Division im Kaukasus
- 14. " " Balta
- 15. " " Kischinew
- 5. leichte Kavallerie-Division Wosnesensk.

6. Armeekorps
- 16. Infanterie-Division Pensa   \ die Bataillone nur
- 17. " " Saratow   } zu 570 Köpfen
- 18. " " im Kaukasus   /
- 6. leichte Kavallerie-Division Jekaterinoslaw.

Kombinirte Kürassier- (Kadre) Division in den südlichen Militärkolonien.

*) Der letzte Satz ist von Moltkes Hand.
**) Dem Generalkommando I. Armeekorps ging außerdem auf seinen Wunsch am 12. Mai eine Nachweisung des im Generalstabe vorhandenen Materials über die Beschaffenheit der Preußischen Küste zu.

Reserve-Division des 1. Armeekorps Nowgorod
  „   „   „   2.   „   Livland, Pskow, Witebsk
  „   „   „   3.   „   Mohilew, Tschernigow
  „   „   „   4.   „   Nischnij-Nowgorod, Kasan
  „   „   „   5.   „   Poltawa
  „   „   „   6.   „   Simbirsk.

Auf dem südlichen Kriegsschauplatze entwickelten sich unterdessen die Ereignisse nur sehr allmählich. In der Lomellina rückten Anfang Mai die Oesterreicher langsam auf Vercelli vor, die Franzosen waren im Marsch von der Sardinischen Grenze (3. und 4. Korps) und von Genua aus (Garde, 1., 2., 5. Korps) zum Anschluß an das zwischen Casale und Novi vereinigte Sardinische Heer begriffen.
Zur Beobachtung der Bewegungen der Oesterreichischen Truppen hatte sich der Preußische Militärbevollmächtigte in Wien, Major v. Redern, bereits am 28. April nach Mailand in das Hauptquartier des Oberkommandirenden der Zweiten Armee, Feldzeugmeisters Grafen Gyulai, begeben. Im Französischen Hauptquartier befand sich kein Preußischer Offizier; der Militärbevollmächtigte in Paris, Major v. Thile, war dort geblieben, da die Beobachtung der gegen Deutschland beabsichtigten Rüstungen nur von dort aus möglich war.
In Berlin fand Anfang Mai eine Konferenz beim Prinz-Regenten statt, zu der auch General v. Moltke hinzugezogen wurde und in der er seine Ansichten entwickeln durfte. Anwesend waren nach einer Randbemerkung des Generalstabschefs zu der Niederschrift seines Vortrags: Prinz Friedrich Wilhelm von Preußen, die Minister Fürst Hohenzollern, v. Auerswald, Frhr. v. Schleinitz, v. Bonin, die Generale Frhr. v. Willisen („geht nach Wien"), v. Alvensleben und Frhr. v. Manteuffel.
Während Moltke am 26. April noch dem Regenten gegenüber nur die möglichen Offensivpläne der Franzosen erwähnt hatte, tritt er hier in der Konferenz am 8. Mai dafür ein, angesichts der jetzt wahrscheinlicheren defensiven Haltung Frankreichs Deutschland gegenüber, sich mit dem Entschlusse zur Mobilmachung gleichzeitig für ein sofortiges Vorgehen der Preußisch-Deutschen Streitkräfte nach Frankreich hinein zu entscheiden. Er begründete diesen Vorschlag folgendermaßen:

Nr. 16.

Vortrag in der Konferenz vom 8. Mai 1859 bei Seiner Königlichen Hoheit dem Prinz-Regenten.

Berlin, den 8. Mai 1859.

Frankreichs Rüstungen für den Italienischen Feldzug haben bereits jetzt größere Dimensionen angenommen, als ursprünglich erwartet war.

Es sind für Italien bestimmt: die Garde und 4 Armeekorps in der Stärke von 175 Bataillonen, 80 Eskadrons und 54 Batterien = 163 000 Mann mit 25 000 Pferden.

Berechnet man die eingezogenen Reserven zu 114 000, so ist ausschl. Gensdarmen und Platzstäben das gesammte Französische Heer stark:

500 000 Mann,

Vortrag beim Prinz-Regenten. 8. Mai 1859.

davon ab die Italienische Armee mit 163 000
die noch in Algier stehenden Truppen 50 000 = 213 000 Mann,
so bleiben im Innern . . . . 287 000 Mann,
davon sind Depots . . . . 139 000 Mann,
bleiben verfügbar aktiv . . . . 148 000 Mann,

von denen schon jetzt 120 000 zwischen Seine und Rhein stehen, nämlich:

1. um Lille . . . . 4 Inf. Regtr., 1 Chass. Bat., 4 Kav. Regtr. 17 000
2. * Metz . . . . 9 *   *   —   14 *   *   34 000
3. * Straßburg
      u. rückwärts
      bis Dijon . 7 *   *   3 *   * 5 *   *   26 000
4. * Paris . . . . 12 *   *   1 *   * 14 *   *   44 000
      und außerdem
5. in der Vendée . 4 *   *   —   —   9 000
6. * Südfrankreich 7 *   *   —   4 *   * 18 000,
                                                im Ganzen 148 000.

Die unter 1, 2 und 3 aufgeführten Truppen können binnen vier Tagen in bezw. Lille, Metz und Straßburg versammelt, die unter 4, 5 und 6 bezeichneten, mit Benutzung der Eisenbahnen in acht Tagen, sowohl nach Metz wie nach Straßburg herangeschafft oder nach Nancy aufgestellt werden.

Es geht hieraus hervor, daß die Franzosen es schon heute in ihrer Gewalt haben die Versammlung der Preußischen wie der Süddeutschen Korps durch eine schnelle Offensive mit nicht unbedeutenden Streitmitteln zu stören; zugleich allerdings, daß sie dieser Offensive auf die Dauer keinen Nachdruck zu geben vermögen.

Es ist kaum anzunehmen, daß Belgien gegenüber, und bei dem sich mehr und mehr trübenden Verhältniß zu England, der Norden Frankreichs ganz von Truppen entblößt werden darf; ebenso dürften vielleicht die Regimenter in der Vendée ausfallen.

Werden wirklich noch die letzten Truppen aus Südfrankreich herangezogen, und beschränkt der Kaiser sich auf die Offensive gegen Preußen allein, während er Süddeutschland nur beobachtet, oder umgekehrt, so kann er zu einer solchen Offensive

doch nur 34 + 62 = 96 000
oder bezw. 26 + 62 = 88 000 Mann

verwenden, was in gar keinem Verhältniß zu den ihm entgegentretenden Streitmassen stehen würde.

Es ist daher wahrscheinlich, daß Frankreich sich Deutschland gegenüber vorerst ganz defensiv verhalten wird, und es tritt sofort die Frage einer diesseitigen Offensive in Betracht.

Der Eindruck einer feindlichen Invasion auf das Französische Nationalgefühl darf nicht gering angeschlagen werden. Er würde dem Kaiser gestatten die nicht direkt bedrohten Plätze und die Aufrechterhaltung der Ruhe im Innern wesentlich der Nationalgarde zu überlassen. Das Vertheidigungsheer bei Nancy kann dann durch Heranziehung von Depottruppen, Gensdarmerie rc. in kurzer Frist von 148 000 auf wohl 220 000 Mann gebracht werden.

Aus älteren, im Lande vorhandenen Reserven und Rekruten können neue Formationen bewirkt werden, doch bedarf es dazu der Zeit, da die junge Mannschaft bis jetzt nicht eingezogen ist.

Endlich wäre möglich im Innern das Land gegen die Fremden zu insurgiren, obwohl dieser Maßregel durch strenge Mannszucht und geordneter Verpflegung entgegen gewirkt werden kann und sie unter den gegebenen Verhältnissen für die Napoleonische Regierung selbst sehr bedenklich sein dürfte.

Alledem gegenüber ist unsererseits in Rechnung zu stellen, daß acht Preußische Armeekorps . . . . = 250 000 Mann an sich schon stärker sind als das, was Frankreich zur Zeit dagegen aufzubringen vermag.

Deutschland tritt mit . . . . 150 000 .
auf und Oesterreich designirt andere . . . . 150 000 . ,

im Ganzen 550 000 Mann.

Wenn eine halbe Million Soldaten am Rhein in Waffen steht, aber auch wohl erst dann, werden Worte der Vermittelung bei der Französischen Regierung schwer ins Gewicht fallen. Dringt indeß auch dann diese Vermittelung nicht durch, so würde nur der unmittelbare Uebertritt auf Französischen Boden zu einem Ziele führen. Durch längeres Zuwarten mit den mobilen Heeren würden wir unsere Kräfte unnütz verzehren und dem Gegner Zeit lassen seinen Ersatz auszubilden, neue Formationen zu schaffen und die Rüstung seiner Kriegsplätze zu beenden.

Die militärische Situation ist, wie gezeigt worden, eine günstige. Auch die politische dürfte vortheilhafter kaum wiederkehren. Es ist der seltene Fall eingetreten, daß ganz Deutschland sich für einen gemeinsamen Zweck einigt; daß Oesterreich und Preußen für diesen selben Zweck, aber auf ganz getrennten Kriegstheatern auftreten können; daß Rußland in dem Augenblick, wo es ein Drittel der Nation aus der Leibeigenschaft entläßt und eine Million freier Bauerwirthschaften gründet, schwerlich zu Gunsten Frankreichs 171 000 Reserven einziehen wird und jedenfalls drei Monate dazu braucht; daß England und Belgien, wenn sie nicht aktiv mitwirken, doch wohl keinenfalls entgegen wirken werden.

Immer bleibt ein Angriff auf Frankreich ein schweres Unternehmen. Derselbe wird nicht durch eine erste Schlacht, vielleicht nicht durch einen ersten Feldzug entschieden werden. Politische Erwägungen kommen dabei in Betracht, die hier nicht beurtheilt werden können. Aber vom rein militärischen Standpunkt scheint es unzweifelhaft, daß der Entschluß zur Mobilmachung der Armee zugleich die bestimmte Absicht in sich tragen muß, die Franzosen in Frankreich selbst anzugreifen.

Ueber das Ziel der beabsichtigten Offensive sprach sich General v. Moltke in dem Vortrage am 8. Mai nicht aus, wohl aber elf Tage später in einer schriftlichen Vorbemerkung für den mündlichen Vortrag beim Prinz-Regenten, der aber erst am 23. stattfand.

Wie am 26. Februar zieht Moltke die Möglichkeit eines Vormarsches auf Paris in Betracht, nur ständen einem solchen schwerwiegende Hindernisse entgegen, in erster Linie die Schwierigkeit eines Zusammenwirkens der verbündeten Heere von Ticino und Mosel aus; beide Heere, das Oesterreichische in Italien und das Preußisch-Deutsche, müßten gleichzeitig vor Paris erscheinen.

Den ersten strategischen Aufmarsch will der Generalstabschef, entgegen allen bisherigen Vorschlägen, nicht am Rhein und Main, sondern an der Saar vollziehen, wohin allerdings wegen mangelnder Bahnen alle Korps marschiren sollen, nachdem sie an der alten Basis ausgeschifft worden sind.

Der neue Vorschlag erscheint um so berechtigter, als die Franzosen in der Zwischenzeit mit immer größeren Kräften in Italien gefesselt waren und die Operationen der Oesterreicher ihnen anscheinend ein siegreiches Vordringen erleichterten. Von diesen war nämlich bereits am 9. Mai, nach kurzen Vorstößen in der Lomellina — erst gegen den rechten, dann gegen den linken Flügel der Sardinier — der Rückzug hinter den Ticino beschlossen worden, und wenn er auch am 19. noch nicht ausgeführt war, so ließ sich doch voraussehen, daß die Franzosen ihnen folgen und dadurch sich immer weiter von dem nördlichen Kriegsschauplatz entfernen würden.

Die Niederschrift des Generals v. Moltke, durch die er sich am 19. Mai für den Vortrag beim Prinz-Regenten vorbereitete, lautete:

Nr. 17.

Vortrag bei Seiner Königlichen Hoheit dem Prinz-Regenten.

Berlin, den 19. Mai 1859.

Wenn Preußen sich gegenwärtig für den Krieg entscheidet, so geschieht dies nicht zur Abwehr einer unmittelbar zwingenden Bedrohung, sondern zur

Vorbeugung künftiger Gefahren, im Interesse Deutschlands, nicht für, aber mit Oesterreich.

Preußen betritt den Kampfplatz freiwillig und darf für die großen Opfer, die es bringt, auch eine materielle Entschädigung beanspruchen.

In Deutschland, sofern es an unserer Seite ficht, kann eine Ländererweiterung nicht beabsichtigt werden, es ist natürlich eine solche auf Kosten unseres westlichen Nachbars zu suchen.

Dazu giebt es zwei Wege: erstens, der Marsch auf Paris und zweitens, die unmittelbare Besitzergreifung.

1. Die erste Operation führt nur indirekt zum Zweck und ist bei weitem die schwierigere. Sie nimmt zum Ziel den Umsturz des Französischen Kaiserthums und setzt voraus die einheitliche Leitung oder wenigstens das übereinstimmende Handeln aller Deutschen Heere von Cöln bis Mailand. Dabei ist zu erwägen, daß die Interessen Preußens und Oesterreichs zusammengehen, so lange sie auf gesonderten Kriegsschauplätzen kämpfen, daß aber ihre Rivalität sich fühlbar machen wird, sobald sie unmittelbar kooperiren sollen. Es ist nöthig, aber sehr schwierig, von der Mosel und vom Ticino aus gleichzeitig vor Paris zu erscheinen. Die Französischen Heere müssen zuvor geschlagen, der Wille des Französischen Volkes gebrochen sein, um schließlich die befestigte Hauptstadt anzugreifen.

Wie schwer auch dann dieser Angriff bleibt, wie mißlich ein Zurückweichen werden müßte, soll hier nicht ausgeführt werden. Gelingt das Unternehmen, so würde dadurch die Napoleonische Herrschaft allerdings wohl gestürzt werden. Wollte man aber dann Frankreich irgend eine Dynastie oder eine Regierungsform aufbringen, so dürfte man, abgesehen von den endlosen Verwickelungen, welche die Pflicht diese Regierung zu stützen herbeiführt, keinesfalls damit anfangen ihr eine Provinz abzufordern. Keine neue Regierung, die mit einer Abtretung von Französischem Gebiet begönne, wird sich in Frankreich zu behaupten vermögen.

2. Anders stellen sich die Verhältnisse, wenn wir den Landestheil, den wir behalten wollen, beim endlichen Friedensschluß wirklich inne haben, d. h. wenn wir ihn besetzt halten, seine Festungen erobert haben und zu seiner Behauptung mit einem Heer bereitstehen.

Der Marsch auf Paris kann sich im Laufe des Feldzuges als möglich, ja selbst zur Beendigung des Krieges als nothwendig erweisen. Diese Operation wird aber mit weit größerer Aussicht auf Erfolg unternommen werden, wenn wir sie auf die obere Mosel als auf den Rhein basiren und über die Hülfsquellen des Landes zwischen beiden Strömen verfügen.

Hiernach scheint mir die dauernde Besitznahme von Lothringen und Elsaß das beschränktere aber unmittelbare Kriegsobjekt zu sein, der Marsch auf Paris nur die weitere Eventualität. Auf den ersteren Zweck müßten schon jetzt alle Schritte hingelenkt sein, für denselben alle Mittel in Bereitschaft gesetzt und alle Verabredungen getroffen werden.

Wir werfen jetzt einen Blick auf die speziellen Verhältnisse.

Belgien hat nicht gerüstet, seine ganze Haltung deutet darauf hin, daß es neutral bleiben will. Es ist wahrscheinlich, daß diese Neutralität fürerst allseitig respektirt werden wird. Die gewaltsame Verletzung derselben würde gegen uns wie gegen Frankreich in Belgien und England zwei neue Feinde auf den Kampfplatz rufen.

Demnach bildet die Linie Luxemburg—Germersheim die nur 25 Meilen lange Strecke, welche wir zu schützen und auf welche wir demnächst unsere Offensive zu basiren haben. Die ebensolange Strecke von Germersheim bis Basel bildet die Defensionslinie bezw. die Basis der Offensivoperation für ein Oesterreichisch-Süddeutsches Heer.

Sollte ein solches Heer nicht rechtzeitig zu Stande kommen, so würde die Vertheidigung des Oberrheins dennoch nicht direkt durch Truppenaufstellung hinter demselben, sondern durch eine, den feindlichen Einmarsch flankirende Offensive vom Main aus bewirkt werden, welcher sich dann die einzelnen Süddeutschen Kontingente anzuschließen und unterzuordnen hätten.

Der Offensivkrieg Frankreichs gegen Deutschland ist, unter den gegebenen Verhältnissen und so lange es in Italien ernsthaft engagirt ist, nicht wahrscheinlich. Frankreich könnte dazu nur 150 000 Mann für jetzt aufbringen.

   Preußen verfügt über . . . . 250 000 Mann;
   Oesterreich will angeblich . . . . . . 150 000 „
   und das übrige Deutschland . . . . . 150 000 „
   aufstellen, zusammen . . . . 550 000 Mann.

Das offensive Vorgehen auf Deutscher Seite ist daher möglich und aus vielfachen Rücksichten namentlich für Preußen geboten.

Diese Machtverhältnisse bestehen natürlich nur so lange, als man Frankreich nicht Zeit läßt, sei es durch entscheidende Siege oder selbst wegen großer Niederlagen mit Oesterreich zu irgend einem Abschluß zu gelangen.

Für die Deutsche Offensive gewähren die Linien Luxemburg—Germersheim und Germersheim—Basel sehr große Vortheile bis zu einer gewissen

Grenze. Sie bilden einen rechten Winkel gegeneinander und jede Defensiv=
aufstellung des Feindes diesseits der Maas ist, unter Voraussetzung einer
übereinstimmenden Leitung der Preußischen und der Süddeutschen Armee, von
Hause aus umfaßt. Die strategischen Flanken des diesseitigen Vorgehens
sind durch das neutrale Belgien und die neutrale Schweiz vollständig gesichert.
Die Eisenbahnen von Mannheim nach Metz, von Straßburg nach Nancy und
eventuell die von Basel nach Besoul liegen in der Richtung des allgemeinen
Vormarsches und werden hinter der Front durch sofortige Wiederherstellungen
sehr nützlich sein. Die Nichtweiterführung der Rhein—Nahe-Bahn und der
Mangel eines Coblenz—Luxemburger Schienenweges würden gerade für unsere
Operationen fühlbar werden, doch ist das Land bis zur Maas so bebaut,
daß selbst unmittelbar vor der Ernte bei einer vorschreitenden Bewegung die
Ernährung eines starken Heeres keine erhebliche Schwierigkeit haben kann.
Die Offensive bis zur oberen Maas erfordert die Einschließung von Dieden=
hofen und Metz und die Beobachtung von Longwy und Montmedy durch das
Preußische, die Einschließung von Straßburg und Beobachtung einiger kleiner
Plätze wie Weißenburg, Bitsch, Schlettstadt ꝛc. durch das Süddeutsche Heer.

Diese im Allgemeinen so sehr günstigen Verhältnisse verändern sich beim
weiteren Vorgehen über die Maas hinaus, wie denn natürlich mit der Größe
des Kriegszweckes die Schwierigkeit der Erreichung wächst. Man tritt in
das öde und arme Kalkplateau der Champagne; nur noch die Eisenbahn von
Nancy nach Vitry, vielleicht die von Besoul dorthin können zum Nachschub
benutzt werden. Die Deckung der strategischen Flanken hört auf. Die Plätze
Meziéres, Sedan, Verdun, Toul, Langres, Besançon und Belfort treten mehr
oder weniger in Wirksamkeit.

Ein ausgedehnter Landstrich im Rücken ist zu besetzen, seine Bevölkerung
in Zaum zu halten. In dem Maße wie die Bedrohung für Frankreich ernst=
hafter, wird dessen Widerstand wachsen. Ein Theil der im Inlande vor=
handenen 170 000 Mann Depottruppen wird das Vertheidigungsheer in
kurzer Frist verstärken, die Nationalgarde wenigstens in den Festungen wirksam
werden und wenn das allgemeine Vorgehen nicht ein sehr schnelles ist, so wird
die Zeit zu neuen Formationen den Franzosen gegeben sein.

Aus diesen Verhältnissen ergiebt sich für uns Folgendes:

Da Frankreich uns wahrscheinlich nicht angreift, wir beim abwartenden
Stehenbleiben gar kein Resultat erreichen, solches auch mit Rücksicht auf
unsere Landwehr und auf die Finanzen nur nachtheilig sein könnte, so werden
wir, sobald wir versammelt sind, sofort die Offensive ergreifen.

Der Vormarsch erfolgt vom Rhein und Main aus konzentrisch zunächst gegen die Saar.

Hat sich am Oberrhein ein Oesterreichisch-Süddeutsches Heer gebildet, so rückt auch dieses gleichzeitig an die obere Saar.

Das Französische Heer bildet das unmittelbare Operationsobjekt, ein Sieg über dasselbe ist die nächste Bedingung für alle weiteren Maßregeln.

Je früher wir auf jenes Heer stoßen, um so sicherer sind wir, eine sehr große Ueberlegenheit gegen dasselbe in Wirksamkeit zu bringen, um so vortheilhafter werden die strategischen Verhältnisse sich gestalten.

Selbst ohne die Kooperation eines Süddeutschen Heeres sind wir stark genug, um den Sieg an der oberen Mosel und selbst noch an der Maas zu erfechten.

Sobald dies erreicht, würde die Belagerung von Metz durch das Preußische, die von Straßburg durch das Süddeutsche Heer zu beginnen sein. Es wird von beiden Heeren mindestens ein Armeekorps für diesen Zweck und für die Einschließung oder Beobachtung der kleineren Plätze erfordert.

Die Hauptheere werden diese beiden großen Belagerungen zu decken haben. Ob sie dabei sich an der Maas defensiv verhalten oder gegen die Marne offensiv vorgehen, läßt sich nicht vorausbestimmen und hängt von der gesammten Kriegslage ab.

Erst nachdem so der Kriegszweck hingestellt, die Operationen zu dessen Erreichung in den allgemeinsten Umrissen angenommen sind, läßt sich die zweckmäßigste erste Aufstellung des Heeres ins Auge fassen.

Die gefahrdrohendste Offensive der Franzosen ist die gegen den Main, die von Deutscher Seite bei Neutralität Belgiens allein ausführbare liegt in der Hauptrichtung vom Main auf Nancy. Wenn ferner aus politischen Rücksichten, zur Ausgleichung mannigfacher Rivalitäten und Herbeiführung zusammenwirkender Operationen die persönliche Anwesenheit Seiner Königlichen Hoheit des Prinz-Regenten von Preußen bei der Süddeutschland zunächst stehenden Armee beliebt werden sollte, so empfiehlt sich aus allen diesen Gründen die Aufstellung unserer Hauptmacht am Main, die eines Nebenheeres am Rhein, wie dies auch in der diesseitigen Denkschrift vom 7. Februar schon hervorgehoben ist.

Dagegen muß indeß Folgendes in Betracht gezogen werden:

Die spezielle Bearbeitung der Fahr- und Transport-Tableaus ergiebt, daß bei Fortschaffung sehr großer Truppenmassen auf den beiden nur eingeleisigen südlichen Bahnen über Cassel und Hof und verhältnißmäßig geringer Benutzung der doppelgeleisigen nördlichen über Hannover eine Verzögerung eintritt. Der erste Aufmarsch sämmtlicher Korps wird um 6 bis 10 Tage verzögert.

Vor Allem aber ist im Auge zu behalten, daß wir an den Punkten, wo der Eisenbahntransport endet, überhaupt nicht länger stehen bleiben wollen als durchaus nöthig ist, um die Korps in sich zu sammeln und zu formiren; und daß die Entfernung von Cöln nach Nancy nicht größer ist als von Frankfurt dahin.

Wenn sonach der schnelle und bequeme Eisenbahntransport die vorwiegendste Rücksicht bleibt, so werden folgende erste Sammelpunkte*) vorgeschlagen:

VII. und VIII. Armeekorps . . . . . Trier,
Garde- und II. „ . . . . . Cöln,
IV. ⁝ . . . . . Bonn, Coblenz,
III. und V. „ . . . . . Frankfurt,
VI. „ . . . . . Aschaffenburg.

Zur Defensive gegen einen etwaigen Versuch der Franzosen unsere Versammlung zu stören werden bereitstehen in weniger als drei Wochen:

an der Mosel   am Main
rund 60 000   60 000.

Da die Landwehrkavallerie meist 14 Tage später anlangt als der Rest der Truppen, so wird ihr vollständiges Eintreffen nicht abzuwarten sein, sie würde eventuell in Kavalleriekorps zu vereinen sein und nachrücken. Dagegen kann das Eintreffen des Trains abgewartet werden, um sodann erst den weiteren Vormarsch zu beginnen. Nur beim II. Armeekorps ist dies nicht angänglich und müßte das nöthige Landfuhrwerk requirirt werden.

Das anliegende Tableau ergiebt, daß unter Einhaltung dieser Bedingungen sämmtliche acht Armeekorps am 50. Tage oder ohne das VI. Korps am 46. Tage an der Preußisch-Französischen Grenze zwischen Luxemburg und Saarburg dergestalt konzentrirt sein können, daß fünf Korps in Frisingen, Perl, Merzig, Saarlouis, Saarbrücken in erster, drei Korps in Saarburg, Wadern und Neunkirchen in zweiter Linie aufgestellt sind, und sonach mit versammelter Macht am folgenden Tage der Französische Boden betreten werden

---

*) Vergl. Anmerkung *) auf Seite 88.

kann.*) Die Chausseeverbindungen durch Rheinbayern sind in der Voraussetzung offengelassen, daß ein Süddeutsches Heer von der Linie Mannheim—Rastatt gleichzeitig kooperiren wird.

Das Tableau ergiebt zugleich die Dauer der an den ersten Versammlungsorten zu beziehenden Kantonnements und die fünf Etappenlinien aus denselben nach dem ersten strategischen Aufmarsch an der Saar. Danach sind die Vorbereitungen zur Verpflegung der Truppe und die Anlage der Magazine im Voraus zu regeln.

Was nun die Norddeutschen Bundeskorps betrifft, so mußten dieselben hier bis jetzt außer Acht gelassen werden, weil nicht bekannt ist, wiefern sie sich dem Preußischen Heere anschließen werden. Desfallsige diplomatische Verhandlungen sind um so dringender nöthig, als ein Transport der Hannoverschen Division z. B. nach Süddeutschland den Transport aller unserer Korps kreuzen und stören würde.

Die Bereithaltung eines Belagerungstrains und die Anschüttung von Hauptmagazinen in und bei Cöln, Mainz, Luxemburg eventuell auch Saarlouis ergiebt sich von selbst.

Das in dem Vortrage erwähnte „Tableau" ist von der Hand des Generals v. Moltke nur im Entwurfe noch vorhanden und folgt hier. Das VI. Korps ist in ihm zwar, wohl der Vollständigkeit halber, aufgenommen worden, der Generalstabschef rechnete aber, wie aus dem Inhalte des vorstehenden Aufsatzes und aus der Ueberschrift des Tableaus hervorgeht, mit seiner Versammlung bei Neunkirchen erst am 50. Tage.

*) Vergl. Skizze 1.

Aufmarsch an der Saar bis zum 46. Tage (ausschließlich VI. Korps),
Ohne Datum, anscheinend

	VII.	VIII.	Garde	IV.
16.				
17.				
18.				
19.				
20.				
21.	Cöln (Düren od. Nochern)			
22.	"			
23.				
24.				
25.				
26.				
27.				Cöln
28.		Trier		Brühl
29.				Bonn
30.	Trier			
31.				
32.	Kantonnements bei Trier	Kantonnements bei Trier	Eisenbahn-Transport	Kantonnement bei Bonn
33.				
34.				
35.				
36.			Brühl? A.B. an W. erst fertig	Ahrweiler	Kantonnements bei Coblenz
37.			Euskirchen	Adenau	
38.			Tondorf	Daun	Polch
39.					
40.			Stadtkyll		Kaiserbesch
41.			Prüm	Wittlich	Wittlich
42.			Balesfeld	Hetzerath	
43.					
44.	Grevenmacher		Bitburg	Trier	
45.	Luxemburg	Saarburg	Trier	Zerf	
46.	Frisingen	Perl	Saarburg	Merzig	

*) Hierzu Skizze 1.

Aufmarsch an der Saar. Ohne Datum, anscheinend von Mitte Mai 1859.

18.
**wenn fünf Korps am Rhein, drei am Main versammelt werden.*)
von Mitte Mai 1859.**

II.	V.	III.	VI.	
				16.
				17.
				18.
				19.
				20.
				21.
				22.
				23.
				24.
	Frankfurt			25.
				26.
	Kantonnements			27.
				28.
		Frankfurt		29.
				30.
Eisenbahn-Transport				31.
		Kantonnements		32.
Cöln			Eisenbahn-Transport	32.
				33.
Brühl	Höchst			34.
			Hanau	35.
Euskirchen	Mainz	Höchst	Frankfurt	36.
Münstereifel	Ingelheim	Mainz	Höchst	37.
.	Kreuznach	Wörrstadt	Mainz	38.
				39.
Daun	Sobernheim	Alsenz	Wörrstadt	40.
Wittlich	Oberstein	Lauterecken	Alsenz	41.
Bernkastel	Birkenfeld	Baumholder	Lauterecken	42.
				43.
Morbach	Tholey	St. Wendel	Baumholder	44.
Hermeskeil	Lebach	Neunkirchen	St. Wendel	45.
Wadern	Saarlouis	Saarbrücken	Neunkirchen	46.

112 Militärische Korrespondenz 1859.

Eine Marschtafel bildet anscheinend die Fortsetzung dieses „Tableaus"; sie ist mit Bleistift vom General v. Moltke entworfen worden und unvollständig — es fehlen zwei Preußische Korps; dafür sind zwei Süddeutsche angenommen worden —. Die Marschtafel wird aber trotzdem hier wiedergegeben, um zu zeigen, wie der weitere Vormarsch gedacht war:

Entwurf zum Vormarsch 1859.[*)]
Ohne Datum, anscheinend von Witte Mai 1859.

			Mainz	östl. Bingen	Oberstadt	Mainz	Rich. Ulm
			Mainz		Alzey		
			Mainz	Sobernheim	Lautrecken		Alzey
			Mainz	Kirn		Staudernbühl	
				Birkenfeld	Kusel	Kaiserslautern	Pirmasens
				Wadern	St. Wendel	Forbach	Bruchmühlbach
	Diedenhofen	Merzig westl.	Lebach	Saarlouis	St. Avold	Saargemünd	Rohrbach
Diedenhofen	Diedenhofen	Redingen	Saarlouis	Rocincourt	Faulkenberg		Bitsch
Grevenmacher	Saarburg	Zell	Mövern	Birkenfeld	Rosel	Kaiserslautern	Pirmasens
Trier	Trier	Trier	Kirn				Germersheim
(VII.)	(VIII.)	(IV.)	(V.)	(III.)	(IX. A. K. od. VI.)	(VII. A. K.)	(VIII. A. K.**)

*) Hierzu Skizze 2.
**) Die Bezeichnung des Korps ist nicht von Moltkes Hand und beshalb auch, auf Skizze 2 in Klammern gesetzt worden. Ein Vergleich der Marschtafel in Nr. 19 mit der in Nr. 18 ergiebt indeß, troß einiger Abweichungen, fast zweifellos die Richtigkeit der Bezeichnungen.

Aufmarsch an der Saar.

(unter Benutzung einer unvollendeten Handzeichnung Moltkes)

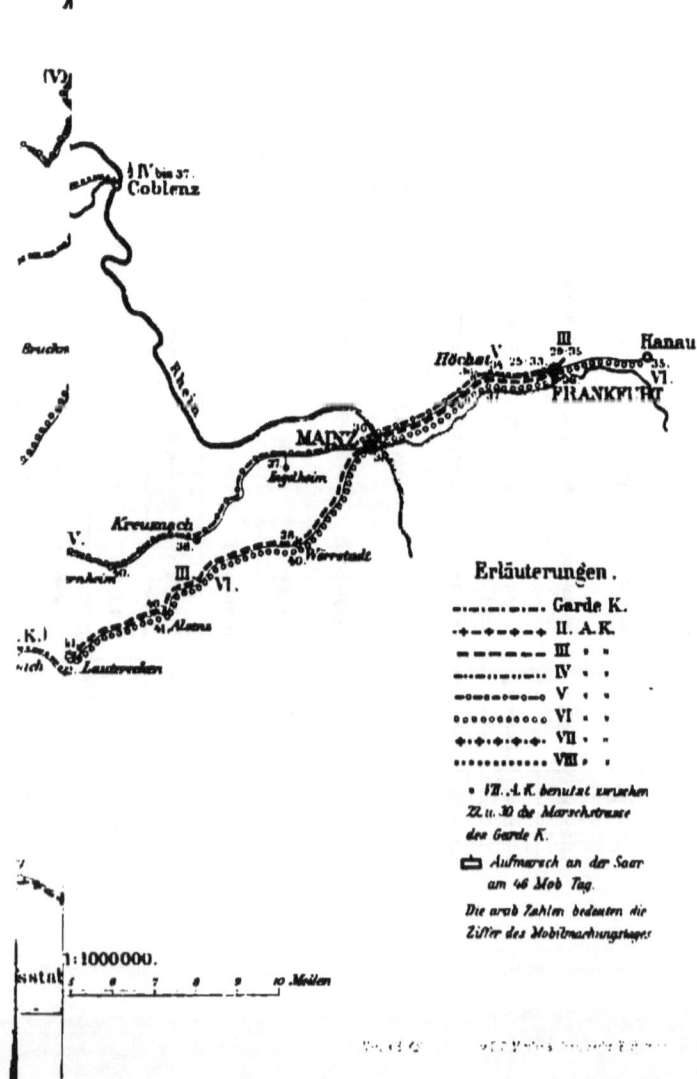

Außer diesen beiden Marschtafeln hatte General v. Moltke eine Vorarbeit zu den Aufzeichnungen vom 19. Mai benutzt, die ihm wahrscheinlich auch, ebenso wie die Marschtafeln, für die Niederschriften vom 23. und 24. Mai als Grundlage diente:

Nr. 20.

Ohne Datum, anscheinend von Mitte Mai 1859.

Kantonnements bei	Cöln	10.—22.	das sich sammelnde VII. Korps,
		17.—27.	7. Division,
		29.—36.	Garde,
		24.—32.	II. Korps.
	Bonn	30.—34.	7. Division.
	Coblenz	24.—37.	8. Division.
	Frankfurt	11.—34.	III. und V. Korps.
	Mainz	29.—37.	VI. Korps.

Am 23. Mai 1859 fand alsdann in Gegenwart des Generals v. Manteuffel der Vortrag statt, zu dem sich General v. Moltke am 19. vorbereitet hatte; hierzu faßte Moltke noch einmal die Hauptpunkte kurz in nachstehender Weise zusammen:

Nr. 21.

Vortrag bei Seiner Königlichen Hoheit am 23. Mai 1859.

Anwesend General Manteuffel.

Erster strategischer Aufmarsch des Preußischen Heeres an der Saar,
1. weil Belgien neutral,
2. weil Frankreich einen Angriffskrieg gegen uns nicht führen kann.

Stärkeverhältnisse aus der Anlage.*)

Es muß aber eine Intermediärstellung genommen werden,
1. weil die Eisenbahnen nicht bis zur Saar reichen,
2. um die Armeekorps erst taktisch zu formiren,
3. um sie gegen etwaige Störung zu schützen, daher hinter Rhein und Main.

Wie stark am Rhein, wie stark am Main?

Für Aufstellung der größeren Macht am Main spricht,
1. weil am Rhein nichts zu thun ist,
2. die Verhältnisse Süddeutschlands. Anlage Oesterreich.*) Anwesenheit Seiner Königlichen Hoheit des Regenten persönlich.

---
*) Nr. 22.

Dagegen:
1. daß der Gesammttransport um 6 bis 10 Tage verzögert wird,
2. Verpflegung auf Nichtpreußischem Gebiete.

Hauptsächlich aber:
3. daß diese Aufstellung nur intermediär, der erste Aufmarsch an der Saar die Hauptsache ist, und
4. daß mehr Straßen vom Rhein als vom Main nach der Saar führen.

Daher:

VIII. Armeekorps nach Trier,
VII.   „   „ Cöln und gleich weiter nach Trier,
IV.   „ { 7. Division Cöln,
          { 8.   „ Düsseldorf,
Gardekorps nach Cöln,
II. Armeekorps nach Cöln,
III.   „   „ Frankfurt,
V.   „   „ Frankfurt,
VI.   „   „ Mainz.

Kriegsmäßiger Vormarsch aller Korps. Gleichzeitiges Eintreffen an der Saar am 47. Tag.*)

Die hier erwähnten Anlagen tragen am Anfang das Datum vom 23. und am Schluß das vom 21. Mai 1859; sie sind also wahrscheinlich am 21. durch General v. Moltke für den Vortrag am 23. aufgestellt worden:

Nr. 22.

                                                                               Mann.

23. Mai 59.   einschließlich 114 000 Reserven   500 000

Frankreich: in Italien 1. Korps Baraguey d'Hilliers   36 000
                              2.   „   Mac-Mahon . . . 28 000
                              3.   „   Canrobert 36 000
                              4.   „   Niel 36 000
                              5.   „   Prinz Napoleon . . 26 000
                          Garde impériale 24 000

            im Ganzen 199 Bat., 144 Esk., 66 Battr. 187 000

---

*) Vergl. Skizze 1.

Stärkeberechnungen. 23. bezw. 21. Mai 1859.

In Toulon versammelt sich das Expeditions-
korps nach dem Adriatischen Meere
2 Inf., 1 Kav. Div. 27 000
          in Rom 6 400
                  Italien . . . 220 000
in Algerien 50 000
                                    270 000
   Frankreich 230 000
    davon Depots ꝛc. 139 000
      zur Offensive gegen Deutschland . . . 100 000
Sardinien: 1. Div. Sonnaz in Alessandria . 12 800
            2. ҆ Fanti ҆ ҆ . 12 800
            3. ҆ Durando in Dora-Linie? 12 800
            4. ҆ Cucchiari in Balenza . . 14 200
            5. ҆ Pilo Boyl in Alessandria 12 800
      Cavall. Castelborgo 3 800
      Garibaldi: 2 Legionen 10 000
        außer 15 000 Besatzungstruppen 80 000
   Toskanische Infanterie-Division Ulloa 8 bis 12 000
Französisch-Sardinische Streitmacht in Italien . . 220 000
                                              80 000
                                              12 000
                                          über 300 000
                                                 Mann.

Rußland: gegen Preußen auf der 100 Meilen langen
Linie Riga - Warschau - Krakau nur das 1. Korps
45 000 Mann;

gegen Oesterreich in Wolhynien, Podolien,
Bessarabien das II., ²/₃ V. (13. Div. im
Kaukasus) u. III. Korps 120 000 Mann;
in 2. Linie hinter Düna u. Dnjepr 44 vierte
Bataillone, können in ebensoviel Regimenter
umformirt werden, erfordert aber eine Einziehung
von 107 000 Reserven. Sie bilden dann die
Stärke von 132 000 Mann.

Gardekorps in Petersburg. Grenadierkorps
Moskau. Die Regimenter nur zu 2 Bat.
brauchen 64 000 Reserven.

	Mann	
Gegen Preußen können konzentrirt werden:		
das 1. Korps	45 000	
in 2 Monaten die zugehörigen 4. Bat.	36 000	
in 3 " das Gardekorps mit 2 Bat.	36 000	117 000
Gegen Oesterreich 2., 3., 5. Korps (ausschl. 13. Division)	120 000	
die 4. Bat. dieser Korps	96 000	
Grenadierkorps mit 2 Bat.	36 000	250 000

Das 4. Korps steht am Don, das 6. an der Asiatischen Grenze.

Besatzungstruppe 140 000, Mobil 456 000

Oesterreich:

a) in Italien:
1. Operations-Armee 2., 3., 5., 7., 8. Korps	172 000	
2. Reserve bei Piacenza—Strabella 9.	37 000	
und Division Urban v. 12.	16 000	53 000
3. Detachirt in Ancona	6 000	230 000

6 Armeekorps, dabei 12 000 Kav. u. 768 Gesch.

b) in Istrien:
Eine Brigade Grenzer	8 000	
Division Thun des 12. Korps	13 000	
10. Armeekorps in Triest	37 000	58 000

c) Dalmatien: 8 000

Sonach in Italien und am Adriatischen Meer schon jetzt verwendet das 2., 3, 5., 7., 8., 9., 10. u. ½ 12. Korps = 7½ Korps . . . 300 000

Gegen Rußland und zur Besetzung von Wien
das 4. Korps in Galizien	32 000	
11. " " Ungarn (Pest)	31 000	
½ 12. " " Siebenbürgen	21 000	
die Kavall. in Galizien	12 000	nur 96 000

Muß nun wahrscheinlich diese Stärke gegen Rußland stehen bleiben, so verbleiben für Deutschland
höchstens das 1. Korps Böhmen	33 000
6. " Vorarlberg	31 000
die Kavall. in Ober-Oesterr. und in Böhmen	24 000
	88 000

Ist wirklich nach v. Kamele*) das 1. Korps schon nach
Italien bestimmt, so kann Oesterreich in Deutsch=
land nur mit dem 6. Korps und einer unver=
hältnißmäßig großen Kavallerie, im Ganzen mit   55 000
auftreten.

Erfährt Oesterreich in Italien Niederlagen und wird
das 6. Korps über den Brenner nach Verona
herangezogen, so bleibt für Deutschland Nichts.

21. Mai 1859.

Der Prinz-Regent ließ sich am Tage nach dem Vortrage durch den Chef des Generalstabes der Armee noch einmal eine schriftliche Begründung der Vorschläge für den Aufmarsch an der Saar, bezw. am Rhein und Main, einreichen und schickte diese am 25. Mai dem Kriegsminister mit folgendem Handschreiben:

Berlin, den 25. Mai 1859.

General v. Moltke hat Mir nach einer Besprechung die Anlage am gestrigen Tage eingereicht. Ich finde die Aufstellung sehr richtig und will sie morgen beim Vortrag zu einer Besprechung benutzen. Auch wünsche ich, morgen wegen der Schließung von Königsberg den Beschluß zu fassen.

gez. Wilhelm.

Moltkes erneute Begründung seiner Vorschläge lautete:

Nr. 23.

An des Regenten Prinzen von Preußen Königliche Hoheit.

Berlin, den 24. Mai 1859.

Auf Euerer Königlichen Hoheit Allergnädigsten Befehl berichte ich über die Zielpunkte für den Eisenbahntransport der Armeekorps nach dem Westen ehrfurchtsvoll Folgendes:

Wie sich die Verhältnisse seit meiner alleruntertänigsten Eingabe vom 24. v. Mts entwickelt haben, ist kaum zu bezweifeln, daß die Neutralität Belgiens vorerst allseitig anerkannt werden wird, wodurch Operationen in

---

*) Am 21. Mai hatte der Prinz-Regent dem General v. Moltke einen Bericht des Majors v. Kamele vom Preußischen Kriegsministerium aus Wien über den Stand der Oesterreichischen und der Französisch-Sardinischen Armeen in Italien zur Verfügung gestellt.

dieser Richtung ausgeschlossen sind. Nachdem ferner die Franzosen mit über 200 000 Mann in Italien engagirt sind, bleiben ihnen zu einem Angriffskrieg gegen Deutschland nicht mehr die nöthigen Mittel, und zur Erreichung irgend welchen Resultats müssen wir angriffsweise verfahren.

Aus diesen beiden Rücksichten kann der erste strategische Aufmarsch des Preußischen Heeres kaum anders als an der Saar, auf der Linie Luxemburg—Saarburg, gedacht werden.

Dieser wahrscheinlichste Aufmarsch muß nothwendig auch die erste Versammlung bestimmen, in der die, aus den Standquartieren einzeln anlangenden Truppentheile sich in Kriegs-Divisionen und Armeekorps formiren. In allem Uebrigen aber werden dabei mehr die technischen und lokalen Rücksichten entscheiden, wesentlich die Richtung, Leistungsfähigkeit und Erstreckung der Eisenbahnen; nur müssen die Zielpunkte so gewählt werden, daß die Versammlung nicht leicht gestört werden kann, und daß ein schnelles Zusammenwirken und die Vereinigung aller Kräfte ermöglicht ist.

Hieraus folgt, daß der Eisenbahntransport am Rhein und Main enden, von dort der kriegsmäßige Vormarsch beginnen muß, und ferner, daß die Ausdehnung am Rhein und Main sich nicht weiter als höchstens von Cöln nach Frankfurt erstrecken darf.

Es wird zunächst zu erwägen sein, wie viele Korps nach dem Rhein, wie viele nach dem Main zu dirigiren sind. Da am untern Rhein Operationen nicht stattfinden können, und bei den besonderen Verhältnissen in Süddeutschland möchte es angemessen erscheinen, unsere Hauptmacht gleich am Main zu versammeln.

Die Detailbearbeitung der Transportangelegenheit ergiebt aber, daß bei verhältnißmäßig geringer Benutzung der doppelgeleisigen nördlichen Bahn nach Cöln und sehr großer Inanspruchnahme der eingeleisigen südlichen Bahnen über Cassel und Hof die Versammlung des Ganzen um 10 Tage verzögert wird. — Es erscheint wünschenswerth die Formation unserer Korps möglichst im Inland zu bewirken. Auch die Chausseeverbindungen vom Rhein nach der Saar sind zahlreicher als vom Main dorthin, besonders wenn die Straßen durch Rheinbayern frei gelassen werden müssen. Die Entfernungen sind gleich. Da wir nun überhaupt an den Sammelpunkten nicht stehen bleiben wollen, so wird es unbedenklich erscheinen, wenn aus Rücksicht auf den schnellern und sichereren Transport zunächst fünf Korps nach dem Rhein und nur drei nach dem Main in Bewegung gesetzt werden.

Vorschläge für den Aufmarsch an der Saar. 24. Mai 1859.

Nach meiner Ansicht würden daher zu instradiren sein:
das VII., II. und Garde-Korps, ferner
    vom IV. Korps die 7. Division nach Cöln,
    " " " " 8.   "   " Düsseldorf,
    das III. und V. Armeekorps = Frankfurt,
    das VI.   "   " Mainz.

Das VIII. Armeekorps versammelt sich mittelst Fußmarsch bei Trier, wohin, sobald es bei Cöln formirt ist, auch das VII. Armeekorps abmarschirt. Es werden dadurch am 30. Tage 60 000 Mann an der Mosel zur Deckung der Rheinprovinz konzentrirt sein.

Das III. und V. Korps bilden schon am 22. Tage 60 000 Mann am Main und können sich nach Umständen bis zum 30. Tag mit einem, eventuell bei Landau oder Rastatt aufgestellten Süddeutschen Korps vereinen oder dasselbe aufnehmen.

Für den nicht wahrscheinlichen Fall einer feindlichen Offensive gegen die Mosel oder den Main würde zunächst das IV. Armeekorps die eine oder die andere Aufstellung bis zum 32. Tage auf 90 000 Mann verstärken.

Endlich ergeben die desfalsigen Berechnungen, daß sämmtliche acht Korps bis zum 47. Tage gleichzeitig in die Linie Luxemburg—Saarburg einrücken können.

Dabei ist vorausgesetzt, daß ein Theil der bis zu 14 Tage später anlangenden Landwehr-Kavallerie-Regimenter nicht abgewartet wird, wogegen sämmtliche Korps (mit Ausnahme des II.) beim Abmarsch schon im Besitz ihrer Trains sind.

Hinsichtlich der bedeutenden Truppenmasse, welche auf Cöln instradirt wird, ist zu bemerken, daß dieselben nie gleichzeitig dort kantonniren*) und daß ihre Heranführung, Verpflegung und Unterbringung gerade an diesem Punkt die wenigsten Schwierigkeiten machen dürfte.

Wenn demnach Euere Königliche Hoheit die vorgeschlagenen Zielpunkte schon jetzt zu genehmigen geruhen wollen, so würde bei der stattfindenden kommissarischen Bearbeitung der Transport in allen Details festgestellt, die Kantonnements nach Ausdehnung und Dauer abgegrenzt und die Anstalten zur Verpflegung schon jetzt in Betracht gezogen werden können.

Schließlich darf ich noch alleruntertänigst darauf hinweisen, daß der Transport der Preußischen Armeekorps zwar hinsichtlich der Richtung und Ziel-

---

*) Vergl. Nr. 20.

punkte von dem des IX. und X. Deutschen Bundeskorps unabhängig ist, nicht aber hinsichtlich der Zeit. Wenn freilich die Hannoversche Division nach dem Oberrhein gehen wollte, so würde sie unseren ganzen Transport kreuzen und stören. Nach Cöln hingegen könnte das X. Bundeskorps entweder dem letzten Preußischen Korps folgen oder dem Garde- und selbst schon dem II. Korps vorangehen. Ebenso könnte die Königlich Sächsische Division, welche angeblich sehr früh mobil wird, möglicherweise schon vor unserem III. und V. Korps nach dem Main abgeschickt werden.

Eine vorherige Vereinbarung auf diplomatischem Wege über diese Verhältnisse erscheint ebenso wünschenswerth, wie über die vom VII. und VIII. Bundeskorps beabsichtigte erste Aufstellung.

Die folgende Berechnung zeigt erneut, daß General v. Moltke den östlichen Nachbar nicht aus den Augen verlor:

Nr. 24.

27. Mai.

Rußland. Die Mobilmachung des 1. 2. 3. 5. Armeekorps ist befohlen und soll Ende Juli beendet sein, in den Standquartieren.

Gegen Preußen stehen:

1. Armeekorps
- 1. Division in Kurland
- 2. =   = Polen
- 3. =   = Grodno
- 1. leichte Kavallerie-Division in Warschau — Kowno,

vom 3. =   7. Division in Kalisch.

Jede Division 4 Infanterie-Regimenter zu je 4 Bataillonen zu je 1160 Köpfen, 1 Scharfsch. Bataillon 1000, 3 Batterien = 20 000 Mann,

4 Divisionen . . . = 80 000 Mann,

leichte Kavallerie-Division:
6 Regimenter zu je
4 Eskadrons zu je 188 Pferden = 4 500 =
Artillerie 24 Geschütze   =   500 =
Sappeur-Bataillon   = 1 000 =
Reserve-Batterie   =   166 =
                            ─────────────
                               86 000 Mann.

Nur die 1. Division und die leichte Kavallerie-Division könnten bis zum 7. August bei Tauroggen konzentrirt sein; das Ganze zum 6. September bei Thorn—Kalisch.

Gegen Oesterreich das 2. Korps mit 3 Infanterie-Divisionen
das 3. und 5.   *   * 2   *   *

140 000 Mann Infanterie
13 500 * Kavallerie
5 000 * Sappeure und Artillerie
160 000 Mann;

davon können Ende Juli 55 000, das Ganze Mitte August bei Kamenez—Brody stehen.

Diesseits Petersburg—Moskau und dem Don stehen dann keine Truppen mehr, und können daher jene Korps kaum vollständig zur Offensive verwendet werden.

Theil III.

Mobilmachung.

Unterdessen hatten im Laufe des Mai die diplomatischen Verhandlungen der am Kriege nicht betheiligten Großmächte ihren Fortgang genommen; alle hatten strikte Neutralität, Preußen aber außerdem sich bereit erklärt, im geeigneten Momente bewaffnete Vermittelung eintreten zu lassen, d. h. es wollte, wenn beide Parteien gesehen, was sie gegeneinander vermöchten, mit einer Friedensvermittelung hervortreten. Hierzu bedurfte Preußen der Unterstützung Oesterreichs, entweder durch volle Verfügung über alle Streitkräfte des Deutschen Bundes oder durch ein Oesterreichisches Heer am Rhein. General v. Willisen, der Mitte Mai zum Meinungsaustausch hierüber nach Wien gesandt worden war, fand dort anfangs wenig Entgegenkommen. Erst die Oesterreichischen Niederlagen bei Montebello am 20. Mai und bei Magenta am 4. Juni 1859 stimmten das Wiener Kabinet günstiger.

Die beiderseitigen Heere in Italien waren bis zum 20. Mai noch immer durch Po und Sesia getrennt: die Verbündeten standen um diese Zeit in der Linie Voghera—Valenza—Casale auf beiden Ufern des Tanaro, die Oesterreicher, die ihren Rückzug noch nicht fortgesetzt hatten, gegenüber, jenseits des Po und der Sesia und mehr nach ihrem linken Flügel versammelt.

Nach dem 20. Mai nahmen die bis dahin langsamen Operationen einen etwas schnelleren Fortgang, einen anderen aber, als man in den militärischen Kreisen Berlins erwartet hatte. Allgemein war, auch von Moltke, angenommen worden, daß die Franzosen unter Umgehung von Piacenza etwa bei Cremona den Po überschreiten und durch Vorgehen auf Brescia oder Peschiera die Oesterreicher beim Rückzuge nach dem Mincio in der linken Flanke angreifen und auf die Alpen westlich des Gardasees zurückwerfen würden. Statt dessen planten sie anscheinend, nach den zwischen dem 20. Mai und Anfang Juni eingegangenen Nachrichten — dem Eintreffen Napoleons in Vercelli, dem Zuge Garibaldis nach Varese und Como, dem Treffen bei Palestro — eine Umgehung des rechten feindlichen Flügels.

Die Schlacht von Magenta am 4. Juni bewies die Richtigkeit der neuesten Vermuthungen. Die Oesterreicher wurden geschlagen und räumten die Lomellina, um sich hinter den Mincio zurückzuziehen.

Nunmehr griff das Wiener Kabinet auf die durch den General v. Willisen übermittelten Vorschläge zurück und Preußen erklärte sich zum Zwecke der Erhaltung des Oesterreichischen Territorialbesitzes in Italien eine bewaffnete Vermittelung eintreten zu lassen und je nach dem Erfolge derselben so weiter zu handeln, wie es „seine Pflicht als Europäische Großmacht und der hohe Beruf Deutschlands erheischen würden".*)

Am 14. Juni**) erfolgte dementsprechend der Befehl zur Mobilmachung***)

---

*) Vergl. Sybel „Begründung des Deutschen Reiches" 2, Seite 322.

**) Ebenfalls am 14. Juni bestimmte der Prinz-Regent die Besetzung der höheren Kommandostellen bei den neun Armeekorps für die Kriegsformation. Sie ist in Anlage 2, Nr. 1 aufgenommen worden.

***) Am 17. Juni wurde auch die Mobilmachung des 19. Infanterie-Regiments befohlen, das aus dem Verbande des VI. zu dem des V. Armeekorps (20. Infanterie-Brigade) übertreten sollte; dafür war das 10. Infanterie-Regiment bestimmt, sich dem VI. Armeekorps eventuell anzuschließen; es sollte zwar auch mobil werden, aber vorläufig in seiner Garnison bleiben.

von sechs Armeekorps (Garde, III., IV., V., VII. und VIII.) und ein Antrag am Bundestage auf Bildung eines Observationskorps von 60 000 Mann aus den beiden Süddeutschen Bundeskorps; Preußen wollte hierdurch Oesterreich zeigen, wie ernst es ihm mit seinen Versprechungen sei, vorerst aber nicht eine direkte Bedrohung Frankreichs aussprechen.

Unter Berücksichtigung dieser politischen Gesichtspunkte empfahl General v. Moltke am 15. Juni dem Prinz-Regenten die erste Versammlung der mobilen Korps nicht über Rhein und Main hinauszuverlegen, im Interesse des späteren endgültigen Aufmarsches aber auch nicht hinter dieser Linie zurückzubleiben.

Das betreffende Schreiben lautet:

Nr. 25.
An des Regenten von Preußen Königliche Hoheit.

Berlin, den 15. Juni 1859.

Wenn die erste Versammlung von sechs mobilen Armeekorps als eine direkte Bedrohung Frankreichs noch nicht erscheinen darf, so wird es angemessen sein mit selbiger vorerst noch nicht weiter vorzugehen als bis zum Rhein und Main. Sofern aber diese Aufstellung den demnächstigen strategischen Aufmarsch der Armee weder behindern noch verzögern soll, ist es auch nicht rathsam hinter der bezeichneten Linie zurückzubleiben, da das weitere Vorrücken, sei es mittelst Fußmarsches oder durch Wiederbetreten der Eisenbahn, großen Zeitverlust verursachen würde.

Die Truppentheile der 16. Friedens-Division befinden sich zum Theil schon am linken Rhein-Ufer. Es würde nicht angemessen sein sie zurückzuziehen. Vielmehr wird die durch 4 Kavallerie-Regimenter und 2 Batterien zu verstärkende 16. Infanterie-Division eine selbständige Avantgardenaufstellung bei Trier zu nehmen haben, und die Grenze zwischen Luxemburg und Saarlouis beobachten. Der Rest des VIII Armeekorps versammelt sich bei Coblenz.

Das VII. Armeekorps konzentrirt sich eventuell ganz per Fußmarsch bei Cöln.

Das IV. Armeekorps wird — die 7. Division über Minden, die 8. über Paderborn — nach Düsseldorf transportirt.

Das III. Armeekorps geht auf der Eisenbahn über Eisenach nach Frankfurt, das V. Armeekorps über Hof und Darmstadt nach Mainz.*)

Das Gardekorps soll noch bei Berlin stehen bleiben.

---

*) Bemerkung von der Hand des Generals v. Moltke:
Rechtes Rhein-Ufer.
Der Prinz-Regent schrieb hierzu an den Rand des Schriftstückes: „Also jenseits des Rheins?"

Insofern Euere Königliche Hoheit die erste Aufstellung demnach des
IV. Armeekorps bei Düsseldorf,
VII.   =   = Cöln,
VIII.   =   = Coblenz, Trier,
V.   =   = Mainz,
III.   =   = Frankfurt,
allergnädigst zu genehmigen geruhen, würden demnächst durch das Königliche Kriegsministerium die Anordnungen für den Transport, die Unterbringung und Verpflegung der Truppen an den bezeichneten Orten zu treffen sein.

Die beim Generalstab entworfenen Marsch- und Fahrtableaus erleiden auch für diese Stellung keine Aenderung, doch würde nach der Erklärung des Kommissarius des Königlichen Handelsministeriums der Transport am 1. Juli nur dann auf der südlichen Eisenbahn beginnen können, wenn schon morgen die nöthigen Anordnungen durch Telegraph mitgetheilt werden. Die vorgeschlagene Aufstellung würde dann bis Mitte Juli eingenommen werden, einschließlich des Trains aber ausschließlich der Landwehrkavallerie, welche später eintrifft. Die Unterbringung der Korps würde keine Schwierigkeit haben und sich in dem Rayon von durchschnittlich 1½ Meile Radius bewirken lassen, wobei 4 bis 5 Mann auf die Feuerstelle gerechnet sind.

Es hat in dem Vorstehenden auf die Deutschen Bundeskorps keine Rücksicht genommen werden können. Eine Einigung wird dahin zu erstreben sein, daß das X. Bundeskorps nach Düsseldorf, das IX. nach Hanau—Aschaffenburg dirigirt wird. Die Zeit des Transports wird von dem Termin abhängen, bis zu welchem die genannten Bundeskorps mobil und marschfertig werden. Sie würden entweder den Preußischen Korps folgen oder ihr Transport kann zwischen dem zweier Preußischer Korps eingeschoben werden, wodurch dann zwar eine Verspätung aber keine eigentliche Störung in der vollständigen Versammlung unserer Streitkräfte am Rhein und Main eintritt.

Unter diesen Aufsatz schrieb der Prinz-Regent noch an demselben Tage:
„Einverstanden.
15. 6. 59.   W. Prz. v. Pr."

und überwies die schriftlichen Vorschläge des Chefs des Generalstabes der Armee am 16. beim Immediatvortrage dem Kriegsminister, der ebenfalls seine Zustimmung dazu gegeben hatte, zu weiterer Veranlassung.

Das Datum des 15. Juni 1859 trägt auch ein Entwurf für die Stellenbesetzung im Generalstab der mobilen Armee mit mehrfachen Verbesserungen von der Hand des Generals v. Moltke. Der Entwurf enthält viele in den späteren Kriegen bekannt gewordene Namen:

Generalstab der

A. Großes Hauptquartier Sr. Königlichen

Chef des Generalstabes der ganzen Armee:
   Adjutant (ein Stabsoffizier):
Chef des Generalstabes bei dem General-Inspekteur der Artillerie:
Generalstabsoffiziere zur Reserve und zu besonderen Aufträgen,
                                    Sous-chef:

Oberst Schaumburg?*)

                              Rothkirch*)

B. Kommandos der Armeen

	Erste Armee
Chef des Generalstabes der Armee:	Gen. Vogel Falckenstein*) Gen. Maj. v. Voigts-Rhetz
1. Stabsoffizier — sous-chef:	Oberstlt. Olech
2. Stabsoffizier:	Stein-Kaminski Oberstlt. v. Kamele
1. Hauptmann:	v. Schmeling
2. Hauptmann:	v. Jastrow, Rittm. im 2. Garde-Ulan. Regt.
1. Leutnant:	Pr. Lt. v. Grolman (v. 1. Garde-Regt. zu Fuß)
2. Leutnant:	Pr. Lt. Bronsart v. Schellendorff I. (v. Franz Gren. Regt.)

C. Armee

	Gardekorps	I. Armeekorps	II. Armeekorps	III. Armeekorps
Chef des Generalstabes	Oberst Frhr. v. Bergh	Oberstlt. v. Alvensleben	Oberst v. Stülcrabt	Oberst v. Kirchbach
Stabsoffizier	Oberstlt. v. Kummer	Major Frhr. v. der Golz	Major v. Sandratt	Major v. Bosse
Hauptmann	Salmuth*), v. Krosigk v. Thile	v. Gottberg	v. Fidler Fischer	v. Voigts-Rhetz
Majors, ungerade Infanterie-Division	Mirus	Hauptm. v. Contabu	v. Döring	Bergmann
gerade Infanterie-Division	v. Schlotheim Krosigk	v. Schwerin	Hauptm. v. Bod	Hauptm. Graf v. Waldersee
Kavallerie-Division	Rittm. v. Salmuth v. Garde-Kür.Regt. Schlotheim	Hauptm. v. Salviati	Hptm. Fischer v. Treuenfeld v. 20. Inf.Regt. Fidler	Rittm. v. Willisen v. 2. Drag. Regt.
	G. Schlemüller*	Riedel*	Golz*	v. Scholten*

*) Die Namen mit einem Stern sind von Moltkes Hand.
**) Die Namen derjenigen Offiziere, die bei Aufstellung dieser Uebersicht in der Front, im Kriegsministerium oder in anderen Stellungen waren, sind gesperrt gedruckt.

Entwurf für die Stellenbesetzung im Generalstabe der mobilen Armee. 15. Juni 1859.

26.
mobilen Armee.
Hoheit des Prinz-Regenten.

Oberstlt. Lengsfeld.

Oberstlt. v. Blumenthal,**) persönlicher-Adjutant Sr. Königlichen Hoheit des
Prinzen Friedrich Karl von Preußen.
Major v. Hartmann, Kombr. des III. Bat. (Havelberg) 24. Landw. Regts.
Major v. Thile.
Major Graf v. Waldersee.
Hauptmann Graf v. Wartensleben.

NB. Fremdherrliche Offiziere des Generalstabs bei denjenigen Preuß. Armeen,
welche Bundeskorps aufnehmen.***)

von mehreren Armeekorps.

Zweite Armee	Dritte Armee
Oberst v. Clausewitz (Kombr. des Alex. Gren. Regts.)	Oberst v. Goeben
Oberstlt. v. Chaumontet	Oberstlt. v. Hartmann vom Kriegs-ministerium
Oberstlt. Petersen	Major v. Wedell
v. Unger (Rittm. im Garde-Hus. Regt.)	(Pr. Lt.) de Leuze de Lancizolle
Pr. Lt. v. Thile	Pr. Lt. v. Goßler (v. 5. Ulan. Regt.)
Pr. Lt. v. Brandenstein (v. Alex. Gren. Regt.)	Pr. Lt. v. Lucadou (v. 11. Inf. Regt.)
Pr. Lt. v. Verdy du Vernois (v. 14. Inf. Regt.)	Pr. Lt. v. Caprivi (v. Franz Gren. Regt.)

korps.

IV. Armeekorps	V. Armeekorps	VI. Armeekorps		
Oberstlt. v. Bosse	Oberstlt. v. Aurowski	Oberst v. Schöler	Oberst Erich Oberstlt. v. Stülpnagel	Oberst v. Goeben Oberstlt. v. Hanenfeldt
Maj. v. Strantz Oberstlt. v. Stülpnagel	Major v. Stosch	Major v. Dannenberg	Major v. Tiepenbroick-Grüter	Oberstlt. v. Pawel
v. Guretzki-Cornitz	v. Herrmann	v. Ziemietzky	Graf v. der Gröben	Graeveniz Kritter
v. Sperling	v. Wutich	v. Schkopp	v. Kraatz-Koschlau	v. Borries
v. Bernhardi	Blankenburg Stein v. Kaminski	Hauptm. v. Alvensleben	v. Gerstein-Hohenstein	v. Wolff
Hauptm. Veith v. Garde-Art. Regt.	Stiehle * v. Rauch	Hauptm. Stiehle v. 7. Inf. Regt. Pacri*	Rittm. v. Rothkirch Panthen v. 4. Kür. Regt. Rauch*	Rittm. Heinichen v. 7. Hus. Regt. Kreller
Rudolphi*	v. Ezettritz*	Pr. Albrecht*	Oelrichs*	G. Oriola*

Berlin, den 15. Juni 1859.

***) Die Bemerkung ist von Moltkes Hand hinzugefügt.

Zwei Tage später folgten den Vorschlägen zu einer ersten Versammlung von fünf Korps solche für deren Unterbringung mit nachstehendem Begleitschreiben:

Nr. 27.
An den Kriegsminister General der Infanterie v. Bonin.*)

Berlin, den 17. Juni 1859.

Im Verfolg meines von des Prinz-Regenten, Königliche Hoheit, genehmigten Vorschlages vom 15. d. M. zu einer ersten Aufstellung von fünf Armeekorps am Rhein und Main, welchen ich Euerer Excellenz gestern zu übergeben die Ehre hatte, übersende ich anliegend ergebenst einen Entwurf zu den von diesen Korps zu beziehenden Kantonnements.

Obwohl dieser Entwurf auf einer detaillirten Bearbeitung der vorhandenen Materialien beruht, um über die Ausführbarkeit der vorgeschlagenen Unterbringung sicher zu sein, so giebt derselbe doch nur ganz allgemein und vorschlagsweise die Begrenzung der Kantonnements, da es zweckmäßig erscheint das Nähere durch die betreffenden Generalkommandos mit den Verwaltungsbehörden vereinbaren zu lassen, sobald im Ausland auf diplomatischem Wege das Einverständniß der betreffenden Regierungen herbeigeführt sein wird.

Es ist in diesem Entwurf zugleich auf das eventuelle Eintreffen von zwei Deutschen Bundes- oder noch zwei Preußischen Armeekorps gerücksichtigt. Beim Hinzutritt von noch größeren Truppenmassen würde die Dislokation auf das linke Rhein- und Main-Ufer auszudehnen sein.

Die Vorschläge selbst sind durch den Major v. Wedell vom großen Generalstabe entworfen worden, zeigen aber ebenso wie die beigefügten Skizzen Verbesserungen von der Hand des Generals v. Moltke.
Der Unterbringungsentwurf lautet:

Nr. 28.
Weitläufige Kantonnements von fünf Preußischen und eventuell zwei Bundeskorps.**)

Ohne Datum.

Ein Preußisches Armeekorps (etwa 1300 Offiziere 37 300 Mann mit 13 000 Pferden) braucht etwa 10 000 Feuerstellen, wenn 4 bis 5 Mann oder Pferde auf jede Feuerstelle kommen.

---

*) Der Kriegsminister war am 31. Mai 1859 zum General der Infanterie befördert worden. An demselben Tage wurde General v. Moltke Generallieutnant.
**) Hierzu Skizzen 3—5.

Der Raum von 10 000 Feuerstellen (40 000 bis 50 000 Seelen) ist am Rhein und Main stets so zu bestimmen möglich, daß die Märsche aus den Quartieren zum Konzentrationspunkt des Korps im Durchschnitt 1½ bis 2 Meilen betragen, die Vereinigung des Korps daher stets binnen 24 Stunden erreichbar ist.

Den folgenden Anordnungen liegen detaillirte Berechnungen zu Grunde, welche im Preußischen nach Messow (1847),*) im Fremdherrlichen nach Ritter (1855)**) angestellt wurden. Diese Berechnungen liegen hier bereit.

Es sind in Folgendem durchgängig 4 bis 5 Mann oder Pferde auf die Feuerstelle veranschlagt, dabei aber die großen Städte und Festungen für Durchmärsche ꝛc. frei gelassen worden. Die Korps erhalten dadurch einem bedeutenden Spielraum für unvorhergesehene Fälle.

Kantonnements an der Mosel.

(VIII. Korps). Verstärkte 16. Division Trier.

Kantonnementsgrenzen:

Im S. — die Mosel von der Luxemburgischen Landesgrenze bei Wasserbillig bis Clüsserath. 4 Meilen.

Im W. — die Landesgrenze von Wasserbillig bis Edingen. 1½ Meilen.

Im N. und O. — Linie Edingen, Eisenach, Welschbillig, Schleidweiler, Zemmer, Dierscheid, Hetzerath, Rivenich, bei Clüsserath zur Mosel.

Der Raum enthält 41 Ortschaften mit etwa 6200 Feuerstellen (4 bis 5 Mann oder Pferde auf jede Stelle).

Magazin: Trier (oder Pfalzel).

(VIII. Korps). 15. Division: Coblenz.

Kantonnementsgrenzen:

Im O. — der Rhein von Coblenz bis Weißenthurm, gegenüber Neuwied. 1¾ Meilen.

Im S. — die Mosel von Coblenz bis Gondorf. 1¾ Meilen.

Im W. und N. — Linie Gondorf, Lonnig, Ochtenbung, Plaidt bei Weißenthurm zum Rhein. 2¾ Meilen.

Der Raum enthält 33 Ortschaften mit etwa 5500 Feuerstellen (4 bis 5 Mann oder Pferde auf jede Stelle).

Magazin: Coblenz.

*) Messow, Topographisch-Statistisches Handbuch des Preußischen Staates.
**) Ritter, Geographisch-Statistisches Lexikon.

Kantonnements am Rhein.
VII. Korps: Cöln.
Kantonnementsgrenzen:

Auf dem rechten Rhein-Ufer: Linie Zündorf, Wahn, Refrath, Dünnwald, bei Wiesdorf zum Rhein. 3¼ Meilen.

Auf dem linken Rhein-Ufer: Linie Wesseling, Brühl, Frechen, Esch, bei Rheincassel wieder zum Rhein. 3¾ Meilen.

Der Raum umfaßt ausschließlich Cöln und Deutz 109 Ortschaften mit etwa 10 000 Feuerstellen. (4 bis 5 Mann oder Pferde auf jede Stelle.)

Magazine: Cöln und Mülheim.

IV. Korps: Düsseldorf.
Kantonnementsgrenzen:

Auf dem rechten Rhein-Ufer: Linie Urdenbach, Hilden, Gerresheim, bei Derendorf zum Rhein. 2¼ Meilen.

Auf dem linken Rhein-Ufer: Linie Elvekum, Wehl, Büttgen, bei Brühl zum Rhein. 2¼ Meilen.

Der Raum umfaßt ausschließlich Düsseldorf 67 Ortschaften mit etwa 10 000 Feuerstellen. (4 bis 5 Mann oder Pferde auf jede Stelle.)

Magazine: Düsseldorf und Neuß.

X. Bundeskorps: Kaiserswerth a. Rhein.
Kantonnementsgrenzen:

Auf dem rechten Rhein-Ufer: Linie Derendorf, Ratingen, Lintorf, Spick, bei Ehingen wieder zum Rhein. 2¾ Meilen.

Auf dem linken Rhein-Ufer: Linie Brühl, Kaarst, Schiefbahn, Crefeld, Rumeln, bei Bliersheim wieder zum Rhein. 2¾ Meilen.

Der Raum umfaßt 59 Ortschaften und enthält — wegen der wahrscheinlichen größeren Stärke dieses Korps — etwa 12 300 Feuerstellen. (4 bis 5 Mann oder Pferde auf jede Stelle.)

Magazine: Kaiserswerth und Uerdingen, beide am Rhein.

Kantonnements am Main.
IX. Bundeskorps: Hanau und Aschaffenburg.
Kantonnementsgrenzen:

Im S. — der Main von Aschaffenburg bis Bischofsheim. 4¾ Meilen.

Im O. — Linie Schweinheim am Main, Hösbach, Gladbach, Hörstein, Michelbach, Horbach, Gelnhausen. 4 Meilen.

Kantonnements am Rhein.

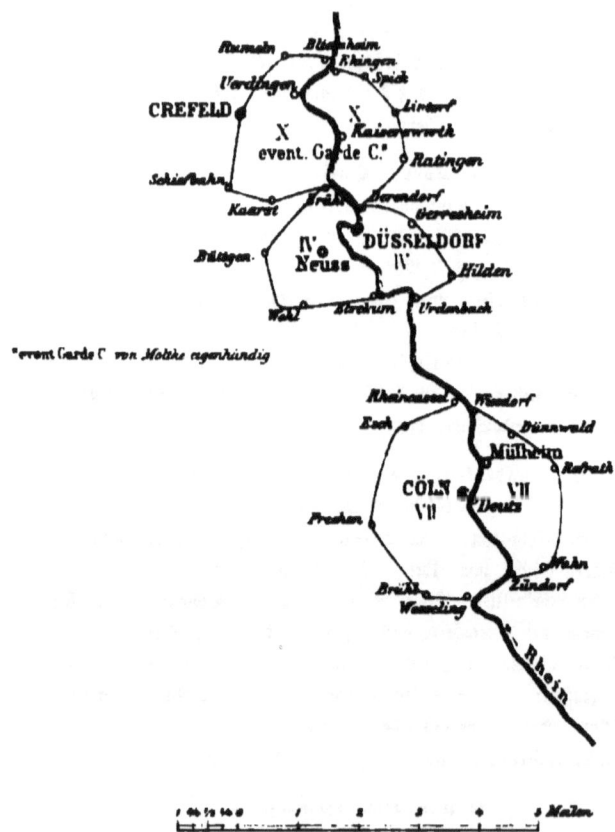

Skizze 5

Kantonnements am Main.

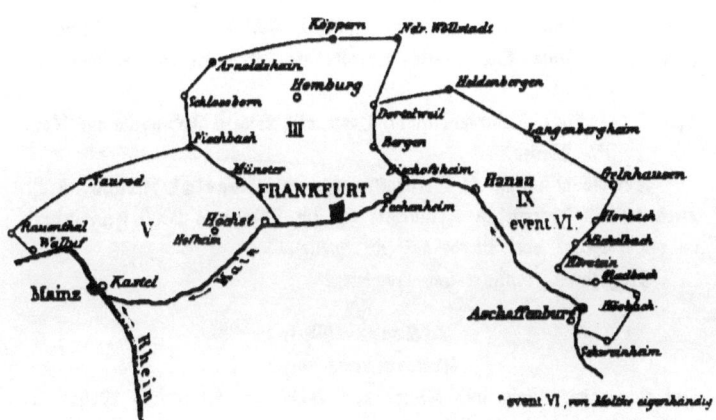

* event VI, von Moltke eigenhändig

Unterbringung am Rhein und am Main.

Im N. — Linie Gelnhausen, Langenbergheim, Helbenbergen, Dortelweil. 4³/₄ Meilen.

Im W. — Linie Dortelweil, Bergen, bei Bischofsheim zum Main. 1 Meile.

 . Der Raum umfaßt 47 Ortschaften ausschl. Hanau und Aschaffenburg, etwa 10 200 Feuerstellen. Bei seiner bedeutenden Stärke findet das Korps also dennoch bequem Platz (4 Mann oder Pferde auf jede Feuerstelle).

Magazine: Hanau und Aschaffenburg.

III. Korps: Frankfurt a./M.

Kantonnementsgrenzen:

Im S. — der Main von Fechenheim bis Höchst. 2 Meilen.

Im W. — Linie Höchst, Münster, Fischbach, Schloßborn. 2½ Meilen.

Im N. — Linie Schloßborn, Arnoldshain, Köppern, Nieder-Wöllstadt. 4 Meilen.

Im O. — Linie Nieder-Wöllstadt, Dortelweil, Bergen, Fechenheim am Main. 2¼ Meilen.

Der Raum umfaßt 41 Ortschaften und enthält ausschl. Frankfurt a./M. etwa 10 000 Feuerstellen (Frankfurt hat im Minimum 9000 Feuerstellen), (4 bis 5 Mann oder Pferde auf jede Stelle).

Magazine: Frankfurt und Homburg.

V. Korps: Mainz.

Kantonnementsgrenzen:

Im S. — der Main und Rhein, von Höchst am Main bis Walluf am Rhein. 4½ Meilen.

Im N. und O. — Linie Walluf, Rauenthal, Naurob, Fischbach, Münster, bei Höchst wieder zum Main. 4½ Meilen.

Der Raum enthält 42 Ortschaften und ausschl. Mainz und Kastel etwa 10 200 Feuerstellen (4 bis 5 Mann oder Pferde auf jede Feuerstelle.)

Magazine: Hofheim und Kastel.

Am 20. Juni erging durch das Preußische Kriegsministerium alsdann, entsprechend den Vorschlägen des Generals v. Moltke, der Befehl zur Versammlung von fünf Armeekorps (nicht des Gardekorps): des VIII. bei Trier—Coblenz, des VII. bei Cöln, des IV. bei Düsseldorf, des III. bei Frankfurt am Main und V. bei Mainz (rechtes Main-Ufer). Das VIII. und VII. Korps sollten die Märsche zu den Unterkunftsorten beginnen, sobald ihre Mobilmachung beendet war; die drei anderen Korps aber den Befehl zum Abmarsch nach den Versammlungspunkten noch abwarten. Diese drei Korps — III., IV., V. — erhielten gleichzeitig am 20. Juni die vom Chef des Generalstabes der Armee veranlaßten Marsch- und Fahrtableaus, alle fünf Generalkommandos der zu

versammelnden Armeekorps am 22. die Uebersichten über die an den Versammlungspunkten zu beziehenden Kantonnements; von denen des VIII., VII. und IV. Korps
wurde außerdem der Minister des Innern, von denen des III. und V. Korps
der Minister der Auswärtigen Angelegenheiten in Kenntniß gesetzt.

Dem General v. Moltke wurden alle die betreffenden Anordnungen mitgetheilt.

Ebenfalls am 22. Juni bestimmte eine Allerhöchste Ordre die Besetzung der
Stellen der Generalstabsoffiziere bei den neun Armeekorps für die Dauer des
Kriegszustandes, entsprechend den am 18. Juni eingereichten Vorschlägen des
Generals v. Moltke.*)

Die Geheimhaltung der beabsichtigten Truppenversammlung war anscheinend
nicht genügend gewahrt worden und veranlaßte dies den Generalstabschef zu
folgendem Schreiben:

Nr. 29.

An den Kriegsminister General der Infanterie v. Bonin.

Berlin, den 22. Juni 1859.

Die „Kreuzzeitung" Nr. 141, Dienstag den 21. Juni 1859, enthält
unter Berlin folgende Notiz:

> „Wie man weiter hört und verschiedene Zeitungen melden, sollen
> die mobilen (Preußischen) Truppen in zwei größeren Korps am
> Rhein und Main aufgestellt werden. — Zu diesem Zwecke würden
> dem Vermuthen nach das IV. Armeekorps (Sachsen) zu dem VII.
> und VIII. (Westfalen und Rheinprovinz) stoßen, — während die
> entfernteren, das III. und V. (Brandenburg und Posen), wohl Auf-
> stellungen am Main einnehmen würden."

Dieser offenbar aus sehr gut unterrichteter Quelle fließende Passus veranlaßt mich, Euerer Excellenz Erwägung ergebenst anheim zu geben, ob nicht
die Zeitungsredaktionen zu einem behutsamen Verfahren in ihren militärischen
Mittheilungen anzuhalten sein möchten.

Am 22. Juni forderte der Prinz-Regent vom General v. Moltke einen
Bericht über die Verpflegung der mobilen Armeekorps während des Eisenbahntransportes ein.

---

*) Vergl. Anlage 2, Nr. 2. Außerdem empfahl General v. Moltke bei dieser Ge-
legenheit, entsprechend den Vorschlägen in seinem Entwurfe vom 15. Juni (vergl. Nr. 26)
als Chefs bei den Armeeoberkommandos: den General v. Voigts-Rhetz und die Obersten
v. Clausewitz und v. Goeben; als Oberquartiermeister zur Entlastung der Chefs beim
großen Hauptquartier und bei den drei Armeeoberkommandos: die Oberstleutnants Cllech,
v. Blumenthal, v. Hartmann und v. Chaumontet; als Oberst des Ingenieurkorps den
Obersten Erich vom großen Generalstab; als Oberst der Artillerie den Obersten v. Hesse,
ebenfalls vom großen Generalstab.

In derselben Anlage unter Nr. 3 ist eine Uebersicht der Besetzung der Adjutanten-
stellen, unter Nr. 4 sind die Veränderungen in den höheren Stellen der Armee während
des Kriegszustandes aufgenommen worden.

Hierüber war bereits in den Konferenzen der Eisenbahnkommission vom 2. Mai*) ab verhandelt worden, die folgende leitende Grundsätze für den Truppentransport auf den Eisenbahnen nach der Westgrenze aufgestellt hatte:
„1. Vertheilung auf drei Hauptlinien:
   1. nördlich Stettin / Bromberg — Berlin — Minden — Oberhausen — Cöln nebst den linksrheinischen Bahnen;
   2. südlich Posen / Breslau — Görlitz — Leipzig — Hof — Frankfurt a. M.;
   3. mittlere Berlin — Eisenach — Guntershausen Dortmund — Elberfeld — Düsseldorf / Gießen — Frankfurt a. M.
Auf der Linie 1 werden die nach dem Rhein, auf der 2. die nach dem Main, auf der 3. die nach beiden Richtungen bestimmten Truppen befördert.
2. Kein Wagenwechsel bis zum Zielpunkt;
3. Von 30 zu 30 Meilen anderthalb- bis zweistündiger Erfrischungs-aufenthalt an Hauptruhepunkten;
4. Intervalle von einer Stunde beim Ablassen von je zwei aufeinander-folgenden Zügen. 750 Achsen oder etwa 10 Züge in jeder Richtung sind täglich Maximum auf den eingeleisigen Bahnen der südlichen und mittleren Linie, 1000 Achsen oder etwa 13 Züge in jeder Richtung auf der doppelgeleisigen nördlichen Linie. Nach je fünf Transporttagen spätestens tritt ein Ruhetag für jede Bahnlinie ein;
5. Auf den Haupteinschiffungspunkten sind derartige Einrichtungen zu treffen, daß zwei Züge gleichzeitig verladen werden können;
6.
10. Den Gesammttransport beräth eine Centralkommission; für jede der drei Linien wird eine Linienkommission ernannt; am Einschiffungs- und Hauptzielpunkt wird ein Stabsoffizier Etappenkommandant, dem ein Regierungs-, ein Verpflegungs- und ein Eisenbahnbeamter zur Seite stehen; an jedem Ruhepunkt wird ein Subalternoffizier Etappenkommandant, dem ein Verpflegungs- und ein Eisenbahnbeamter beigegeben werden.
Der Generalstab stellt die Fahr- und Marschtableaus, das Handels-ministerium die Fahrdispositionspläne fest."

Die Grundsätze lehnten sich demnach an die Moltkeschen Vorschläge vom Februar und März in den Hauptpunkten an.
Am 11. Mai bezeichnete General v. Moltke dem Kriegsminister als Mit-glied der Centralkommission den Hauptmann Grafen Wartensleben, als Mitglieder der Linienkommissionen die Hauptleute v. Krosigk, v. Salviati und v. Schmeling, sämmtlich vom Generalstab.
Das Datum des 18. Mai trägt die von der Centralkommission ausge-arbeitete Anweisung für die Linienkommissionen; am 21. Mai wurde beschlossen, daß es Aufgabe der zu den anderen Bundesstaaten zu entsendenden Exekutiv-kommission sein solle, den Grundsätzen der Kommission vom 2. Mai auch dort Anerkennung zu verschaffen, und wurden auch Hauptmann Graf Wartensleben und Geheimrath Weishaupt vom Handelsministerium Anfang Juni nach Hannover, Braunschweig und Cassel geschickt. Auf die Nothwendigkeit der Verständigung mit den Nachbarstaaten hatte General v. Moltke übrigens den Kriegsminister bereits am 7. Februar und 16. April aufmerksam gemacht.
Vom 20. bis 23. Juni verhandelten alsdann in Leipzig die militärischen Mitglieder der Preußischen Linienkommissionen sowie der Preußischen Bahnen mit Vertretern der Bayerischen und Sächsischen Bahnen über die Truppen-

---
*) Vergleiche Seite 96.

beförderung durch Nichtpreußisches Gebiet und kamen auch zu einer Einigung. Dagegen gingen die diplomatischen Verhandlungen mit den Bundesstaaten hierüber nur langsam vorwärts, so daß die für den 1. Juli beabsichtigte*) und bereits am 15. Juni befohlene Versammlung der Armee am Rhein wieder verschoben werden mußte.

Abgesehen davon, daß es von Wichtigkeit war die Transporte durch Nichtpreußisches Gebiet an sich sicherzustellen, kam hierbei in erster Linie die Verpflegung in Betracht, über deren Gestaltung der bereits erwähnte Bericht Aufschluß giebt, der vom Grafen Wartensleben entworfen und durch General v. Moltke am 23. Juni auch dem Prinz-Regenten eingereicht wurde. Er lautet:

Nr. 30.
An den Prinz-Regenten Königliche Hoheit.

Berlin, den 23. Juni 1859.

Eurer Königlichen Hoheit verfehle ich nicht, den gestern Allerhöchst befohlenen Bericht über die Verpflegung der Truppen während der Eisenbahnfahrten anliegend in tiefster Ehrfurcht zu überreichen.

Bericht
über das Verfahren, wonach bei dem bevorstehenden Eisenbahntransport der mobilen Armeekorps die Verpflegung der Mannschaften während der Fahrt erfolgen soll.

In der zur Leitung der bevorstehenden Truppentransporte auf Eisenbahnen niedergesetzten Centralkommission ist in Betreff der Verpflegung der Mannschaften während der Fahrt der Grundsatz adoptirt worden,

daß der Mann innerhalb 24 Stunden wenigstens einmal warme Kost erhalten muß, und

daß er außerdem Gelegenheit hat, sich aus dem ihm zu verabreichenden baaren Verpflegungszuschuß nach Wunsch und Bedarf andere Lebensmittel zu kaufen.

Um diesen Erfordernissen zu genügen, sind auf jeder der drei Haupteisenbahnlinien, auf welchen der Transport der Truppen vor sich gehen soll, etwa von je 30 zu 30 Meilen (welche in neun Stunden Fahrzeit zurückgelegt werden), sogenannte größere Ruhepunkte bestimmt, wo der den betreffenden Truppentheil führende Zug einen anderthalb- bis zweistündigen Aufenthalt hat und woselbst folgende Einrichtungen getroffen werden sollen:

1. Etablirung einer sogenannten Etappenkommission für jeden dieser Ruhepunkte, bestehend aus einem Preußischen Offizier als Etappenkommandant, einem Preußischen Verpflegungsbeamten, einem Eisenbahnbeamten des betreffenden Bahnhofes (im Deutschen Auslande eventuell noch aus einem Regierungsbeamten des betreffenden Staates). Die Funktionen der genannten Personen sind durch eine von der Centralkommission aufgestellte Instruktion genau bestimmt und namentlich branchenweise gegen einander abgegrenzt, was zur Vermeidung etwaiger Kollisionen der einzelnen Mitglieder der Etappenkommission sowohl unter sich als den Truppentheilen gegenüber nothwendig erschien.

---
*) Vergleiche Seite 125 und 159.

2. Speziell unter der Leitung des der Etappenkommission angehörenden Verpflegungsbeamten stehen alle Anordnungen, welche an dem betreffenden Ruhepunkte für die Verpflegung der Truppen zu treffen sind und sich sowohl auf die von Staatswegen zu verabreichende warme Kost, als auch auf die Etablirung von Marketendereien zu Einkäufen der Soldaten erstrecken. Der betreffende Verpflegungsbeamte wird dieserhalb mit Unternehmern, welche das Kochen besorgen, an Ort und Stelle in Verbindung treten müssen, auch werden rechtzeitig die Lokalitäten 2c. zum Aufspeichern der nöthigen Vorräthe zu ermitteln sein. Es dürfte in dieser Hinsicht unerläßlich nöthig sein, die Vorbereitungen hierzu, namentlich im Auslande, durch Preußische Intendanturbeamte baldmöglichst bewirken zu lassen. In den Marketendereien muß, damit der Soldat nicht vertheuert wird, ein bestimmter, von der örtlichen Polizeibehörde zu normirender Preiskourant aushängen, wie dies auch zur Zeit der Oesterreichischen Truppentransporte durch das Königreich Sachsen der Fall gewesen ist.

3. Da die Ruhepunkte auch ihrer Lokalität nach für den mehrfach erwähnten Zweck geeignet sein müssen, sind dieselben mit Rücksicht hierauf von der die Transporte leitenden Exekutivkommission wie folgt ausgewählt worden:

    auf der nördlichen Linie: (Magdeburg—Düsseldorf) Braunschweig und Hamm;

    auf der mittleren Linie: (Berlin—Eisenach—Frankfurt) Halle und Bebra (bezw. außerdem Paderborn für den über Cassel und Düsseldorf führenden Zweig);

    auf der südlichen Linie: (Posen—Frankfurt) Görlitz, Leipzig, Hof, Bamberg und Aschaffenburg.

4. Die größte Entfernung, welche die Truppen zu durchfahren haben, beträgt auf der nördlichen Linie etwa 70, auf der mittleren 85, auf der südlichen 120 Meilen. 3¹/₃ Meilen werden (einschließlich der kürzeren Aufenthalte für Lokomotivwechsel, Wassernehmen derselben 2c.) in einer Stunde gefahren. Also beträgt die durchschnittliche Dauer der Fahrt auf der nördlichen Linie 21, auf der mittleren 25, auf der südlichen 36 Stunden. Die Abfahrt der Züge geht auf allen drei Linien Tag und Nacht vor sich, und zwar auf der nördlichen Linie mit zweistündigen Intervallen (also täglich 12 Züge), auf den beiden anderen mit dreistündigen (also täglich acht Züge).

Der spezielle Fahrplan, mit dessen Bearbeitung die gegenwärtig auf den drei Linien reisenden drei Linienkommissionen (je ein Generalstabsoffizier und ein Eisenbahnbeamter) beschäftigt sind, und dessen definitive Festsetzung zu Ende dieser oder Anfang künftiger Woche zu erwarten steht, wird ergeben, zu welcher Tageszeit jeder einzelne Truppentheil an diesem oder jenem Ruhepunkt eintrifft. Hiernach erst läßt es sich bestimmen, an welchem Ruhepunkt derselbe seine warme Verpflegung erhält.

Beispiel:

Das von Seiten des in der Centralkommission sitzenden Generalstabsoffiziers aufgestellte Fahrtableau des x ten Armeekorps bestimmt:

Am n ten Tage fahren ab:
    von Berlin: 2 Bataillone n ten Infanterie-Regiments,
    von Wittenberg: 1 Batterie,
    desgl.   4 Eskadrons des n ten Kavallerie-Regiments.

Der durch die Linienkommissionen mit den Bahnverwaltungen zu vereinbarende Fahrplan ordnet hierauf an: Es fährt ab am n ten Tage:

1. Zug um 3 Uhr morgens von Wittenberg: ½ Batterie,
2. „   „ 3 „   „   „ Berlin: 1 Bataillon,
3. „   „ 9 „   „   „ Wittenberg: 1 Eskadron,
4. „   „ 12 „   mittags   „ desgl.:   1 desgl.,
5. „   „ 12 „   „   „ Berlin: 1 Bataillon,
6. „   „ 6 „   abends   „ Wittenberg: 1 Eskadron,
7. „   „ 9 „   „   „ desgl.:   ½ Batterie,
8. „   „ 12 „   nachts   „ desgl.:   1 Eskadron,

so würden etwa Zug Nr. 1 und 2 in Bebra, Nr. 3, 4, 5 in Halle warm gespeist werden, Nr. 6, 7, 8 (welche vor der Abfahrt noch in den Quartieren warm beköstigt wurden), wieder in Bebra warme Kost erhalten. Hierbei ist angenommen, daß an demjenigen Ruhepunkt, wo der betreffende Truppentheil zwischen 11 Uhr mittags und 8 Uhr abends eintrifft, die warme Verpflegung desselben stattfindet, während der Soldat an den anderen Ruhepunkten sich selbst in den Marketendereien kalt beköstigen kann.

5. Die Einrichtungen für warme Verpflegung werden nur auf die Stärke von höchstens sechs Kompagnieküchen zu berechnen sein. Dann ist — bei der Intervalle von 2 bezw. 3 Stunden zwischen je zwei Zügen — vollauf Zeit, um das Essen beim Eintreffen jedes Zuges fertig zu haben. Mit Rücksicht auf diese Verpflegungsverhältnisse ist auch in den Fahrtableaus für jedes einzelne Armeekorps die Infanterie möglichst gleichmäßig auf alle Fahrtage vertheilt worden, indem es dadurch möglich wird, in den speziellen Fahrplänen die 1000 Mann enthaltenden Infanteriezüge mit den nur 100 bis 175 Mann enthaltenden Kavallerie= und Artilleriezügen alterniren zu lassen.

6. Die Oertlichkeit, wo an jedem Ruhepunkt die warme Verpflegung erfolgt, ist ermittelt. Um den Mannschaften gegen Regen und Hitze dabei Schutz zu gewähren, sollen daselbst lange Bretterzelte errichtet werden, welche aber nur oben geschlossen zu sein brauchen. Unter diesen Bretterdächern befinden sich lange (leicht aus Brettern und Pfählen zu konstruirende) Tische und Bänke, auf denen der Soldat seine Mahlzeit einnimmt. Diese Einrichtungen haben sich bei den Oesterreichischen Transporten durch Sachsen und Bayern als zweckmäßig bewährt. Die Art der Verabreichung würde in der Weise stattzufinden haben, daß sich, nachdem das Bataillon aus den Waggons gestiegen ist, jede Kompagnie zu der ihr zugewiesenen Kompagnieküche begiebt, hier korporalschaftsweise das Essen (jeder Soldat in seinem Kochgeschirr) zugetheilt erhält und sich jede mit Essen versehene Korporalschaft sogleich nach dem der Kompagnie zugewiesenen Theil des Bretterzeltes begiebt, um hier zu speisen.

7. Die mehrfach erwähnten Ruhepunkte dienen gleichzeitig auch zum Tränken und Futtern der Pferde, zu welchem Behuf beim Eintreffen jedes Kavalleriezuges etwa 25 bis 30 mit Wasser gefüllte Eimer bereit stehen sollen (für die Artillerie= und Infanteriezüge nach Bedarf weniger); außerdem aber ein größeres Gefäß, aus welchem die Eimer von Neuem gefüllt werden können. Das Futter führt jeder Truppentheil im Zuge mit sich.

Ingleichem soll auf jedem Ruhepunkt ein großes Gefäß mit Trinkwasser für die Mannschaften bereit stehen, während denselben der Gebrauch der Plumpen untersagt ist.

8. Endlich sollen auf jedem Ruhepunkt Latrinen zum Gebrauch der Mannschaften eingerichtet werden.

9. Auf diese Weise glaubt die Centralkommission die Verpflegung der Mannschaften und Pferde auf die möglichst sichere Weise geordnet zu sehen, Unregelmäßigkeiten und Ausschreitungen aber vorzubeugen.

Die Transportvorbereitungen für die Preußischen Truppen waren eingeleitet, noch aber fehlten solche für die Beförderung der Bundeskorps, deren Theilnahme an dem erwarteten Kampfe erhofft wurde.

General v. Moltke war über diese Korps nur ungenau unterrichtet; zwar hatte er am 8. Juni eine ungefähre Kriegsgliederung des VII., VIII., IX. und X. Bundeskorps im Generalstabe aufstellen lassen, es fehlten aber zuverlässige Angaben über die Zusammensetzung dieser Nichtpreußischen Truppen, die für den Chef des Generalstabes der Armee zur Vorbereitung und Leitung der Operationen unerläßlich waren.

Am 19. Juni wandte sich General v. Moltke daher mit nachstehendem Schreiben an den ersten Vertreter Preußens bei der Bundes-Militärkommission:

Nr. 31.

An den Generallieutnant und ersten Bevollmächtigten bei der Bundes-Militärkommission Dannhauer, Frankfurt a. Main.

Berlin, den 18., ab den 19. Juni 1859.

Für den Generalstab ist es wünschenswerth, von der Kriegsformation des VII., VIII., IX. und X. Bundeskorps und von der Besetzung der Kommandostellen bei denselben Kenntniß zu erhalten.

Vorausgesetzt, daß die betreffenden Angaben bereits bei der Militärbundeskommission eingegangen sind, erlaube ich mir daher Euere Excellenz um gefällige Mittheilung einer Ordre de Bataille jener Korps, aus welchen die Namen der Kommandeure bis einschließlich der Brigaden und, soweit als angänglich, auch die Zusammensetzung der Stäbe zu ersehen wäre, ergebenst zu ersuchen.

Erst Ende des Monats gingen die gewünschten Aufklärungen ein.*)
Inzwischen theilte aber das Ministerium der Auswärtigen Angelegenheiten am 20. Juni dem General von Moltke mit, daß nach Verständigung mit dem Kriegsminister an die Regierungen der vier Bundeskorps Einladungen ergangen

---

*) Die Kriegsgliederung der Bundeskorps war nicht mehr aufzufinden, dagegen ist die Stellenbesetzung dieser Korps, soweit sie am 8. Juni 1859 im Preußischen großen Generalstabe in Berlin bekannt war, in der Anlage 2 unter Nr. 5 aufgenommen worden. Uebrigens wurde am 8. Juli der Premierlieutnant v. Verdy nach Frankfurt a. M. an den General Dannhauer mit einem Schreiben des Generals v. Moltke geschickt, um die Kriegsgliederung der Bundeskorps nach Einziehung der Reservekontingente zu vervollständigen und den augenblicklichen Stand der Ausrüstung und Bewaffnung der Korps kennen zu lernen.

seien, Generalstabsoffiziere nach Berlin zu senden, um über folgende, vom General v. Voigts-Rhetz (Departementsdirektor im Kriegsministerium) bezeichneten Punkte eine Verständigung mit dem Preußischen Generalstabe zu vereinbaren:
1. Wo sind die Bundeskorps aufzustellen?
2. Wo können diese Korps in den großen Transportplan für die Preußischen Truppen eingereiht werden, wo sollen die einzelnen Kontingente sich auf den Eisenbahnen einschiffen?
3. Ueber die Verpflegung der Truppen;
4. Ueber die Kommandoverhältnisse und die Ordre de Bataille.

General v. Moltke ging sofort an die Vorbereitung für die in Aussicht genommenen Verhandlungen, wobei ihm Hauptmann Graf Wartensleben zur Seite stand. An diesen ist folgende Anfrage gerichtet:

Nr. 32.
An Hauptmann Graf Wartensleben.

Berlin, den 21. Juni 1859.

Um die Frage beantworten zu können, wann das Königlich Hannoversche-Sächsische Kontingent in den Transport der Preußischen Truppen einzuschieben sind, ist mir eine Uebersicht wünschenswerth, die ungefähr Folgendes angiebt:
Vom 1. Marschtage bis n. fährt das IV. Armeekorps auf der nördlichen und mittleren Linie, die nördliche Bahn wird also für Hannover frei am n. August; oder es fährt das Gardekorps vom n. bis n. + x. Tag und wird dann die nördliche Bahn für Hannover wieder frei am n. + x. Tage. Ebenso für die Cassel—Hofer Eisenbahn.

Graf Wartensleben antwortete auf diese Fragen folgendermaßen:
1. Nördliche Linie (über Hannover).
   7. Division, einzelne Theile der 8. und Trains vom 1. bis 6. Transporttag;
   Gardekorps vom 8. bis einschl. 20.;
   II. Armeekorps vom 22. bis einschl. 34.
2. Mittlere Linie (über Cassel).
   III. Armeekorps vom 1. bis einschl. 18. Transporttag.
3. Südliche Linie (über Hof).
   V. Armeekorps vom 1. bis einschl. 15. Transporttag;
   VI.   =   = 17.   =   =   31.   =

Hierunter bemerkte General v. Moltke mit Bleistift:
„Sächsisches Kontingent braucht nach unserem Grundsatze 6 Tage, X. Bundeskorps 12 bis 13 bis 14 Tage."

Noch vergingen indessen einige Tage, ehe die Konferenzen beginnen konnten, da die Bevollmächtigten der Staaten nicht gleichzeitig in Berlin eintrafen. Am

25. Juni versammelte General v. Moltke die bis dahin eingetroffenen Herren zu einer ersten Besprechung, deren Protokoll dem Kriegsminister mit folgendem Schreiben zuging:

Nr. 33.
An den Kriegsminister General der Infanterie v. Bonin.

Berlin, den 25. Juni 1859.

Da der Württembergische General v. Wiederhold erst zum 27. d. Mts. angesagt, das Eintreffen einiger anderer Militärbevollmächtigten überhaupt noch nicht bekannt ist, so habe ich die hier zur Zeit anwesenden Kommissare, den General v. der Tann, General v. Sichart und Major v. Fabrice heute zu einer ersten Besprechung versammelt und beeile mich Euerer Excellenz in der Anlage das über die Verhandlung aufgenommene Protokoll vorläufig in Abschrift zu übersenden. Das Original hat nämlich von dem General v. Sichart noch nicht unterzeichnet werden können, da derselbe nach Hannover behufs Einholung mehrerer Instruktionen abgegangen ist; er kehrt aber morgen zurück.

Im Allgemeinen habe ich das bereitwilligste Entgegenkommen gefunden, jedoch ist keiner der Herren ermächtigt etwas Bindendes abzuschließen. Wichtig ist, daß die Einverleibung von zwei Bundeskorps in Preußische Armeen keinerlei Widerspruch gefunden hat.

Am 29. Juni sandte General v. Moltke alsdann das Original des Protokolls der Konferenz vom 25. und gleichzeitig das der zweiten Konferenz, an der auch General v. Wiederhold theilnahm, mit nachstehendem Anschreiben dem Kriegsminister:

Nr. 34.
An den Kriegsminister General der Infanterie v. Bonin.

Berlin, den 29. Juni 1859.

Euerer Excellenz beehre ich mich die Protokolle über die Konferenzen, welche Ihrem geehrten Erlasse vom 22. d. Mts. gemäß mit den seitens verschiedener Deutschen Regierungen abgeordneten Offiziere abgehalten worden sind, hierbei gehorsamst unter dem Bemerken zu überreichen, wie die bis dato vorliegenden Fragen, über welche eine gegenseitige Verständigung wünschenswerth war, durch die stattgehabten Verhandlungen erledigt erscheinen.

Die beiden Protokolle lauten wörtlich:

Berlin, den 25. Juni 1859.

Protokoll

über die Konferenz des Königlich Preußischen Generalstabes mit den seitens der Regierungen der VII., IX. und X. Bundeskorps abgeordneten Generalstabsoffizieren behufs Verständigung über verschiedene, die Aufstellung des Deutschen Bundesheeres betreffende Vorfragen.

Von der Königlich Bayerischen Regierung ist der Flügeladjutant Seiner Majestät des Königs, Generalmajor Freiherr v. der Tann, von der Königlich Hannoverschen Regierung der Chef des Generalstabes, Generalmajor v. Sichart, und von der Königlich Sächsischen Regierung der sous-chef des Generalstabes, Major v. Fabrice, abgeordnet worden, um mit dem Königlich Preußischen Generalstabe behufs einer Verständigung über folgende Punkte zu konferiren:

1. Wo die von den vorgenannten Herren Offizieren repräsentirten Armeekorps aufzustellen sind;
2. die Stellen, an welchen die betreffenden Armeekorps in den großen Transportplan der Königlich Preußischen Truppen eventuell einzudoubliren und die Punkte, wo die einzelnen Kontingente sich auf den Eisenbahnen einschiffen;
3. der Verpflegungsmodus der Truppen;
4. die geschäftlichen Beziehungen der Armeekorps zu den Armeen, zu denen sie eventuell stoßen werden;
5. Kommandoverhältnisse und die Ordre de bataille.

Seitens der Königlich Preußischen Regierung ist der Chef des Generalstabes der Armee, Generalleutnant Freiherr v. Moltke Excellenz, mit der Führung dieser Verhandlungen beauftragt, und der Direktor des Allgemeinen Kriegsdepartements, Generalmajor v. Voigts-Rhetz, als Mitglied der Konferenz beigeordnet worden.

Die Herren Delegirten traten heute den 25. Juni d. Js. zur Verhandlung zusammen.

Es wohnten der Konferenz ferner bei:

Als Kommissarius des Königlich Preußischen Kriegsministeriums der Chef der Abtheilung für die Armeeangelegenheiten, Oberstleutnant v. Hartmann, und zur Führung des Protokolls der Verhandlungen der Oberstleutnant des Königlich Preußischen Generalstabes v. Chaumontet.

Es wurde von dem Herrn General Freiherrn v. Moltke vorgetragen, daß Preußischerseits beabsichtigt werde, zwei Armeen, bei Trier, bei Cöln und am Main, aufzustellen, daß die bei Cöln zu versammelnde Armee bestimmt sei, über den Rhein vorzurücken und die am Main zu konzentrirende Armee nicht nur den Zweck der Kooperation mit den übrigen, sondern auch die Bedeutung habe, Süddeutschland den erforderlichen Schutz zu gewähren.

Auf den vorangeführten Verhandlungspunkt 1 eingehend wurde erörtert, wie es aus der Natur der Verhältnisse hervorgehe, daß das VII. und VIII. Deutsche Bundeskorps zunächst eine besondere Armee bilden, deren erste Aufstellung à cheval des Rheins in dem Rayon von Landau, Rastatt und Mannheim zweckmäßig erscheine, wogegen aus den vorliegenden Verhältnissen der einfachste Anschluß des IX. Bundeskorps an die Preußische Main-Armee und derjenige des X. Bundeskorps an die Preußische Rhein-Armee sich ergebe und demnach die erste Aufstellung des IX. Bundeskorps in der

Gegend von Hanau—Aschaffenburg und des X. Bundeskorps bei Düsseldorf angemessen erscheine.

Den Punkt 2 betreffend wurde Preußischerseits ausgeführt, daß der Transport der Preußischen Truppen nach den vorbezeichneten Aufstellungspunkten der Armeen auf den drei Eisenbahnlinien über Hannover, Cassel und Hof vollständig und dergestalt vorbereitet sei, daß derselbe nach einer Frist von zehn Tagen, deren die Eisenbahndirektionen zur Einleitung der großartigen Leistung bedürfen, sofort beginnen kann. Nach näherer Erörterung der Frage, wie am geeignetsten der Transportplan auf die Truppenkontingente der bezüglichen Deutschen Regierungen auszudehnen sein würde, erklärten die Herren Delegirten der Königlichen Regierungen von Bayern, Hannover und Sachsen, wie es ihnen zur Förderung des Ganzen angemessen erscheine, daß die von ihnen repräsentirten Truppenkontingente mittelst Fußmarsch nach den bezüglichen Aufstellungspunkten der Armeen rücken, damit die Eisenbahnen ausschließlich zum Transport der zum Theil weit hinter liegenden Preußischen Armeekorps disponibel bleiben, wie hierbei nur als maßgebend zu erachten sei, daß die Kontingente des IX. und X. Bundeskorps rechtzeitig abmarschiren, um spätestens zugleich mit den letzten Preußischen Truppen in die Aufstellungen der Armeen, und zwar das IX. Bundeskorps am 31. Preußischen Eisenbahntransporttage bei Hanau—Aschaffenburg und das X. Bundeskorps am 34. Preußischen Eisenbahntransporttage bei Düsseldorf einzutreffen; daß aber sodann etwa noch rückwärts befindliches, zu diesen Kontingenten gehörendes Armeematerial hinter den letzten Preußischen Transporten mittelst Eisenbahn herangezogen werde.

Königl. Sächsischerseits ist die Benutzung der südlichen Hofer Bahnlinie, vom 32. Eisenbahntransporttage, vorbehalten worden, um die etwa noch rückwärtigen Truppen ebenfalls schnell heranziehen zu können.

Schließlich wurde allerseits für wünschenswerth anerkannt, daß möglichst bald eine Mittheilung der betreffenden Marschlinien bezw. Tableaus der Eisenbahntransporte gegenseitig ausgetauscht werde.

Zu 3, den Verpflegungsmodus betreffend, wurde das dringende Bedürfniß einer einheitlichen Regelung desselben erwogen. Als höchst wünschenswerth wurde erkannt, daß von sämmtlichen betheiligten Regierungen ein und derselbe einheitliche Satz für die Verpflegungsportion und -ration, sowie für deren Bezahlung angenommen werde, ferner: daß die Regierungen des IX. und X. Bundeskorps für den Fall, daß ihrerseits Magazinverpflegung gewünscht oder solche nothwendig wird, entweder die Heranschaffung eigener Bestände mittelst der Eisenbahnen vorsehen, oder mit der Königlich Preußischen Regierung auf das schleunigste in Verbindung treten, um die Verpflegung aus Preußischen Magazinen gegen bestimmte Zahlungssätze zu beziehen. Die dieserhalb nöthigen Verhandlungen bedürfen der äußersten Beschleunigung, da die Füllung der Magazine unter Benutzung der Eisenbahnen geschehen muß, bevor letztere durch die Truppentransporte in Anspruch genommen werden.

Es wurde endlich als dringend wünschenswerth anerkannt, daß ein bereits ausgearbeitetes Verpflegungsreglement von allen betreffenden Deutschen Regierungen als Anhalt für das gegenwärtig vorliegende Bedürfniß angenommen werde, und von den Preußischen Herren Kommissarien das kürzlich emanirte Preußische Verpflegungsreglement, da dieses eben auf die gegenwärtigen statistischen und Heeresverhältnisse basirt ist, zur Annahme empfohlen, und in je einem Exemplar den übrigen Herren Delegirten eingehändigt, welche die Zusage aussprachen, bei ihren Regierungen eine möglichst schnelle Einigung über die vorausgeführte Regelung des Verpflegungsmodus zu befürworten.

Zu Punkt 4 wurde erörtert und schließlich für angemessen anerkannt, daß sofort die Armeekommandos und deren Stäbe zu ernennen bezw. zu formiren, daß die Chefs und Sous-Chefs der Armeen von den Armeekommandanten selbst zu wählen, und von jedem Armeekorps die für den Stab der betreffenden Armee erforderlichen Generalstabsoffiziere und Adjutanten abzugeben sein würden; endlich daß die Armeekommandos, welche erst in Wirksamkeit zu treten haben, nachdem die Korps in sich formirt und in den vorgenannten ersten Aufstellungen der Armee eingetroffen sind, den Geschäftsgang mit den zugehörigen Corps: das Listen-, Rapportwesen und die Befehlsertheilung regeln.

Hinsichtlich des Punktes 5 wurde bemerkt, wie eine baldige gegenseitige Mittheilung der Ordres de bataille der Armeekorps wünschenswerth wäre, für welche Preußischerseits bereits Alles vorbereitet sei, und endlich das bringende Bedürfniß anerkannt, daß alsbald die sämmtlichen zur Aktion zu versammelnden und in vier Armeen auftretenden Streitkräfte unter einen einheitlichen Oberbefehl gestellt werden, was herbeizuführen indeß außerhalb der Aufgabe dieser Konferenz läge.

Der Wunsch der sofortigen Aufbietung der Reservekontingente von Bundeswegen, sowie die Erklärung, daß man selbst zu größeren durch den Bund etwa anzuordnenden Leistungen bereit sein wolle, wurden von M. v. F. namens der von ihm allein vertretenen Königlich Sächsischen Regierung zu Protokoll gegeben.

Seitens des Königlich Sächsischen Abgeordneten Herrn Major v. Fabrice wurde zum Schluß erklärt, wie die durch ihn repräsentirten Regierungen erbötig wären, nicht nur das Haupt-, sondern auch das Reservekontingent ausrücken zu lassen, wozu der Herr General Frhr. v. der Tann bemerkte, daß diese durch das Reservekontingent verstärkte Ausrückung Königlich Bayerischerseits schon in der Ausführung begriffen sei.

Hiernach sprachen sich sämmtliche Herren Delegirten dahin aus, wie es wünschenswerth sei, daß durch den Bundestag gleich angestrengte Leistungen auch Seitens der übrigen Deutschen Regierungen herbeigeführt werden möchten.

gez. v. Moltke,
Generalleutnant und Chef des Generalstabes der Armee.

gez. Frhr. v. der Tann,
Generalmajor und Flügeladjutant,
mit der Bemerkung, daß die Aufstellung des Reservekontingents in Bayern bereits ausgeführt ist.

gez. v. Voigts-Rhetz,
Generalmajor und Direktor des Allgemeinen Kriegsdepartements.

gez. L. v. Sichart,
Generalmajor und Chef des Königl. Hannoverschen Generalstabes,
mit der Bemerkung, daß, wie beim Eingange der Sitzung von ihm hervorgehoben sei, seine Erklärungen eine bindende Verpflichtung vorläufig nicht in sich schließen können.

gez v. Fabrice,
Major und Sous-Chef im Königl. Sächsischen Generalstabe,
mit der Erwähnung der bedingten Giltigkeit der vorstehenden vorläufigen Vereinbarungen.

Nachträglich der Bevollmächtigte für das VIII. Deutsche Armeekorps

gez. v. Wiederhold,
Königl. Württembergischer Generalmajor und Chef des Generalstabes.
Berlin, den 28. Juni 1859.

gez. v. Chaumontet,
Oberstleutnant im Königl. Preußischen Generalstabe,
als Protokollführer.

Berlin, den 28. Juni 1859.

Protokoll

über die zweite Konferenz behufs Verständigung über verschiedene die Aufstellung des Deutschen Bundesheeres betreffende Vorfragen.

Die von den Königlichen Regierungen von Preußen, Bayern, Hannover und Sachsen delegirten Herren Offiziere versammelten sich am heutigen Tage zu einer zweiten Konferenz, an welcher der inzwischen hierselbst eingetroffene, von der Königlich Württembergischen Regierung abgeordnete, das VIII. Deutsche Bundeskorps repräsentirende Generalquartiermeister und Adjutant Seiner Majestät des Königs von Württemberg, Generalmajor v. Wiederhold theilnahm.

Nachdem Letzterer von dem Inhalte des Protokolls über die Konferenz am 25. d. Mts. Kenntniß genommen, ferner auf seine Frage die Bestätigung erhalten hatte, daß die politische Frage aus den Grenzen dieser Verhandlungen auszuschließen sei und über die Zusammensetzung der aufzustellenden Armeen die gewünschte Auskunft erhalten hatte, erklärte derselbe sich mit den von den übrigen Herren Delegirten eingegangenen Erklärungen des Protokolls vom 25. d. Mts. einverstanden unter dem Hinzufügen, daß auch von den Regierungen des VIII. Bundeskorps, schon aus Rücksicht der von letzterem zu stellenden starken Kriegsbesatzungen, darauf Bedacht genommen sei, nicht nur das Hauptkontingent, sondern auch das Reservekontingent ausrücken zu lassen, dergestalt, daß letzteres sogleich gestellt werden könne, und daß er dem in der ersten Konferenz ausgesprochenen Wunsche, daß seitens des Bundestages alle Regierungen zu verstärkten Leistungen veranlaßt werden möchten, sich anschließe.

Es wurde demnächst von dem Kommissarius des Königlich Preußischen Kriegsministeriums, Oberstleutnant v. Hartmann, vorgetragen, wie Preußischerseits beabsichtigt werde, für den Transport des II. und VI. Armeekorps nach den bezüglichen Punkten der Armeeaufstellungen eine aus den drei Eisenbahnlinien über Hannover, Cassel und Hof zu kombinirende gemischte Linie zu benutzen, wonach die südliche Hauptlinie, über Hof, von Leipzig ab schon nach beendigtem Transport des V. Armeekorps, mithin früher als an dem bisher berechneten 31. Preußischen Eisenbahntransporttage, frei und zur Benutzung für die Königlich Sächsischen und Bayerischen Truppenkontingente disponibel werden würde. Eine möglichst baldige Mittheilung der hiernach in der Mobizifirung begriffenen Eisenbahn-Fahrtableaus an die Königlichen Regierungen von Bayern und Sachsen wurde von den Königlich Preußischen Herren Kommissarien zugesagt.

Herr General v. der Tann stellte der näheren Erwägung der Letzteren anheim, ob nicht die zur Vorbereitung des Eisenbahntransportes den Betriebs-

Direktionen der Bahnen zugestandene Frist von zehn Tagen erheblich zu ermäßigen sei, worauf von dem Kommissarius des Königlich Preußischen Kriegsministeriums, Oberstleutnant v. Hartmann, näher ausgeführt wurde, wie spezielle Untersuchungen ergeben hätten, daß die umfassenden Voranstalten, mittelst welcher nicht nur die Organisation des Fahrbetriebes, sondern auch die nöthigen Einrichtungen für die Bedürfnisse der Truppen auf den Haltepunkten vorzubereiten sind, eines Zeitraums von acht bis zehn Tagen durchaus bedürfen, und daß mithin zehn Tage hätten angenommen werden müssen, um den aus einer unzulänglichen Vorbereitung hervorgehenden großen Uebelständen vorzubeugen.

Herr General v. der Tann bemerkte ferner in Bezug auf sein in der Sitzung am 25. d. Mts. ausgesprochenes Einverständniß mit der projektirten Aufstellung des VII. und VIII. Bundeskorps als einer besonderen Armee in dem Rayon à cheval des Rheins zwischen Rastatt, Mannheim und Landau, wie er dabei von der Voraussetzung ausgehe, daß eine gleichzeitige Aufstellung aller vier Armeen dort, bezw. an der Mosel, am Preußischen Rhein und am Main beabsichtigt werde, was seitens der Preußischen Herren Delegirten bestätigt wurde.

Herr General v. Sichart erklärte sich autorisirt, die Zustimmung Seiner Majestät des Königs von Hannover sowie Seiner Hoheit des Herzogs von Braunschweig in Betreff des Anschlusses des X. Bundeskorps an die bei Cöln zu konzentrirende Preußische Rhein-Armee, sowie hinsichtlich des Fußmarsches dieses Korps nach den bei Düsseldorf zu nehmenden Kantonnementsquartieren auszusprechen. Der Herr General gab als vorläufigen Anhalt für diesen Marsch des Korps die Marschlinien: 1. über Lingen—Wesel, 2. von Osnabrück über Münster, 3. von Hannover über Preußisch Minden und Hamm und 4. von Hameln über Paderborn an und sprach behufs weiterer Feststellung des Marschtableaus unter Berücksichtigung der Preußischen Interessen den Wunsch um Beiordnung eines Preußischen Generalstabsoffiziers aus.

Der Herr Major v. Fabrice erklärte sich ermächtigt die Zustimmung Seiner Majestät des Königs von Sachsen zu der in der ersten Konferenz vereinbarten Heranziehung des IX. Bundeskorps zu der am Main zu konzentrirenden Armee und zwar mittelst Fußmarsches unter dem Antrage auszusprechen, daß die Bayerische oder die Thüringer Bahn dem Königlich Sächsischen Kontingent zur Benutzung überlassen werde, sobald auf dieser oder jener der Preußische Truppentransport beendigt sei, und daß innerhalb des letzteren zwei Eisenbahnzüge zum Transport der Stäbe des IX. Bundeskorps Preußischerseits zur Disposition gestellt werden. Auf diese Anträge eingehend sagten die Preußischen Herren Kommissarien eine möglichst baldige Mittheilung der Preußischen Eisenbahn-Fahrtableaus unter Angabe, wo am geeignetsten jene beiden Eisenbahnzüge einzuschalten sein würden, zu.

Ueber die seitens des Königlich Sächsischen Kontingents einzuschlagenden Marschlinien war der Herr Major v. Fabrice für jetzt nur erst zu der Zusage autorisirt, daß dieselben unter Vereinbarung mit dem Königlich Preußischen und dem Königlich Bayerischen Generalstabe behufs Vermeidung von Kollisionen entworfen werden würden.

Der Herr Major v. Fabrice war ferner zu erklären ermächtigt, daß die Königlich Sächsische Regierung die Paragraphen 5 und 16 des organischen Bundesgesetzes vom 9. April 1821 gewahrt wissen wolle. Diese Paragraphen lauten:

§ 5. Kein Bundesstaat, dessen Kontingent ein oder mehrere Armeekorps für sich allein bildet, darf Kontingente anderer Bundesstaaten mit den seinigen in eine Abtheilung vereinigen.

§ 16. Der Oberfeldherr ist gehalten, alle Theile des Bundesheeres, so weit es von ihm abhängt, durchaus gleichmäßig zu behandeln. Er darf die festgesetzte Heereseintheilung nicht abändern, doch steht ihm frei, zeitliche Detachirungen zu verfügen.

Die Nothwendigkeit der Aufrechterhaltung dieser gesetzlichen Bestimmungen, welche zum Theil schon im rein militärischen Interesse liegt, wurde von sämmtlichen Herren Delegirten anerkannt.

Endlich äußerte der Herr Major v. Fabrice den Wunsch um Zufertigung eines Exemplares des Konferenzenprotokolls behufs dessen Mittheilung an die die 2. Division des IX. Bundeskorps repräsentirenden Regierungen, worauf seitens der Preußischen Herren Kommissarien mit dem Bemerken eingegangen wurde, daß diese Mittheilung unter der nöthigen Geheimhaltung stattfinden möge.

In Betreff einer Einigung über das Verpflegungswesen war der Herr General v. Sichart zu erklären ermächtigt, daß bei der Quartierverpflegung die Sätze des Preußischen Verpflegungsreglements angenommen, dagegen bei der Naturalverpflegung aus Magazinen von den erst neuerlich unter den Regierungen des X. Bundeskorps vereinbarten Portions- und Rationssätzen nicht ohne Weiteres abgegangen werden könne, und daß namentlich eine Herabsetzung der täglichen Fleischportion von $3/4$ Pfund auf $1/2$ Pfund frischen Fleisches große Bedenken errege.

Hierauf eingehend wurde erwogen, daß, wenn auch eine Verschiedenheit in den Portions- und Rationssätzen insofern ohne Nachtheil sei, als doch eine gleichmäßige Verpflegung innerhalb eines jeden Armeekorps stattfinde, es als ein Uebelstand anzusehen sei, wenn Truppen verschiedener Korps, welche bei einer Avantgarde, einem Detachement ꝛc. unter einem Befehl zusammenständen nach verschiedenen Sätzen verpflegt würden, sowie daß die Repartirung der Kosten pro rata der verschiedenen Staaten durch ungleiche Verpflegungssätze sehr erschwert werden würde. Hiernach kamen die Herren Delegirten einstimmig auf den in der ersten Konferenz adoptirten Wunsch zurück, daß am Bundestage die Feststellung eines einheitlichen Satzes für die Verpflegungsportion und Ration bringend zu beantragen sei, bei dessen Feststellung indeß auf eine Erhöhung der bestehenden niedrigeren Sätze, nicht aber auf eine Herabsetzung eines irgendwo angenommenen höheren Satzes Rücksicht genommen werde.

Seitens des Herrn Generals v. Voigts-Rhetz wurde vorgetragen, wie Preußischerseits die Verpflegung der in der Rheinprovinz zu versammelnden Armeen auf vier Monate sichergestellt sei, wie schon innerhalb dieses Zeitraums, nachdem die Truppentransporte stattgefunden haben, es leicht sein würde, mittelst der Eisenbahnen Ersatz zu schaffen, und wie in den Maingegenden gleiche Vorbereitungen getroffen werden.

Es wurde hiernach angenommen, daß die Truppen des X. Bundeskorps auf dem Marsche durch Preußisches Gebiet und etwa in den ersten Tagen des Kantonnements bei Düsseldorf nach den Sätzen des Preußischen Verpflegungsreglements in den Quartieren, dann aber, sobald als nothwendig, aus Magazinen, und auf Verlangen, bis die eigenen Vorräthe herbeigeschafft sind, aus Preußischen Magazinen gegen Entschädigung verpflegt werden.

Königlich Sächsischerseits wurde durch den Herrn Major v. Fabrice erklärt, daß das IX. Bundeskorps seine eigene Magazinverpflegung in den Kantonnements am Main sicherzustellen beabsichtige.

Schließlich vereinigten sich sämmtliche Herren Delegirten in dem Wunsche, daß nach dem Schluß dieser Konferenzen die militärischen Verhandlungen durch direkte Kommunikation mit dem Chef des Generalstabes der Preußischen Armee fortgesetzt werden dürften und außerdem behufs der weiteren militärischen Einleitungen von jedem Armeekorps ein Generalstabsoffizier und ein Intendanturbeamter nach dem Sitz derjenigen Regierung abgeordnet werden, von welcher der betreffende Armeekommandant zu ernennen ist.

gez. v. Moltke,   gez. v. Voigts-Rhetz,
Generalleutnant und Chef   Generalmajor und Direktor
des Generalstabes der Armee.   des Allgemeinen Kriegsdepartements.

gez. v. der Tann,
Generalmajor und Flügeladjutant.

gez. v. Wiederhold,
Generalmajor und Chef des Generalstabes.

gez. v. Fabrice,
Major, Sous-Chef im Königlich Sächsischen Generalstabe.

gez. L. v. Sichart,
Generalmajor, Chef des Königlich Hannoverschen Generalstabes.

gez. v. Chaumontet,
Oberstleutnant im Königlich Preußischen Generalstabe,
als Protokollführer.

Ueber folgende Punkte war demnach zwischen den militärischen Vertretern Preußens und der Bundesstaaten eine Einigung erzielt worden:

1. Gegenseitige Mittheilung der Marschlinien und Tableaus der Eisenbahntransporte; Mittheilung Preußens an Sachsen und Bayern, wann die Bahnlinie über Hof zur Benutzung für diese Staaten frei wird, im Besonderen an Sachsen, wie am geeignetsten zwei Eisenbahnzüge zum Transport der Stäbe des IX. Bundeskorps in den Preußischen Transport einzuschalten sind.

2. Gegenseitige Mittheilung der Kriegsgliederung der Armeekorps.

3. Antrag Preußens beim Bundestage auf allseitige möglichst verstärkte Leistungen.

4. Antrag Preußens beim Bundestage auf Feststellung eines einheitlichen Satzes für die Verpflegungsportion und -ration.

In den Konferenztagen sind anscheinend auch zwei Entwürfe für die erste Aufstellung der Preußisch-Deutschen Armeen und ein kurzer Operationsplan entstanden; die erste Aufstellung entspricht dem vom Regenten Mitte Juni genehmigten Vorschlage unter Berücksichtigung der Theilnahme der Bundesstaaten; der Operationsplan läßt die Einwirkung der Ereignisse auf dem Italienischen Kriegsschauplatze erkennen. Hier waren die Oesterreicher erneut über den Mincio vorgegangen, am 24. Juni aber — an demselben Tage, wo der Prinz-Regent von Preußen die neutralen Großmächte von dem Beginne seiner bewaffneten Vermittelung verständigte — von den verbündeten Franzosen und Sardiniern bei Solferino geschlagen worden. Der Rückzug in die alten Stellungen östlich des Mincio war die Folge dieser Niederlage.

Die Franzosen waren demnach zunächst mit ihren Hauptkräften dort gefesselt, außerdem ließen die Ende Juni aus Frankreich eintreffenden Berichte annehmen, daß weitere Verstärkungen von 20 000 Mann nach Italien gezogen

Entwurf für die erste Aufstellung der Preußisch-Deutschen Armeen. Ohne Datum, wahrscheinlich von Ende Juni 1859.

werden sollten. Somit war der günstigste Moment für rein offensive Operations-absichten gekommen, und spricht sich diese Erkenntniß auch in dem kurzen Operationsplan Moltkes aus.

Die beiden Entwürfe folgen hier:

Nr. 35.

Ohne Datum, wahrscheinlich von Ende Juni 1859.

Erste, Süddeutsche Armee. Bayern	43 000	
Württemberg, Baden,		
Großh. Hessen .	33 000	76 000 Rastatt

Bayern will bedeutend mehr stellen, angeblich 80 000 Mann, wodurch diese Armee auf über 120 000 Mann käme.

Armee-Kommando selbst zu wählen.

Zweite, Main-Armee. III., V. und VI. Preußisches und
    Kronprinz v. Sachsen.*)
        IX. Bundeskorps . . . . . . 130 000 Mainz
Dritte, Mosel-Armee. VII., VIII., IV. Armeekorps . . 100 000 Trier
Vierte, Rhein-Armee. Garde-, II. Preußisches und
    Herzog v. Braunschweig.*)
        X. Bundeskorps . . . . . . 100 000 Cöln

Zweite, Dritte und Vierte Preußische Armee-Kommandos.

Stellt Oesterreich überhaupt etwas in Deutschland auf, so stößt es zur Ersten, Süddeutschen Armee.

Gemeinsame Leitung aller vier Armeen, oder, wenn dies nicht zu erreichen wäre, wenigstens von Zweiter, Dritter und Vierter, zusammen . . . . 330 000 Mann
                                        120 000 „
                                        450 000 Mann.

Garde bleibt stehn.
VIII., VII. u. IV. Acps. n. d. Rhein.
III., V. Main.**)

---

*) Die mit *) versehenen Stellen sind von Manteuffels Hand.
**) Der Satz „Garde . ." bis „Main." ist nachträglich vom General v. Moltke hinzugefügt worden.

Nr. 36.

Ohne Datum, wahrscheinlich von Ende Juni 1859.

Erste, Rhein-Armee: Garde-, II. und X. Bundeskorps . 100 000 Mann
bei Cöln

Zweite, Mosel-Armee: VII., VIII. und IV. Armeekorps . 100 000 „
bei Trier.

Dritte, Main-Armee: III., V., VI. und IX. Bundeskorps 130 000 „
bei Mainz

Vierte, Süddeutsche Armee: VII. und VIII. Bundeskorps <u>90 000 „</u>

420 000 Mann:

um dieselbe Zeit steht das Französische Heer zwischen Diedenhofen und Metz hinter der Mosel konzentrirt

in der Stärke von mindestens . . . . 104 000 Mann

Verstärkungen durch Depots und Neuformationen 80 000 „
sind im Zuzug und vielleicht schon eingetroffen.

Disposition aus dem Hauptquartier zum Vormarsch der vier Armeen, um in kürzester Zeit mit voller Ueberlegenheit eine Entscheidungsschlacht herbeizuführen.

Die Verhandlungen mit den Bundesstaaten machten einige Abänderungen der im Juni vorgeschlagenen Unterkunftsbezirke der Mosel- und Rhein-Armee nothwendig, wie sich aus dem nachfolgenden Schreiben des Generals v. Moltke an den Kriegsminister vom 1. Juli ergiebt:

Nr. 37.

An den Kriegsminister General der Infanterie v. Bonin.

Berlin, den 1. Juli 1859.

Wenn das Vorrücken der jetzt mittleren Armeekorps an den Rhein und Main befohlen wird, so brauchen die Eisenbahnen noch zehn Tage Zeit zu ihrer Vorbereitung.

Das IV. Armeekorps ist, wenn der Tag des Allerhöchsten Marschbefehls*)

---

*) In dem Entwurfe zu diesem Schreiben findet sich folgende mit Bleistift geschriebene Randbemerkung von der Hand des Generals v. Moltke zu dem Worte „Marschbefehl":

„Marschbefehl erfolgt am 4. Juli,

Beginn des Transports 15. Juli,

Eintreffen des IV. Korps bei Düsseldorf 25. Juli".

als erster Tag bezeichnet wird, am 20. Tag bei Düsseldorf versammelt, mit Ausschluß der Landwehr-Kavallerie, welche erst etwa den 25. dort eintrifft.

Das VII. Armeekorps, welches ganz mittelst Fußmarsches abrückt, muß diesen Marsch sogleich, also schon während der Vorbereitungsfrist der Eisenbahnen, antreten, um am 15. Tag bei Cöln konzentrirt zu stehen.

Da die am Rhein einzeln anlangenden Echelons sogleich in ihren Kriegsverband treten, so dürfen die Armeekorps, sobald sie versammelt sind, auch als zum weiteren Vorgehen fertig betrachtet werden.

Sowohl mit Rücksicht darauf, daß die Franzosen in sehr kurzer Zeit bedeutende Streitkräfte bei Metz versammeln können, als um die Gegend am unteren Rhein für die nachrückenden Korps der Rhein-Armee frei zu machen, erscheint es angemessen, das IV. und VII. Korps sobald wie angänglich nach Trier vorzunehmen, dorthin auch die 15. Division zu dirigiren und so die Mosel-Armee zu formiren. Es würden dort eintreffen:

  die 15. Division am 8.,
  das VII. Armeekorps am 25.,
  „ IV.   „ 34.,
  dessen Landwehr-Kavallerie am 39. Tage.

Die Kantonnements für diese Armee würden zwischen Prüm, Zell und Trier genommen werden können, wenn die 16. Division auf das rechte Mosel-Ufer oder ins Luxemburgische vorgeschoben wird, wo die Art ihrer Unterbringung sich durch das Verhalten des Gegners bestimmen muß.

Was die Rhein-Armee betrifft, so folgt das Gardekorps auf der nördlichen Linie unmittelbar dem IV. Armeekorps. Die ersten Echelons desselben treffen am 18. Tage in Cöln ein, welches dann bereits vom VII. Armeekorps geräumt ist.

Um die schon belegt gewesenen Gegenden zu schonen, würde es sich empfehlen, dem Gardekorps die Kantonnements weiter vorwärts um Euskirchen anzuweisen, ebenso dem nachfolgenden 11. Armeekorps die Kantonnements um Bonn. Der Eisenbahntransport dieses letzteren Korps würde dann, statt bei Duisburg zu enden, bis Cöln fortgesetzt werden können. Derselbe endet am 42. Tage.

Bis zu diesem Termin soll nach der mit den Repräsentanten des X. Bundeskorps getroffenen Verabredung das genannte Korps vollständig am Rhein konzentrirt sein.

Die Kontingente desselben werden, soweit es sich bis jetzt übersehen läßt, in vier Kolonnen marschiren:

von Lingen   über Wesel,
- Osnabrück - Münster,
- Hannover - Bielefeld,
- Hameln - Paderborn.

Es würden demselben die Kantonnements in der Gegend von Düren anzuweisen und die Marschtableaus danach einzurichten sein.

Euerer Excellenz übergebe ich in der Anlage ganz ergebenst ein Memoire, in welchem der Vormarsch der zur Mosel-Armee gehörigen Korps nach der Mosel und die demnächstigen Kantonnements sowohl dieser als der Rhein-Armee näher bezeichnet sind.

Aus diesen Kantonnements würden beide Armeen in etwa 14 Tagen an der Saar oder eventuell an der Maas konzentrirt werden können.

Sofern die hier vorgeschlagenen Anordnungen die Allerhöchste Genehmigung erhalten, werden die desfallsigen Befehle durch das Kriegsministerium in Zeiten zu erlassen sein. Noch gestatte ich mir die ganz ergebenste Bemerkung, daß die Mobilmachung des II. und VI. Armeekorps nur um höchstens fünf Tage später befohlen werden darf, als der Abmarsch der bereits mobilen Korps erfolgt, wenn nicht in dem Eisenbahntransport eine Unterbrechung eintreten soll.

Die hier erwähnte Denkschrift lautet wörtlich:

Nr. 38.
Vormarsch und Kantonnements der Mosel-Armee.*)

VIII. Korps.

Die 16. Division rückt aus den Kantonnements bei Trier über die Mosel in die Kantonnements bei Saarburg.

Die 15. Division marschirt aus den Kantonnements bei Coblenz nach Trier und belegt den von der 16. Division verlassenen Rayon.

Kantonnements bei Saarburg.
16. Division.
Grenzen:

Im S. — die Französische Landesgrenze von Perl an der Mosel bis Wehingen. 1½ Meilen.

Im W. — die Mosel vom Eintritt ins Preußische bis Temmels. 3¾ Meilen.

Im N. — Linie Temmels, Tawern, Kanzem an der Saar. 1¼ Meilen.

---
*) Hierzu Skizze 6.

Unterbringung der Mosel-Armee. 1. Juli 1859.

Im O. — die Saar von Kanzem bis Taben; von der Linie Weiten, Orscholz, Wehingen. 3½ Meilen.

Der Raum umfaßt nach den hier vorliegenden Quellen 61 Ortschaften mit etwa 5500 Feuerstellen (4 Mann oder Pferde für jede Stelle).

Die stark vorgeschobene 16. Division nimmt zwischen Mosel und Saar einen in der Tiefe sich fast 4 Meilen ausdehnenden Kantonnementsraum ein: — sie wird daher je nach den eintretenden Umständen engere Kantonnements, nach Anordnung des Divisionskommandos zu beziehen haben.

Kantonnements bei Trier.
15. Division.
Grenzen:

Im S. — die Mosel von der Luxemburgischen Landesgrenze bei Wasserbillig bis Clüsserath. 4 Meilen.

Im W. — die Landesgrenze von Wasserbillig bis Edingen. 1½ Meilen.

Im N. und O. — Linie Edingen, Eisenach, Welschbillig, Schleidweiler, Zemmer, Hetzerath, Nivenich, bei Clüsserath zur Mosel. 4½ Meilen.

Der Raum enthält nach den hier vorliegenden Quellen 41 Ortschaften mit etwa 6200 Feuerstellen (4 Mann oder Pferde für jede Stelle).

VII. Korps.

Das Korps rückt aus seinen bisherigen Kantonnements bei Cöln nach Wittlich und bezieht dort an der Mosel weitläufige Kantonnements.

Märsche von Cöln nach Wittlich.

1. Brühl . . . . 1¾ Meilen,
2. Bonn . . . . 2½ "
3. Meckenheim . . . . . 2 "
4. Ruhe,
5. Altenahr 1¾
6. Adenau . . . . . . 2¼ "
7. Dreis (über Kelberg) . 2¾ "
8. Ruhe,
9. Manderscheid . . . . . 3 "
10. Kantonnements bei Wittlich 2¼ "

Kantonnements bei Wittlich.
VII. Korps.
Grenzen:

Im S. — Linie von Trittenheim an der Mosel über Monzelfeld, bei Zell wieder zur Mosel. 4½ Meilen.

Im W. — Linie Clüsserath, Rivenich, Hetzerath, Binsfeld, Ober-Kail. 3½ Meilen.

Im N. — Linie Ober-Kail, Eisenschmitt nach Bremm an der Mosel. 4 Meilen.

Im O. — die Mosel von Bremm aufwärts bis Zell. 1¼ Meilen.

Der Raum umfaßt nach den hier vorliegenden Quellen etwa 80 Ortschaften mit über 10 000 Feuerstellen (davon auf dem rechten Mosel-Ufer 29 Orte mit etwa 4700 Stellen), 4 bis 5 Mann oder Pferde für jede Feuerstelle.

IV. Korps.

Das Korps rückt aus seinen bisherigen Kantonnements bei Düsseldorf in den Kantonnementsbezirk bei Bitburg vor.

Etappen von Düsseldorf nach Bitburg.

1. Grefrath und Löweling . . 2 Meilen.
2. Frimmersdorf . . . . . 2 "
3. Wiebendorf und Stammeln 2 "
4. Ruhe,
5. Düren . . . . . . 2¼ "
6. Bossenack . . . . . 2½ "
7. Montjoie . . . . 2½ "
8. Ruhe,
9. Bütgenbach . . . . 2 "
10. Losheim . . . . . . 2 "
11. Prüm . . . . . . 2½ "
12. Ruhe,
13. Fliessem und Kyllburg . . 3
14. Bitburg . . . . 1⅓ "

Kantonnements bei Bitburg.
IV. Korps.
Grenzen:

Im S. — die Nordgrenze der 15. Division: Linie Edingen, Eisenach, Welschbillig, Schleidweiler, Zemmer, Hetzerath. 4 Meilen. (Diese Ortschaften werden sämmtlich nicht vom IV. Korps belegt.

Im W. — die Luxemburgische Landesgrenze von Edingen bis Ueb und Affler. 4¾ Meilen.

Im N. — Linie Affler, Olmscheid, Lichtenborn, Schönecken, Mürlenbach, Salm. 8 Meilen.
Im O. — Linie Salm, Meisburg, Ober-Kail, Binsfeld, Hetzerath. 4½ Meilen.

Der Raum umfaßt nach den hier vorliegenden Quellen 187 Ortschaften mit etwa 11 000 Feuerstellen (4 bis 5 Mann oder Pferde für jede Stelle).

Die Ortschaften dieses Rayons sind meistens sehr schwach bevölkert, daher derselbe eine so ungewöhnlich bedeutende Zahl von Ortschaften zugewiesen und eine so große Ausdehnung erhalten mußte.

Kantonnements der Rhein-Armee.
Gardekorps.

Das Korps trifft bis zum 20. Transporttage vollständig bei Cöln ein, bezieht indeß zur Schonung der Gegend nicht die dortigen, vom VII. Korps inzwischen verlassenen Kantonnements, sondern rückt sofort in den Rayon bei Euskirchen ein.

Diejenigen Truppen, welche zu spät am Tage ankommen, um noch die nördlichen Quartiere des Bezirks Euskirchen (etwa 2 Meilen) zu erreichen, bleiben eine Nacht in oder bei Cöln und marschiren am nächsten Morgen in den Kantonnementsrayon Euskirchen, welcher sich somit allmählich durch Weiterschieben der zuerst angekommenen Truppenechelons von Norden nach Süden hin füllt.

Kantonnements bei Euskirchen.
Gardekorps.
Grenzen:

Im O. — die Westgrenze der Kantonnements des II. Korps bei Bonn: (s. u.) Linie Hilberath, Rheinbach, Metternich, Pingsdorf. 4 Meilen.
Im S. und W. — Linie Hilberath, Arloff, Iversheim, Schaven, Emblen, Froitzheim, Vettweiß, Glabbach, Kirdorf. 6¾ Meilen.
Im N. — Linie Kirdorf, Pingsdorf, Schwadorf. 1½ Meilen.

Der Raum umfaßt nach den hier vorliegenden Quellen 123 Ortschaften mit etwa 10 000 Feuerstellen (4 bis 5 Mann oder Pferde für jede Stelle).

II. Korps.

Das Korps trifft 12 Tage später als das Gardekorps am Rhein ein, und zwar ebenfalls bei Cöln. Zur Schonung der dortigen Gegend rückt das

Korps nach Maßgabe des Eintreffens der Truppen sogleich in die Kantonnements bei Bonn vor. Nur die zu spät am Tage eintreffenden Truppen bleiben eine Nacht bei Cöln.

Kantonnements bei Bonn.
II. Korps.
Grenzen:

Im O. — der Rhein von Mehlem bis Urfeld. 3 Meilen.

Im S. — Grenze der Regierungsbezirke Cöln und Coblenz: Linie Mehlem, Pissenheim, Fritzdorf, Ersdorf, Hilberath. 2½ Meilen.

Im W. — Linie Hilberath, Flerzheim, Metternich, Walberberg, Schwadorf. 4 Meilen.

Im N. — Linie Schwadorf, bei Urfeld wieder zum Rhein. 1 Meile.

Der Raum umfaßt nach den hier vorliegenden Quellen 79 Ortschaften mit etwa 11 000 Feuerstellen (4 bis 5 Mann oder Pferde für jede Stelle).

X. Bundeskorps.

Das Korps bezieht zur Schonung der durch Durchmärsche und Kantonnements bereits stark in Anspruch genommenen Düsseldorfer Gegend keine längeren Kantonnements bei Kaiserswerth, sondern marschirt durch bis in den Kantonnementsbezirk bei Düren.

Kantonnements bei Düren.
X. Bundeskorps.
Grenzen:

Im S. — Linie Langendorf, Wollersheim, Harscheidt, Vossenack. 2¼ Meilen.

Im W. — Linie Vossenack, Schevenhütte, Langerwehe, Lucherberg, Altenburg. 3¼ Meilen.

Im N. — Linie Altenburg, Hambach, bei Heppendorf zur Erft. 2¾ Meilen.

Im O. — die Erft von Heppendorf bis Gymnich. 2 Meilen.

Der Raum enthält nach den hier vorliegenden Quellen 109 Ortschaften mit etwa 10 000 Feuerstellen.

Die Verabredungen der Konferenzen mit den Bundesstaaten hatten außerdem nachstehende Aufforderung des Generalstabschefs an den Kriegsminister zur unmittelbaren Folge:

Nr. 39.
An den Kriegsminister General der Infanterie v. Bonin.

Berlin, den 2. Juli 1859.

Euere Excellenz werden aus dem Protokoll der mit den abgeordneten Offizieren Deutscher Bundesstaaten gepflogenen Verhandlungen ersehen haben, wie die Annahme ein und desselben Satzes für die Verpflegungsportion und -ration seitens aller betheiligter Regierungen als dringend wünschenswerth anerkannt, indeß der Annahme der Preußischen Verpflegungssätze ein entschiedenes Bedenken entgegengestellt wurde, da letztere in einigen Punkten niedriger als die für andere Bundeskontingente normirten sind.

Wenn demnach ein Antrag bei dem Bundestage um Herbeiführung eines für alle betheiligten Bundeskontingente maßgebenden Satzes der Verpflegungsportion und -ration — bei dessen Feststellung die hie oder da bestehenden höheren Sätze zur Norm genommen werden möchten — höchst empfehlenswerth erschien, so erlaube ich mir Euerer Excellenz geneigter Erwägung und eventueller Vermittelung gehorsamst anheimzustellen, ob es nicht am Angemessensten sein würde, daß dieser Antrag von der diesseitigen Regierung gestellt werde.

Im Anschlusse an die Verhandlungen mit den Vertretern der größeren Deutschen Bundesstaaten hatte Preußen beim Bundestage beantragt nunmehr die Aufstellung der Armeen am Rhein zu genehmigen. Der Bundestag gab dem Antrage am 2. Juli seine Zustimmung.
Dieser Beschluß, im Verein mit den Ergebnissen der Konferenzen in Berlin sowie mit den Vorschlägen des Generals v. Moltke vom 1. und 2. Juli, veranlaßte Ausarbeitungen im Allgemeinen Kriegsdepartement des Kriegsministeriums, die in den nachstehenden beiden Promemorias zusammengefaßt und dem Kriegsminister vorgelegt wurden. Die Arbeiten dienten dann als Grundlage für den späteren Vortrag des Generals v. Bonin beim Prinz-Regenten und tragen beide das Datum des 3. Juli 1859; sie lauten:

Promemoria
betreffend den Aufmarsch der Armee am Rhein und Main.

Der Herr Generalleutnant v. Moltke, Chef des Generalstabes der Armee, hat Euerer Excellenz unterm 1. d. Mts. einen Vorschlag in Bezug auf den Aufmarsch der Armee am Rhein und Main vorgelegt, und gestattet sich das Departement ehrerbietigst, gestützt auf jenen Vorschlag, diejenigen Maßnahmen aufzuführen, die nunmehr ins Leben treten müßten.

1. Zunächst würde die Allerhöchste Ordre in Bezug auf die Konzentrirung des III., IV. und V. Armeekorps zu extrahiren sein; alle Vorbereitungen für den Marsch derselben, desgleichen den Transport der Truppen auf der Eisenbahn sind getroffen.

In gleicher Weise ist für die Dislokation der genannten Korps am Main bezw. ihre Verpflegung einleitend alles das geschehen, was der Stand der diplomatischen Verhandlungen gestattete. Die sofortige Entsendung des Herrn Generals v. Falckenstein*) mit einem Adjutanten nach Frankfurt a. M. in demselben Sinne, wie dies früher das Departement sich gestattet hatte, vorzuschlagen, würde auch jetzt nothwendig werden.

2. Gleichzeitig mit der Marschordre für die zu 1 genannten Korps würde der Befehl an das VII. und VIII. Korps zu erlassen sein, in die von dem Herrn Chef des Generalstabes proponirten Kantonnements in den Regierungsbezirken Trier und Coblenz, vielleicht mit einer erweiterten Rücksichtnahme auf die Belegungsfähigkeit der dortigen Gegenden, einzurücken. Das IV. Korps, sobald dasselbe in den Kantonnements bei Düsseldorf formirt worden ist, marschirt ebenfalls zur Konzentrirung mit den genannten Korps, um mit ihnen die Mosel-Armee zu bilden.

3. Das Gardekorps beginnt seinen Vormarsch gleichzeitig mit demjenigen des IV. Armeekorps und schließt sich dem Eisenbahntransport seiner Truppen nach Euskirchen und Gegend unmittelbar demjenigen der Truppen des IV. Armeekorps auf der nördlichen Eisenbahnlinie an.

4. Die Mobilmachung des II. und VI. Armeekorps ist gleichzeitig mit der Marschordre für die bereits jetzt mobilen Armeekorps zu extrahiren.

Der Abmarsch der Truppen beider Korps beginnt sofort nach beendigter Mobilmachung und zwar derartig, daß sich der Eisenbahntransport der Truppen des II. Armeekorps an denjenigen der Truppen des Gardekorps, derjenige der Truppen des VI. Armeekorps an den der Truppen des V. Armeekorps anschließt.

Das II. Armeekorps rückt in die Kantonnements von Bonn und Gegend und bildet mit dem Garde- und bemnächst mit dem X. Deutschen Bundeskorps die Rhein-Armee. Das VI. Armeekorps rückt in den noch festzustellenden Kantonnementsrayon Mainz und bildet mit dem III. und V. Armeekorps und demnächst mit dem IX. Deutschen Bundeskorps die Main-Armee.

5. Die stellvertretenden kommandirenden Generale würden sofort für sämmtliche mobile Provinzial-Armeekorps zu ernennen sein. Ihre Thätigkeit wird von der entschiedensten Bedeutung, sobald die mobilen Truppen den Korpsbezirk verlassen.

6. Desgleichen wird es nothwendig sofort die Armeekommandos zu konstituiren. In Bezug auf dieselben würde den Königlichen Regierungen von Hannover und Sachsen Mittheilung zu machen sein, um dortseits die nothwendigen Kommunikationen bezw. die Märsche der genannten Bundeskorps, ihre Dislokation und Verpflegung ins Leben treten zu lassen.

Indem das Departement sich ehrerbietigst gestattet die vorstehenden Darlegungen an das Promemoria des Herrn Chefs des Generalstabes anzuschließen, erlaubt es sich ebenmäßig in Bezug auf Passus 1 bis 3 die beifolgenden Ordreentwürfe zu unterbreiten.

Berlin, den 3. Juli 1859.

Allgemeines Kriegsdepartement.

gez. v. Voigts-Rhetz.   gez. v. Hartmann.

---

*) Generalleutnant Vogel v. Falckenstein war damals Kommandeur der 5. Infanterie-Division in Frankfurt a. O.

Promemoria
zum Immediatvortrage.

Nachdem in den Konferenzen mit den von den Regierungen der vier Deutschen Bundeskorps hierher gesandten Offizieren ein vollkommenes Einvernehmen über die diesseits formulirten militärischen Fragen erreicht und von dem Königlich Preußischen Gesandten in Frankfurt der Antrag gestellt worden „nunmehr die von hier aus in Vorschlag gebrachte Aufstellung von Armeen am Rhein eintreten zu lassen," ist am Bundestage der Beschluß gefaßt dem Preußischen Antrage zu entsprechen. Die Formulirung des Antrags ist bekannt, der Beschluß vom 2. d. Mts. Es ist infolgedessen nöthig geworden, auf Grund des Bundesbeschlusses die weiteren militärischen Maßregeln sofort in Angriff zu nehmen. Dazu war es erforderlich die Regierungen, in deren Gebieten Preußische oder Bundeskorps aufgestellt werden müssen, mit Nachricht zu versehen und zugleich Alles vorzubereiten, was zur Aufnahme der Truppen ꝛc. erforderlich ist.

Zu diesem letzteren Zweck ist bereits der Geheime Rath Weidinger von hier aus abgeschickt, um die Bildung von Magazinen am Main einzuleiten und die Verpflegung sicherzustellen.

Bevor die diesseitigen Armeekorps in Marsch gesetzt werden können, wird ein Zeitraum von zehn Tagen verstreichen, um die Eisenbahnen völlig zu aptiren, das Transportmaterial zu konzentriren, die Marschverpflegung zu sichern ꝛc. ꝛc.

Würde Seine Königliche Hoheit der Regent also am 4. die Marschordre erlassen, so kann erst am 14. der Transport beginnen. Schon aus diesem Grunde ist es erforderlich den Allerhöchsten Marschbefehl sofort zu emaniren.

Die Formulirung der betreffenden Benachrichtigung zu der Aufstellung unserer und der Deutschen Bundeskorps, welche seitens des Ministeriums der auswärtigen Angelegenheiten an die betreffenden Territorialregierungen gerichtet werden soll, ist wie folgt gefaßt und vom Auswärtigen Departement abgesendet:

„Preußen wird jetzt auf Grund des Bundesbeschlusses vom 2. d. Mts. mit der Aufstellung der Observations-Armee am Main vorgehen. Ein Armeekorps wird in der Gegend von Mainz, ein zweites in der Gegend von Frankfurt a. M. und das IX. Deutsche Bundeskorps in der Umgebung von Hanau aufgestellt werden und zwar so, daß diese Truppenkonzentrirung auf dem rechten Ufer des Rheins und des Main stattfindet, wobei indeß bemerkt wird, daß voraussichtlich einzelne Trupentörper, der Bequemlichkeit des Landes wegen und um die Kantonnements nicht zu stark zu belegen, über die bezeichnete Grenzlinie werden hinübergeschoben werden müssen.

Es wird von hier aus ein höherer Offizier (der Generalleutnant Vogel v. Falckenstein) sofort entsendet werden, um mit den betreffenden hohen Regierungen das Nähere zu verabreden; die Armeekorps sind angewiesen demnächst Generalstabsoffiziere und Verpflegungsbeamte zu beordern, um die Details der Kantonnements mit den zuständigen Behörden zu ordnen und die Zeitpunkte des Abgangs und des Eintreffens der Truppen-Echelons direkt mitzutheilen.

Der Truppentransport wird voraussichtlich am 14. d. Mts. beginnen, doch bleibt die spezielle Angabe des Termins noch vorbehalten."

Hierzu wird noch bemerkt, daß diesseits auf die Anmeldung des Abmarsches des IX. und X. Bundeskorps mit Bestimmtheit bestanden werden mußte, weil die Aufstellung derselben, ihr Anschluß an die Preußische Rhein- und Main-Armee und ihre Märsche in Beziehung zu den Preußischen Märschen diesseits mit den fremden Offizieren besprochen und verabredet waren, und auch die betreffenden Beschlüsse in den Sitzungsprotokollen vom 25. und 28. Juni d. Js. Aufnahme gefunden hatten.

In Uebereinstimmung mit dieser nothwendigen militärischen Maßregel befindet sich auch der Inhalt des von dem Gesandten v. Usedom in Frankfurt a. M. zunächst zu stellenden Antrages, daß nämlich das IX. Bundeskorps der Preußischen Main-Armee und das X. Bundeskorps der Preußischen Rhein-Armee zugetheilt werden soll.

Ferner haben die militärischen Delegirten der fremden Regierungen in den Konferenzen den Wunsch ausgesprochen, daß in dem zu emanirenden Bundesbeschluß die Forderung aufgestellt werde, daß nicht allein das erste Hauptkontingent ihrer Armeekorps, sondern auch zugleich das Reservekontingent gefordert werde. Diese Forderung ist nothwendig, da die betreffenden Regierungen bereits ihre Kontingente auf die bezeichnete Höhe formirt haben und ihren Ständen gegenüber bezüglich der Finanzfrage gedeckt sein wollen. Außerdem ist der Beschluß militärisch nothwendig, damit die Korps für die Operation im Felde nicht durch die von ihnen zu stellenden Festungsbesatzungen zu sehr geschwächt werden.

Diesseits ist deshalb dem Ministerium der auswärtigen Angelegenheiten gegenüber der Antrag mit Konsequenz aufrecht erhalten und seine Einbringung am Bundestage bringend empfohlen.

Da sich jetzt schon herausstellt, daß die vom Generalstabe vorläufig skizzirte Aufstellung der betreffenden Korps nicht Raum und Unterkunftsmittel genug besitzt, um so große Truppenmassen unterbringen zu können, so ist es nöthig, daß von hier aus ein höherer und qualifizirter Offizier sofort nach dem Main entsendet wird, um das Erforderliche in die Wege zu leiten. Hierzu ist der Generalleutnant Vogel v. Falckenstein die geeignete Persönlichkeit und würde daher sein Abgang in der Art beschleunigt werden müssen, daß seine Thätigkeit vor dem Eintreffen des ersten Truppenechelons beendigt sein und die darauf sich gründende Thätigkeit der von den Armeekorps zu entsendenden Generalstabsoffiziere beginnen kann.

Die Autorisation zu der bezeichneten Mission würde Seine Königliche Hoheit Allergnädigst sofort ertheilen wollen, damit diesseits das Nöthige angeordnet werden kann.

Hiermit würde dann dasjenige gesichert sein, was für die erste Periode des Aufmarsches am Rhein einzuleiten ist.

Daran werden sich dann aber die weiter erforderlichen militärischen Maßregeln anzuschließen haben, welche hier kurz präzisirt werden müssen, um die Allerhöchste Entschließung darüber festzustellen, wobei bemerkt wird, daß Seine Königliche Hoheit der Regent Sich bereits zum Theil damit einverstanden erklärt haben, wie dies aus dem Allerhöchsten Marginalvermerk hervorgeht, den Dieselben zu dem Memoire des Chefs des Generalstabes, Generalleutnant v. Moltke, Eigenhändig zu machen geruht haben.*) Ich beehre mich, dabei ehrerbietigst zu bemerken, daß über diese Maßregeln als solche, die theilweise zugleich in das politische Gebiet hinüberreichen, zuvor das Einverständniß mit dem Minister der auswärtigen Angelegenheiten herbeizuführen sein wird, damit die eventuelle Ausführung nicht wieder während

---

*) Vergl. Seite 125.

Promemoria des Generals v. Voigts-Rhetz vom 3. Juli 1859 über nothwendige militärische Maßnahmen.

der Einleitung unterbrochen werden muß, wie dies bei der früher befohlenen Instradirung unseres Armeekorps eintrat, die für den 1. b. Mts. bereits befohlen war.

Es muß zur näheren Motivirung der weiter unten anzuführenden Instradirung der jetzt noch nicht mobilen Armeekorps Folgendes angeführt werden:

Die Konzentrirung des Fahrmaterials auf den zu benutzenden Bahnen und ihre Bereitstellung für den Truppentransport im erforderlich großen Maßstabe dauert zehn Tage. Sollte daher der Truppentransport auf längere Zeit unterbrochen werden, so ist es nöthig das benutzte Material wieder dahin zurückzusenden, woher es zu diesem Zweck entnommen ist, weil diejenigen Bahnen, welche es geliefert haben, dadurch gezwungen worden sind ihren Betrieb sehr einzuschränken, was nicht wohl von ihnen auf die Länge gefordert werden kann, ohne ihre Existenz zu gefährden.

Die Militärkommissarien und Etappenkommandanten auf den Einschiffungs- und Haltepunkten der benutzten Bahnlinien sind nicht wohl auf unbestimmte Zeit von ihren Truppen entfernt zu halten. Sie würden durch neue Kommissarien ersetzt werden müssen, und es ginge damit ihre Erhaltung für die ferneren Transporte verloren. Die Kosten des ferneren Transportes werden durch eine längere Aussetzung desselben erheblich vergrößert, abgesehen von allen anderen Inkonvenienzen.

Wenngleich die vorliegende Darstellung sich wesentlich nur an die rein militärischen Fragen zu halten hat, so darf doch nicht übersehen werden, daß eine längere Verzögerung des Vorschiebens der ferner heranzuziehenden Truppenkorps (des Gardekorps und des II. und VI. Armeekorps) dem isolirten Vorschieben der zuerst entsandten Truppenkörper den Charakter einer Demonstration geben und ihrer Wirkung das Gewicht nehmen muß. Vom militärischen Standpunkte aus betrachtet erscheinen jene am Rhein und Main aufgestellten Korps, wenn nicht sofort ihre Reserven herangezogen werden, in einer gefährlichen Situation.

Aus diesen Gründen würde es daher nothwendig sein, daß folgende Maßregeln befohlen werden:

1. Das Gardekorps rückt vor und schließt sich an den Transport des IV. Korps an.

2. Das VI. Korps und das II. Korps werden mobil gemacht, sobald der Transport des III, IV. und V. Korps beginnt.

Die Mobilmachung dieser Korps wird dann zeitig genug vollendet sein, so daß sie sich unmittelbar an den Transport des ersten großen Armeeechelons anschließen und in ununterbrochener Folge nach dem Rhein bezw. Main abfahren können. Die Königlich Preußische Armee ist dann im Stande, die von Seiner Königlichen Hoheit bereits genehmigte Aufstellung in drei Armeen einzunehmen, d. h. eine Main-Armee, eine Mosel-Armee und eine Rhein-Armee zu bilden.

Dies würde dann also der erste Aufmarsch für den Krieg gegen Frankreich sein.

Um zu dieser Organisation zu gelangen, würde

3. der Befehl zu ertheilen sein, daß das IV. und VII. Korps nach der Grenze vorrücke, um sich daselbst mit dem VIII. Korps zu vereinigen, damit am Rhein der nöthige Platz für das Gardekorps, das II. Korps und das X. Bundeskorps gewonnen wird

4. würde es nöthig werden die Armeekommandos zu organisiren, weil die Bewegungen so bedeutender Truppenkörper auf so beengtem und geographisch schwierigem Terrain einer besonderen und geschäftlich konzentrirten Leitung bedürfen und weil es unabweislich ist, daß die geschäftlichen Beziehungen des IX. und X. Bundeskorps mit den Armeen, zu denen sie stoßen sollen, einen schleunigen Regelung bedürfen;

5. müssen alle Maßregeln für die Verpflegung so großer Truppenmassen sofort definitiv geregelt werden;

6. es sind mit der Abwickelung der großen Vorbewegung der Armee zugleich die erforderlichen Maßregeln zu treffen, die zur Deckung der Küsten unabweisbar nöthig sind.

Ueber alle diese in Anregung gebrachten Fragen wird eine definitive Entscheidung nothwendig sein, um jede Hemmung in der Ausführung zu vermeiden.

Berlin, den 3. Juli 1859.

gez. v. Voigts-Rhetz,
Generalmajor und Direktor des Allgemeinen Kriegsdepartements.

Am 4. Juli fand der Vortrag des Kriegsministers beim Prinz-Regenten statt, als dessen Ergebniß nachstehende Kabinets-Ordre anzusehen ist:

Auf den Mir gehaltenen Vortrag beauftrage Ich das Kriegsministerium, die Konzentrirung des III., IV. und V. Armeekorps, sowie den Vormarsch des VII. und VIII. Armeekorps, gemäß der von Mir gebilligten Vorschläge des Chefs des Generalstabes der Armee, sofort zu veranlassen.

Potsdam, den 4. Juli 1859.

Im Namen Sr. Majestät des Königs
gez. Wilhelm, Prinz von Preußen, Regent.

gegengez. v. Bonin.

An das Kriegsministerium.

Das Kriegsministerium benachrichtigte noch an demselben Tage die einzelnen Korps von dem Allerhöchsten Erlasse und ersuchte sie die entsprechenden Anordnungen zu treffen:

Entsprechend der Kabinets-Ordre vom 20. Juni sollten sich nunmehr das III. Korps bei Frankfurt a. M., das IV. bei Düsseldorf und das V. bei Mainz versammeln.

Als erster Transporttag wurde der 15. Juli festgesetzt, und sollten hiernach die „Marsch- und Fahrtableaus" sowie die „Fahrdisposition" in Kraft treten.

Die Etappenkommandanten würden von den Korps anzuweisen sein sich ohne Aufenthalt an ihren Bestimmungsort zu begeben.

Anordnungen für den Vormarsch des VII. Armeekorps behielt sich das Kriegsministerium vor.

General v. Moltke, der Ministerpräsident Fürst v. Hohenzollern, die Minister des Innern, v. Flottwell, und der auswärtigen Angelegenheiten Frhr. v. Schleinitz, erhielten von den Erlassen des Kriegsministeriums Kenntniß.

Nachdem General v. Moltke die Allerhöchste Ordre vom 4. Juli durch den Kriegsminister erfahren hatte, stiegen ihm Bedenken wegen des späteren Transportes des Gardekorps auf; denn es schien nicht ausgeschlossen, daß der Prinz-Regent den unmittelbaren Anschluß dieses Korps an das IV. nicht genehmigen würde. Auf die hierdurch entstehenden Schwierigkeiten mußte der Generalstab vorbereitet sein und sie rechtzeitig zu beseitigen suchen, denn es könnte sonst die glatte Abwickelung der Truppentransporte sehr gefährdet werden. Es kam in erster Linie gerade darauf an, daß die Korps ohne Zeitverlust und in geordneter Reihenfolge einander unmittelbar folgten und so der Aufmarsch im Westen sichergestellt wurde. Lücken in der Transportfolge durften nicht entstehen. General v. Moltke wandte sich daher an seinen im Eisenbahntransportwesen maßgebenden Mitarbeiter, den Hauptmann Grafen Wartensleben, mit einigen Fragen:

Nr. 40.
An Hauptmann Graf Wartensleben.

Berlin, den 4. Juli 1859.

Für den Fall, daß der Transport des Gardekorps unmittelbar hinter dem IV. Korps nicht genehmigt würde, müßte zunächst das II. Korps folgen. Ich wünsche zu übersehen, welche Nachtheile dies haben könnte.

Offenbar kann das auf der britten Linie versammelte Betriebsmaterial nicht entlassen und ebenso wenig mehrere Tage müßig beibehalten werden.

Da die nördliche Linie an dem 17. Tage mit dem IV. Korps erst fertig ist, so würde ohne Zweifel ein Theil des II. Korps zu der Zeit schon mobil und transportfähig sein.

Diese Truppen würden aber an entfernteren Einschiffungspunkten schon auf die Bahn treten müssen, wodurch

1. bedeutende Mehrkosten entstehen,
2. der Vortheil des anfänglichen Fußmarsches wegfällt,
3. sehr lange dauernde und daher ermüdende Transporte einträten.

Hauptsächlich aber fragt sich, ob die Mobilmachung aller Truppentheile des Korps so früh beendigt sein wird, daß der Transport ein kontinuirlicher sein würde, weil sonst

die Versammlung der ganzen Armee um mehrere Tage verzögert wird.

Ich wünsche hierüber Vortrag zu morgen 10 Uhr vorm.

Auf Grund ausführlicher schriftlicher Beantwortung dieser Fragen von Seiten des Grafen Wartensleben schrieb General v. Moltke am 6. dem Kriegsminister:

Nr. 41.
An den Kriegsminister General der Infanterie v. Bonin.

Berlin, den 6. Juli 1859.

In Euerer Excellenz gefälligem Schreiben vom 4. d. Mts.*) ist mir die Allerhöchste Kabinets-Ordre vom selben Tage mitgetheilt worden, welche den Transport des III., IV. und V. Armeekorps befiehlt.

*) Nicht aufgenommen.

Ich gestatte mir Euerer Excellenz Aufmerksamkeit ganz ergebenst darauf zu lenken, daß einzelne Truppentheile des Gardekorps ihren Fußmarsch bereits am 13. d. Mts. beginnen müssen, wenn sie an ihren Einschiffungsstationen Buckau und Oschersleben rechtzeitig eintreffen und die Kontinuität des Transports nicht unterbrochen werden soll.

Dies Letztere würde ein sehr erheblicher Uebelstand sein. Denn die Betriebsmittel der verschiedenen Bahnen sind nun einmal auf den drei Hauptlinien versammelt. Man kann sie nicht müßig lassen und ebenso wenig selbige auf kurze Zeit entlassen, da ihre Wiederversammlung, abgesehen von den Kosten und Verkehrsstörungen, abermals zehn Tage Zeit erfordert.

Das II. Armeekorps etwa vor dem Gardekorps zu transportiren würde mannigfache Nachtheile herbeiführen.

Da die nördliche Linie bis zum 20. Juli erst mit dem Transport des IV. Armeekorps fertig ist, so würde allerdings, vorausgesetzt, daß die Mobilmachung des II. Korps schon jetzt befohlen wird, ein Theil desselben bis dahin auch transportfähig sein. Die Truppen müssen dann aber schon auf entfernteren Einschiffungspunkten der östlichen Bahnen embarquirt werden, wodurch

1. sehr bedeutende Mehrkosten erwachsen,
2. der Vortheil des anfänglichen Fußmarsches verloren geht,
3. sehr lange dauernde, daher ermüdende Transporte entstehen,
4. mannigfache technische Schwierigkeiten, namentlich aus der Beschaffenheit des Bahnhofs in Stettin (Kopfstation) und des Stettiner Bahnhofs in Berlin erwachsen, wo nur vier Waggons mittelst der Drehscheibe auf die Verbindungsbahn gebracht werden können,
5. hauptsächlich aber entsteht dann immer noch eine Unterbrechung und Verzögerung in der Versammlung des Ganzen um mehrere Tage, weil nicht alle Theile des Armeekorps bis zum Transporttage fertig werden.

Alle diese Uebelstände sind durch den bisher angeordneten Fußmarsch des II. Armeekorps bis Berlin vermieden.

Die definitive Feststellung eines kontinuirlichen Transports aller dazu bestimmten Armeekorps ist von der größten Wichtigkeit:

1. weil die Aufstellung einer Armee an der Mosel, den schnell und zahlreich bei Metz zu versammelnden Streitkräften der Franzosen gegenüber, eine genügende Sicherheit nur in der ungesäumten Aufstellung einer Armee am Rhein findet;

2. weil in den Konferenzen mit den Repräsentanten der Bundeskorps verabredet ist, daß diese Korps gleichzeitig mit den letzten Preußischen Echelons bezw. am Rhein-Main versammelt werden sollen. Da einzelne Kontingente jener Korps mehrere Wochen zu marschiren haben, so ist es auch unumgänglich nöthig ihnen den Termin des Eintreffens unserer letzten Echelons schon jetzt mitzutheilen, damit sie den Beginn ihres Fußmarsches danach bemessen können;

3. damit die sehr umfassende Arbeit der Fahrtransporttableaus endgültig gemacht werden kann.

Wenn hiernach die ununterbrochene Fortsetzung der Transporte vom militärischen Standpunkte als wünschenswerth, ja nothwendig sich unzweifelhaft herausstellt, so vermag ich zwar nicht zu übersehen, welche politischen Rücksichten demselben hindernd entgegenstehen. Ich gestatte mir aber, darauf hinzuweisen, daß auch der ununterbrochene Transport nicht früher als Ende August beendet sein kann, und daß daher der diplomatischen Aktion noch mindestens sechs Wochen Zeit gelassen sind.

Unter dem Entwurf zu diesem Schreiben findet sich nachstehende Berechnung von der Hand des Generals v. Moltke:

Es werden konzentrirt sein:

das IV. Armeekorps in Kantonnements bei Düsseldorf bis zum 22. Juli,
- III. , , , , Frankfurt , , 3. August,
- V. , , , , Mainz , , 31. Juli,
- VII. , , , , Cöln. . . .

Am 5. Juli wurde, wie vom Kriegsministerium vorgeschlagen war, Generallieutnant Vogel v. Falckenstein nach Frankfurt a. M. geschickt, um direkt mit den betheiligten Bundesregierungen Vereinbarungen wegen Durchmarsches, Bahnbenutzung und Unterbringung von Preußischen und Bundestruppen zu treffen und etwa nöthige Aenderungen der vom Chef des Generalstabes der Armee veranlaßten Unterbringungsvorschläge selbständig an Ort und Stelle vorzunehmen.

Hiervon wurden der Minister der auswärtigen Angelegenheiten behufs Mittheilung an die Regierungen der Bundesstaaten sowie das III., IV. und V. Korps verständigt.

General v. Moltke erhielt von diesen weiteren Erlassen ebenfalls Kenntniß.

Es hatte ihm übrigens ganz fern gelegen seine Ansichten über die Unterbringung der Truppen als allein richtig anzusehen; vielmehr hatte er bereits am 17. Juni betont, daß seine Vorschläge nur „ganz allgemeine"*) seien.

In den nächsten Wochen fand Moltke wiederholt Gelegenheit auf diese Frage zurückzukommen, da von vielen Seiten Einwendungen gegen die vorgeschlagenen Unterkunftsbezirke einliefen. Dem Obersten v. Goeben, Chef des Generalstabes des VIII. Armeekorps, der die Kriegsgliederung seines Korps ein-

*) Vergl. Nr. 27.

gereicht und sich über zu enge Unterbringung der Truppen beklagt hatte, antwortete er:

Nr. 42.
An den Chef des Generalstabes VIII. Armeekorps Obersten v. Goeben, Coblenz.

Berlin, den 5. Juli 1859.

Euerer Hochwohlgeboren danke ich ergebenst für die gefällige Mittheilung vom 2. d. Mts., welche die Ordre de bataille des VIII. Armeekorps enthält. — Die Kantonnements betreffend bemerke ich, daß die allgemeine Begrenzung, wo mehrere Armeekorps nebeneinander stehen, vorerst nur durch das Kriegsministerium angeordnet werden kann. Sobald die dringend wünschenswerthe Bestimmung wegen des Armeeoberkommandos getroffen sein wird, hoffentlich in den allernächsten Tagen, wird dies durch die Armeekommandos nach Maßgabe der obwaltenden Verhältnisse geschehen. Es ist möglich, daß diese Verhältnisse dann noch gestatten weitere Kantonnements zu beziehen, vielleicht wird man aber auch noch enger lociren müssen.

Im Allgemeinen sind enge Kantonnements während der ersten Versammlung, wo die Kriegsdivisionen sich erst formiren, für die Bequemlichkeit der Truppen wünschenswerth und auch statthaft, da diese Kantonnements von kurzer Dauer und nur während des letzten Tags vollständig belegt sind.

Sobald die Formation der Korps beendet, rücken sie meistens vor.

An den Versammlungsorten, wo mehrere Korps zu einer Armee zusammenstoßen, sind enge Kantonnements nothwendig und können 4 bis 5 Mann für jede Feuerstelle kaum schon enge Kantonnements genannt werden. Das Englisch-Niederländisch-Preußische Heer lag bis zum Anfang der Kampagne in dieser Dichtigkeit während sieben Wochen an der Sambre und konnte sich dennoch nicht rechtzeitig konzentriren.

Wollte man an der Mosel drei Armeekorps mit zwei Mann für jede Feuerstelle dislociren, so erhielte nach hier aufgestellter Berechnung jedes Korps einen Rayon von 10 Meilen Durchmesser.

Die Franzosen können binnen acht Tagen aus Paris, Châlons und Est 130 000 Mann bei Metz konzentriren.

Nur der Armeekommandeur, der die Verantwortung dafür übernimmt, kann an Ort und Stelle und nach den vorhandenen Nachrichten vom Feinde die richtige Ausdehnung der Kantonnements bemessen. Eine auf das rechte Moselufer vorgeschobene Avantgarde wird vielleicht nur noch Alarmhäuser benutzen können.

Stärke der Französischen Armee am 1. Juli 1859.   165

Vorläufig kann man nur sagen, daß drei Armeekorps in dem Raum Saarburg—Prüm—Zell mit fünf Mann auf die Feuerstelle untergebracht werden können.

Die angeschlossene Berechnung der Französischen Streitmacht im gegenwärtigen Augenblick wird für Sie von Interesse sein.

Mit der in diesem Schreiben zuletzt erwähnten Berechnung der Französischen Streitkräfte ist anscheinend die folgende Arbeit des Majors v. Stein vom großen Generalstab gemeint, die General v. Moltke verbessert hat:

Stärke der Französischen Armee am 1. Juli 1859
                               rund   620 000 Mann.
Die Armee zählte am 1. Mai . . rund   506 000 Mann,
   Eingestellt wurden a) Kontingent 58. .   134 000 ʺ
                      b) Freiwillige . . .   15 000 ʺ
                                            655 000 Mann,
       muthmaßliche Verluste . . .   35 000 ʺ
                                            620 000 Mann.
Hiervon sind mobile Truppen . . .   400 000 ʺ
            Depots . . . .   220 000 ʺ

Von den 400 000 Mann mobile Truppen sind:
1. in Oberitalien .   190 000 Mann
2. in Rom . . .   10 000   ʺ   De Wimpfen mit   8 000
3. in Afrika .   40 000   32 000   D'Huques mit   12 000
4. in Frankreich .   160 000   148 000
                                             in Italien.*)

NB. Nach neueren Nachrichten, die noch der Bestätigung bedürfen, wären wieder rund 20 000 Mann aus Frankreich und 3000 Mann aus Afrika nach Italien abgegangen.

Von den 220 000 Mann Depots sind in Frankreich   210 000 Mann,
                                  in Algier . . 10 000   ʺ

Unter diesen 220 000 Mann sind 150 000 Mann, deren Ausbildung eben begonnen hat; da der Rest als Instrukteurs nothwendig ist, kann die ganze Masse augenblicklich nicht verwendet werden, ist aber am 1. September disponibel.

Es befinden sich in Frankreich mobil .   160 000 Mann,
                             Depots . . 210 000   ʺ
                                         370 000 Mann.

Vertheilung nach Waffen.

	Mobil		Depot	
Infanterie:	310 000 Mann		185 400 Mann	
Kavallerie:	38 000	ʺ	17 000	ʺ
Artillerie:	40 000	ʺ	15 000	ʺ
Genie:	7 000	ʺ	2 600	ʺ
Train:	5 000	ʺ		
	Mobil 400 000 Mann		Depot 220 000 Mann	

*) Von Moltkes Hand.

Militärische Korrespondenz 1859.

In Frankreich befinden sich unter den 160 000 mobilen Truppen:
105 600 Mann Linien-Infanterie,
  8 000   *   Chasseurs,
 25 000   *   Kavallerie,
 15 000   *   Artillerie,
  3 000   *   Genie,
  3 400   *   Train.
_____
160 000 Mann.

Diese 160 000 Mann sind in drei Gruppen vertheilt:

Lyon:	Paris und Nord:	Est:
10 000 Mann Div. Huques in Italien.*)		
2̶2̶ 000 Mann Inf.,**)	45 000 Mann Inf.,	45 000 Mann Inf.,
2 500 * Kav.,	11 250 * Kav.,	11 250 * Kav.,
3 000 * Art.,	6 000 * Art.,	6 000 * Art.,
500 * Genie,	1 000 * Genie,	1 000 * Genie,
500 * Train,	1 750 * Train,	2 500 * Train,
28 500 Mann.	65 000 Mann.	65 750 Mann.
16 500*)		

Bemerkungen:

1. Nach dem Bericht des Major v. Thile haben sich von dem diesjährigen Kontingent 35 000 Mann losgekauft, also ¼ der ganzen Rekrutenzahl. In gewöhnlichen Jahren kaufen sich bei einem Kontingent von 80 000 Mann etwa 16 000 Mann los, also ⅕. Im Kriege steigert sich die Zahl immer.
2. In diesem Jahre sind zum ersten Mal den Regimentern in Afrika ihre Rekruten sofort überwiesen, während sie sonst in den Depots in Frankreich ausgebildet werden. Die Entblößung Algiers von Truppen ist der Grund dieser Maßregel.
3. Es sind neu formirt: zwei neue Infanterie-Regimenter,
    ein 4. Regiment Zuaven,
    ein 2. Regiment provisoire de tirailleurs algériens
        (genannt Turcos).
4. Die Formation einer mobilen Nationalgarde aus ausgedienten Leuten und alten Offizieren wird vorbereitet.
5. Die Douaniers und Forestiers werden geübt.
6. Das Kriegsministerium hat 300 000 Bajonette von Gußstahl bestellt.

Auch der Oberpräsident der Rheinprovinz v. Pommer-Esche theilte am 7. Juli dem Kriegsminister mit, daß die Unterbringung am Rhein so eng bemessen sei, daß daraus ernste Ungelegenheiten entstehen könnten; ebenso berichtete das Generalkommando des VII. Armeekorps am 9. Juli, die Belegung bei Cöln sei so dicht, daß sie bei längerer Dauer Nachtheile hervorbringen müsse. Am 12. Juli wurden daher das VII., VIII. und IV. Korps durch das Kriegsministerium angewiesen von den Entwürfen des Generalstabes abzuweichen und weitere Kantonnements zu beziehen. Die Schreiben kamen indessen nicht zur Absendung, weil der Vormarsch inzwischen eingestellt worden war.

_____
*) Von Moltkes Hand.
**) Die Zahl 22 ist von Moltkes Hand durchstrichen.

Brief des Generals v. Manteuffel an den Kriegsminister. 9. Juli 1859.

Der nach Frankfurt a. M. entsandte General Vogel v. Falckenstein war ebenfalls der Ansicht, daß die für das III. und V. Armeekorps entworfene Unterbringung unausführbar sei und meldete am 9. Juli dem Kriegsministerium, daß er beabsichtige sie zu ändern. Das Kriegsministerium war mit seiner Absicht einverstanden und entwarf entsprechende Schreiben an die Korps; aber auch diese wurden wegen Veränderung der politischen Lage nicht abgeschickt.

Auf dem Italienischen Kriegsschauplatze waren nämlich inzwischen überraschende Ereignisse eingetreten. Während die militärischen Kreise Preußens und der anderen Europäischen Großmächte nach dem siegreichen Ausgange der Schlacht von Solferino erwartet hatten, daß Kaiser Napoleon zum Angriff auf das Festungsviereck schreiten würde, blieben die verbündeten Heere in Wirklichkeit nach Ueberschreiten des Mincio stehen.

Napoleon wollte plötzlich den Frieden und auch der Oesterreichische Kaiser neigte zum Abschlusse des Kampfes.

Am 8. Juli wurde zwischen den kämpfenden Parteien in Villafranca ein Waffenstillstand auf sechs Wochen abgeschlossen. Für den Entschluß beider Herrscher hierzu war, abgesehen von anderen persönlichen und politischen Gründen, die bevorstehende bewaffnete Vermittelung Preußens ausschlaggebend gewesen: Napoleon befürchtete die Folgen eines unglücklichen Krieges gegen Preußen—Deutschland, der Oesterreichische Kaiser, daß Preußen nach Besiegung des westlichen Nachbarn die Führerschaft Deutschlands zufallen würde.

Dem Antrage Preußens beim Bundestage vom 4. Juli 1859 auf Ueberlassung des Oberbefehls über alle Deutschen Streitkräfte an die Krone Preußen war am 7. ein Antrag Oesterreichs gefolgt, der zwar den Oberbefehl an Preußen zugestand, aber derart gefaßt war, daß jede Selbständigkeit des Oberbefehlshabers ausgeschlossen, dieser vielmehr ganz abhängig vom Bundestage wurde.

Der Prinz-Regent wußte am 7. Juli 1859 von der Geneigtheit Napoleons zum Abschlusse eines Waffenstillstandes, am 8., daß an diesem Tage Bevollmächtigte der kriegführenden Heere in jener Frage in Villafranca zusammengekommen waren.

Ein Brief des Generals v. Manteuffel an den Kriegsminister vom 9. Juli läßt erkennen, wie durch die veränderte politische Lage die kriegerischen Absichten des Regenten beeinflußt wurden:

Euere Excellenz benachrichtige gehorsamst, daß Seine Königliche Hoheit der Prinz-Regent gestern mit Euerer Excellenz darüber haben sprechen wollen, ob es bei den jetzigen Verhältnissen, wo die schleunige Konzentrirung der Truppen doch nicht mehr so Hauptsache sei, nicht angemessen erscheine, wenn einzelne Truppentheile den Vormarsch in die Konzentrirungsorte zu Lande anstatt mit der Eisenbahn machten, und ob es nicht möglich sei, daß diese dann doch noch rechtzeitig vor dem Beginne der Operationen dort anlämen. Wenn nun Seine Königliche Hoheit den Nutzen des Landmarsches für die Ausbildung der Truppen und viele andere Vortheile, welche ein solcher gewähren würde, vollkommen anerkannten, so zogen Allerhöchstdieselben doch auch in Betracht, welche Störungen solche Anordnungen in die einmal getroffenen Eisenbahnarrangements bringen könnten, und stellten die Frage auf, ob, abgesehen von dem Geldausgaben, die unnütz gemacht sein würden, wenn Aenderungen einträten, es nicht vielleicht ganz unmöglich sein würde, ohne gänzliche Unordnung hervorzurufen, partielle Aenderungen eintreten zu lassen.

Seine Königliche Hoheit wollen aber Euere Excellenz bitten die Sache in Erwägung zu nehmen und Seiner Königlichen Hoheit Vortrag und eventuelle Vorschläge hierüber zu machen.

Nach meiner Ansicht liegt die Entscheidung wie Alles in dem politischen Ausgangspunkte.

Ist die Absicht, eventuell Mitte August einzurücken, so darf nichts geändert werden; will man demonstriren und nur in letzter Instanz an einen Krieg denken, der (wenn wir die drei Korps nicht bald mobil machen) vor Mitte September nie beginnen kann, so bin ich für Marschiren, denn auch die Erfahrung in Italien lehrt, daß die Eisenbahntransporte der Oesterreichischen Armee nichts genutzt haben, obgleich die Oesterreichischen Truppen immer einmarschirter waren als unsere an gar keine Märsche und Selbstständigkeit gewöhnten Truppen.

Potsdam, den 9. Juli 1859.

E. Manteuffel.

Die infolge der Haltung Oesterreichs Preußen gegenüber und infolge der Waffenstillstandsverhandlungen für Preußen—Deutschland nothwendigen militärischen Maßnahmen bespricht eine Denkschrift des Generals v. Voigts-Rhetz. Sie wird wegen ihres Zusammenhanges mit den Moltkeschen Aufmarschvorschlägen hier im Wortlaute wiedergegeben:

Promemoria
über die infolge der neuesten Ereignisse nöthig werdenden militärischen Maßregeln.

Berlin, den 10. Juli 1859.

Infolge des nach dem Antrage Preußens am Bunde gefaßten Beschlusses hat Seine Königliche Hoheit der Prinz von Preußen Regent die Konzentrirung des III. und V. Armeecorps bei Frankfurt a. M. und Mainz, sowie diejenige des VIII. Armeekorps bei Trier und Coblenz, die des VII. bei Cöln und endlich des IV. Armeekorps bei Düsseldorf Allergnädigst zu befehlen geruht.

An diese Konzentrirung würden sich, wenn nicht andere politische Zwischenfälle eingetreten wären, fernere militärische Maßregeln haben anschließen müssen, die in der Mobilisirung des II., VI. und I. Armeekorps und in dem Vorschieben des Gardekorps, des II. und VI. Korps zu den bereits am Main und Rhein stehenden Preußischen Truppen bestanden haben würden.

Infolge des bereits am Bunde durch den Preußischen Gesandten eingebrachten Antrages auf Anschluß des IX. Deutschen Korps an die Main-Armee und des X. Deutschen Korps an die Preußische Rhein-Armee und auf Uebertragung der Oberleitung der sämmtlichen im Westen aufgestellten Kräfte an die Krone Preußen würde dann die Basis für eventuelle weiter einzuleitende militärische Operationen gegen Frankreich gewonnen worden sein und die nach dem Rhein vorgeschobenen Heeresmassen würden sich nach dem von Seiner Königlichen Hoheit acceptirten Entwurf in drei Armeen getheilt haben, wenn dann die Main-Armee aus dem III, V. und VI. Preußischen Armeekorps und dem IX. Deutschen Bundeskorps, die Mosel-Armee aus dem IV., VII. und VIII. Armeekorps und endlich die Rhein-Armee aus dem Gardekorps, dem II. Armeekorps und dem X. Deutschen Bundeskorps gebildet worden sein würde.

An diese Aufstellung würde sich die Vierte Armee, aus dem VII. und VIII. Deutschen Bundeskorps gebildet, angeschlossen und ihre Stellung bei Rastatt 2c. gefunden haben.

Diese militärischen Maßregeln waren mit den hierher gesendeten Generalstabsoffizieren verabredet und von den betreffenden Deutschen Regierungen vorläufig genehmigt worden. Das Herankommen des IX. und X. Deutschen Bundeskorps war in Betreff des Eindoublirens in die Preußischen Märsche zugleich geregelt.

Unmittelbar nach dem Erlaß des Allerhöchsten Befehls bezüglich der Konzentration des III., V. und IV. Armeekorps nach dem Rhein sind inzwischen zwei sehr wichtige Begebenheiten eingetreten, welche die ganze politische und militärische Lage wesentlich alteriren und verschieben:

1. Der zwischen Frankreich und Oesterreich bis zum 15. August abgeschlossene Waffenstillstand behufs Einleitung von Friedenspräliminarien.
2. Der von Oesterreich am Bunde in Frankfurt unmittelbar zuvor eingebrachte Antrag der Aufstellung der ganzen Bundesarmee und der Ertheilung des Oberbefehls über dieselbe an Seine Königliche Hoheit den Prinzen von Preußen, Regent.

Beide eingetretenen Begebenheiten müssen auf die von Preußen ferner zu treffenden Maßregeln einen wesentlichen Einfluß ausüben.

Was den Oesterreichischen Antrag betrifft, so ist derselbe nichts Anderes als ein Contrecoup auf die Preußische Aktion und soll das Mittel bieten die von Preußen gewonnene Stellung schon jetzt zu unterminiren, um sie im geeigneten Moment in die Luft zu sprengen und Oesterreichs Einfluß auf bundesrechtlicher Basis vollkommen zu sichern, d. h. Preußens Einfluß zu paralysiren. Der Oesterreichische Antrag wird schon jetzt dahin führen dem früher eingebrachten Preußischen Antrag die Spitze abzubrechen. Wahrscheinlich wird der Hinzutritt des IX. und X. Deutschen Bundeskorps dadurch unterbleiben und Preußen in seiner militärischen Stellung am Rhein und Main isolirt werden.

Was den abgeschlossenen Waffenstillstand anbetrifft, so ist der dahin führende, vom Kaiser Napoleon gestellte Antrag äußerst geschickt formirt worden und die Zeit vortrefflich gewählt.

Um in Frankreich möglich zu bleiben, konnte der Kaiser nicht wohl Bedingungen acceptiren, die ihm unter der Pression bedeutender Heeresmassen auferlegt wurden, deshalb die Wahl des Moments, ehe eine Pression eingetreten ist. Außerdem beginnt für ihn erst jetzt in Italien der schwierige Theil des Krieges, da die bis jetzt erreichten Erfolge nur glückliche Impromptus waren, welche ihm die schlechte Oesterreichische Heeresführung bot.

Unter solchen Verhältnissen und nach zwei Seiten die Hand zur Versöhnung bieten, mit Oesterreich sich schnell einigen und Preußen zu isoliren ist ein glänzendes Resultat der durch den Kaiser Napoleon stets bewiesenen politischen Klugheit.

Preußens politische und militärische Lage ist dadurch eine sehr delikate und difficile geworden und jeder falsche Schritt vorwärts oder rückwärts kann ihm die allerbedenklichsten Komplikationen bringen.

Es muß dabei bemerkt werden, daß England, selbst bei einem nicht zu erwartenden bestimmten Uebertritt zu uns, nur sehr schwache Wirkung äußern kann und wird, und daß Rußlands Hülfe eine jedenfalls zu späte für die Hauptschläge ist, da seine Kräfte zur Zeit schon dem Raum nach wirkungslos sein müssen.

Oesterreichs Rücksichtslosigkeit in der Behandlung politischer Fragen uns gegenüber hat sich auch jetzt wieder glänzend bewährt, indem es einen hohen

Offizier zu Unterhandlungen hierher sendet,*) den bekannten in der That feindseligen Antrag am Bunde stellt und auch sofort, ohne zuvorige Mittheilung an Preußen, mit dem Feinde einen fünfwöchentlichen Waffenstillstand schließt, um Friedensunterhandlungen anzubahnen.

Es fragt sich nun, was hat Preußen jetzt zu thun, um politisch korrekt und sich und seinen, wenn auch widerwilligen und unsicheren Deutschen Verbündeten getreu zu bleiben, ohne sich Frankreich gegenüber mehr zu kompromittiren, als es bisher durch seine Aktion geschehen ist?

Es scheint, daß zuvörderst uns der von Preußen gestellte und durch den Bund am 25. v. Mts. zum Beschluß erhobene Antrag die Basis für das liefern kann, was zu thun ist.

Preußen hatte die Absicht zwei Armeekorps am Main aufzustellen und das VII. und VIII. Korps am Rhein durch das IV. Korps zu verstärken. Alle Einleitungen dazu sind vollendet, die Märsche angetreten. Diese Maßregel würde also in voller Ausdehnung auszuführen sein.

Wollte man schon jetzt darüber hinausgehen, das heißt den Rest der Armee mobilisiren und nachrücken lassen, so würde dies eine Provokation Frankreichs sein, hinter welcher eventuell der Krieg steht und zwar ein Krieg ohne Bundesgenossen, da Oesterreich, wenn es sein Vortheil erheischt, nicht bedenklich sein würde seinen Rivalen zu opfern, und da die Deutschen Mittel- und Kleinstaaten wahrscheinlich sich unter allerlei Vorwänden zurück zu ziehen bemüht sein werden. Einen solchen Krieg würde man wohl nur führen, wenn er durch die Umstände geboten wäre, aber man würde ihn nicht ohne Zweck und Ziel führen wollen. Frankreich gegenüber hat das Vorschieben dreier Korps — wenngleich unter anderen Verhältnissen gedacht — doch nichts wesentlich Provozirendes, weil der Entschluß Preußens durch dessen Antrag beim Bunde und den gefaßten Bundesbeschluß herbeigeführt worden ist, und das Aufstellen dieser Kräfte keinen Krieg gegen Frankreich andeutet, das man mit solchen schwachen Kräften nicht angreifen würde. Die Maßregel hält sich also vorläufig im Charakter der Defensive, aber sie ist von großem Gewicht und Einfluß den schwankenden Deutschen Mittelstaaten gegenüber.

Bei der Ausführung des Vormarsches der drei Korps erhebt sich indeß ein Bedenken bezüglich der inneren Verhältnisse unserer eigenen Armee: Dies besteht darin, daß die Landwehr bei den Fahnen gehalten wird, bis die diplomatischen Verhandlungen zu einem Resultat geführt haben, was lange Zeit dauern kann.

Hierzu ist Folgendes anzuführen:

Mit dem Anmarsch zu den drei Eisenbahnlinien und mit dem Transport der Truppen nach den Aufstellungspunkten vergeht eine so lange Zeit, daß ein Theil der fünf Waffenstillstandswochen verfließen wird. Bis die Truppen stehen, wird man auch schon mit ziemlicher Sicherheit über den Lauf und den Erfolg der Verhandlungen urtheilen können. Im günstigen Fall kann man dann die Leute der Landwehr (von allen Waffen), die entbehrlich bei der Truppe und zu Haus schwer zu missen sind, auf Zeit beurlauben. Im Wesentlichen reduzirt sich also die Sache auf eine reine Geldfrage, die unter den obwaltenden Verhältnissen nur wenig ins Gewicht fallen darf. Nehmen die Verhandlungen inzwischen einen Gang, der die Fortsetzung des Krieges in Italien wahrscheinlich macht und zu einer Theilnahme Preußens auffordert,

---

*) Feldmarschall Fürst Windischgrätz weilte vom 3. bis 12. Juli 1859 zu Unterhandlungen in Berlin.

Einstellung der Märsche zur Versammlung der mobilen Truppen. 14. Juli 1859. 171

so wird dann eine kompakte Masse von fünf Preußischen Armeekorps vorläufig ausreichend sein, in der Defensive auszuhalten, bis die inzwischen nachzuführenden Kräfte es gestatten zur Offensive überzugehen und den Krieg mit Aufbietung aller Kräfte zum Resultat zu führen.

Schon jetzt die Landwehr bis zu Kadres einziehen zu lassen und diese Kadres nach dem Rhein zu führen empfiehlt sich nicht. Es erregt dies die allgemeine Meinung gegen die Brauchbarkeit unserer Armee unter allen Verhältnissen und im Lande wird die schon sehr verbreitete Ansicht noch mehr unterstützt, daß man über einen großen Theil des Heeres (die Landwehr) nur für kurze Zeit disponiren könne und dürfe. Dies schließt indeß nicht aus, daß vor dem Transport die allerunabkömmlichsten Leute, Familienväter und Mannschaften der ältesten Altersklassen, etwa bei jeder Kompagnie 25 Mann, beurlaubt werden. Die Landwehr-Kavallerie und die Artillerie muß in ganzer Stärke marschiren und kann erst vom Rhein aus beurlaubt werden, wobei indeß stets das Interesse der Truppe und des Materials in erster Linie zu erhalten sein wird.

Es kann daher diesseits nur dringend befürwortet werden, daß in dem Allerhöchst befohlenen Vormarsch des III., IV. und V. Armeekorps nichts geändert werde und daß größere Beurlaubungen erst vom Rhein aus eintreten mögen.

Selbstverständlich können die am Main und Rhein aufgestellten Korps sich der Bequemlichkeit wegen und um das Land nicht zu sehr zu belasten weiter ausbreiten, und das unter anderen Verhältnissen ins Auge gefaßte Vorschieben des IV., VII. und VIII. Korps an die Mosel fällt fort, bis auf Weiteres.

gez. v. Voigts-Rhetz.

Am 11. Juli 1859 wurde General-Feldmarschall Freiherr v. Wrangel, Gouverneur von Berlin, vom Prinz-Regenten beauftragt die „obere Leitung" über das III., IV., V., VII. und VIII. Armeekorps zu übernehmen, sobald diese ihre Versammlungspunkte erreicht haben würden. Dieser Oberbefehl sollte aber nur bis zur Bildung von Armeekommandos dauern. Der Kriegsminister schlug noch an demselben Tage dem Feldmarschall als Generalstabschef den nach Frankfurt a. M. entsandten Generallieutnant Vogel v. Falckenstein, Kommandeur der 5. Division, oder den Obersten v. Clausewitz, Kommandeur des Kaiser Alexander-Grenadier-Regiments, vor. Wrangel wählte am 12. Juli ersteren.*)

An diesem Tage traf indessen in Berlin über Wien die Nachricht von dem in Villafranca abgeschlossenen Präliminarfrieden ein und fand hierdurch der Auftrag des Feldmarschalls seine Erledigung.

Am 13. wurden deshalb die Generalkommandos der Garde, III., IV., V., VII. und VIII. Armeekorps angewiesen sämmtliche Fußmärsche und Eisenbahntransporte behufs Konzentrirung der Korps zu verbieten. Die Truppen sollten Halt machen, wo sie seien, die etwa bereits auf Nichtpreußischem Gebiet befindlichen ins Inland zurückmarschiren.

Eine Allerhöchste Ordre vom 14. Juli bestimmte Folgendes:

Auf den Mir gehaltenen Vortrag bestimme Ich hierdurch, daß die weitere Ausführung Meiner Ordre vom 4. Juli dieses Jahres in Betreff der Konzentrirung des III., IV. und V. Armeekorps unterbleiben soll. Es haben

---

*) In Anlage 2 Nr. 6 ist die Liste der Generalstabsoffiziere und Adjutanten aufgenommen, die der Feldmarschall Freiherr v. Wrangel zu seinem Stabe kommandirt zu wissen wünschte.

demnach die bereits in Marsch gesetzten Truppentheile ꝛc. der genannten Armee=
korps sofort den Rückmarsch in die betreffenden Garnisonen, Stabsquartiere
resp. Kantonnements anzutreten, welche sie vor dem Abrücken nach den ihnen
angewiesenen Dislokationsrayons inne hatten, wobei den Generalkommandos
wünschenswerthe Abänderungen in der Dislozirung überlassen bleiben. Ein
Gleiches soll stattfinden in Ansehung der bei Cöln, resp. Coblenz und Trier
dislozirten Truppen des VII. und VIII. Armeekorps, sowie der aus ihren
Stabsquartieren abgerückten Landwehrtruppen des Gardekorps. Ich beauftrage
das Kriegsministerium, hiernach das weiter Erforderliche zu veranlassen.

 Berlin, den 14. Juli 1859.

    Im Namen Sr. Majestät des Königs.

    gez. Wilhelm Prinz von Preußen, Regent.

             ggz. v. Bonin.

An das Kriegsministerium.

 Eine Allerhöchste Ordre vom 16. Juli bestimmte, daß bei sämmtlichen
Truppentheilen, außer bei den mobilen Linientruppen des VII. und VIII. Armee=
korps, Beurlaubungen stattfinden könnten.

 Ein Armeebefehl von demselben Tage sagte:

    Armeebefehl.

 In dem Augenblicke, daß der Krieg zwischen zwei großen und benach=
barten Mächten ausbrach, habe Ich die Kriegsbereitschaft der Armee ange=
ordnet, um die Machtstellung zu wahren, welche dem Preußischen Staate
zukommt. Die Gefahr, die damals drohte, ist vorüber. Während Ihr noch
auf dem Marsche waret, um die vorgeschriebenen Stellungen einzunehmen,
haben die kriegführenden Mächte plötzlich Frieden geschlossen. Euer Vorrücken
hat gezeigt, daß es unser fester Entschluß war, wie auch die Loose des Krieges
fallen mochten, unsere Grenzen und die Marken Deutschlands unverletzt zu
behaupten. Ihr habt die Bereitwilligkeit an den Tag gelegt, die Ich von
Euch erwartet habe, und überhaupt eine des Preußischen Namens würdige
Haltung bewährt. Viele von Euch haben persönliche Opfer gebracht. Ich
spreche Euch Meine volle Anerkennung aus.

 Schloß Babelsberg, den 16. Juli 1859.

    gez. Wilhelm,

   Prinz von Preußen, Regent.

 Am 25. Juli befahl der Prinz=Regent die Demobilmachung von fünf Armee=
korps für den 1. August:

 Auf den Mir gehaltenen Vortrag bestimme Ich, daß das Garde=, III.,
IV., V., VII. und VIII. Armeekorps, sowie das 19. Infanterie=Regiment
demobil gemacht werden sollen. Für das Garde=, III., IV. und V. Armee=
korps und das 10. Infanterie=Regiment*) setze Ich als Zeitpunkt der Demobil=
machung den 1. August d. Js. hiermit fest, indem Ich mir die Bestimmung
des Termins für das VII. und VIII. Armeekorps noch vorbehalte. Die
Kriegsformation der Armee ist jedoch in dem von Ihnen vorgeschlagenen

*) Vergl. S. 123, Anm. ***)

Umfange einstweilen beizubehalten. Ich gebe Ihnen hiernach die weitere Veranlassung anheim und werde hinsichtlich der sich als nothwendig ergebenden Personalveränderungen spezielle Bestimmungen treffen.

Schloß Babelsberg, den 25. Juli 1859.

Im Namen Sr. Majestät des Königs:
gez. Wilhelm, Prinz von Preußen, Regent.

gegengez. v. Bonin.

An den Kriegsminister.

Am 28. Juli wurde alsdann die Demobilmachung des VII. und VIII. Korps ebenfalls für den 1. August Allerhöchsten Orts genehmigt.

Das Datum des 28. Juli trägt auch ein Aktenvermerk des Kriegsministers v. Bonin, ohne den ein vollständiges Bild der Geschichte der Mobilmachung 1859 nicht gewonnen würde, und der deshalb hier aufgenommen wird:*)

Aktenvermerk.

Die anliegende Allerhöchste Ordre vom 4. Juli d. Is. betreffend die Mobilmachung des I., II. und VI. Armeekorps, haben Seine Königliche Hoheit der Prinz-Regent auf den an jenem Tage von mir gehaltenen Vortrag im Stadtschloß zu Potsdam mit der Bestimmung zu vollziehen geruhet, daß ich vor Ausführung derselben noch mit Seiner Königlichen Hoheit dem Fürsten zu Hohenzollern-Sigmaringen Rücksprache nehmen sollte.

Diese Besprechung fand an demselben Tage abends um 6 Uhr statt, und hatte die Staatsministerialsitzung am 5. Juli zur Folge, in welcher ich mit meiner Ansicht ganz allein blieb, und schließlich nachdem seitens des Ministers v. Schleinitz eine Note an Graf Rechberg mitgetheilt wurde, welche m. E. eine vollständige Umkehr der Preußischen Politik bezeichnete, so daß Oesterreich auf eine diesseitige Unterstützung ferner nicht zu rechnen hätte, auch meinerseits dem Beschluß beigestimmt wurde, daß unter so bewandten Umständen eine Mobilmachung der drei übrigen Armeekorps nicht gerechtfertigt sein würde.

Unter diesen Umständen faßte ich den Entschluß den Regenten zu bitten mich meiner Stelle zu entheben. Das mit beiliegende Gesuch**) war zu diesem Zwecke bereits entworfen, wurde aber zurückgehalten, indem Seine Königliche Hoheit auf die von den Ministern der betreffenden Ressorts, als von dem Fürsten zu Hohenzollern, dem Staatsminister v. Auerswald und dem Minister der auswärtigen Angelegenheiten Frhrn. v. Schleinitz, über den Ausfall der gedachten Staatsministerialsitzung gehaltenen Vorträge eine Konseilsitzung unter Seiner Königlichen Hoheit Vorsitz zum 8. zu befehlen geruhten.

Diese Konseilsitzung eröffnete der Prinz-Regent mit der Erklärung:

Es sei Sein bestimmter Wille gewesen, die Mobilmachung des I., II. und VI. Armeekorps trotz des Widerspruchs der Majorität des Staatsministeriums an diesem Tage zu befehlen und die Armee so zu konzentriren, daß Er am 15. August die Französische Grenze hätte passiren können. Die eben eingetroffene Nachricht von der stattgehabten Vereinbarung eines Waffenstillstandes in Italien verändere die Situation dergestalt, daß Seine Königliche Hoheit sich den definitiven Entschluß nun noch vorbehalte.

---

*) Vergl. Militärische Schriften Kaiser Wilhelms des Großen, S. 304. Ausgabe von 1897.
**) Nicht aufgenommen.

Der unmittelbar darauf erfolgte Friedensschluß führte zu dem am 25. Juli erlassenen Befehl der Demobilmachung der mobilen Armeekorps, und am 28. Juli befahl Seine Königliche Hoheit, daß die Allerhöchste Ordre vom 4. Juli mit der vorstehenden historischen Erläuterung
zu den Akten
des Kriegsministeriums genommen werden sollte.

Berlin, den 28. Juli 1859.
Der Kriegsminister
gez. v. Bonin.

Die im Eingange dieses Aktenvermerks erwähnte Ordre hatte folgenden Inhalt:

In Verfolg Meiner Ordre vom 14. Juni d. J. bestimme Ich hiermit, daß nunmehr auch das I., II. und VI. Armeekorps mit ihren Pontonkolonnen und der beim VI. Armeekorps vorhandenen Avantgarden-Brückenequipage mobil gemacht werden sollen. Die mobil werdenden Kommandobehörden, Truppen und Administrationen treten mit dem 16. Juli d. J. auf den Feldetat. Die Formation der Landwehr 2. Aufgebots und die zweite Augmentation der Festungsartillerie und der Pioniere für die volle Kriegsbesatzung der Korpsbezirke treten auch jetzt überall noch nicht ein. Ich beauftrage Sie, hiernach das Weitere zu veranlassen.

Potsdam, den 4. Juli 1859.
Im Namen Sr. Majestät des Königs:
gez. Wilhelm, Prinz von Preußen, Regent.
gegengez. v. Bonin.

An den Kriegsminister.

General v. Moltke erhielt von den getroffenen Anordnungen durch den Kriegsminister Kenntniß.

Dieser gab ihm außerdem durch Uebersendung der wie erwähnt zahlreich eingelaufenen Einwendungen gegen die Unterbringungsvorschläge am Rhein und Main Gelegenheit, seine Ansichten über Kantonnements ausführlicher und unter Berufung auf die gemachten Erfahrungen sowie unter Beifügung einer Denkschrift darzulegen:

Nr. 43.
An den Kriegsminister General der Infanterie v. Bonin.

Berlin, den 25. Juli 1859.

Euerer Excellenz remittire ich ganz gehorsamst die Anlagen des gefälligen Schreibens vom 19. d. Mts.

Die Reklamationen gegen zu enge Kantonnements fassen nach meiner Ansicht mehr das Interesse der Quartiergeber und die Bequemlichkeit der Einquartierten als die militärische Nothwendigkeit ins Auge.

Wie Euerer Excellenz bekannt, waren die vorgeschlagenen Kantonnements durchaus auf nur kurze Dauer berechnet.

In den Kantonnements am Rhein sollten die Truppen nur ihre Kriegsformation bewirken und sodann selbst noch vor dem Eintreffen der Landwehrkavallerie nach der Mosel abrücken. Die Quartiere waren daher nur während des letzten Tags ihrer Dauer vollständig belegt. Städte wie Cöln und Düsseldorf waren ganz frei gelassen und konnten von den zuletzt eintreffenden Echelons benutzt werden. Die Kantonnements an der Mosel und am Main hingegen waren solche, in welchen die Truppen unmittelbar vom Feind angegriffen werden konnten. Unter Verhältnissen, wie sie zu erwarten standen, freilich nicht unter den eingetretenen, mußten daher die Quartiere die Möglichkeit gewähren, sich wenigstens korpsweise in 24 Stunden zu konzentriren.

Eine weitere Ausdehnung nach Maßgabe der stattfindenden Umstände mußte den an Ort und Stelle Kommandirenden vorbehalten bleiben, wie dies in meinem Schreiben vom 17. Juni d. Js. auch ausdrücklich ausgesprochen ist.

Nach meinem Dafürhalten haben die Kantonnements den Verhältnissen entsprochen, unter welchen sie angeordnet wurden. Hinsichtlich der dabei maßgebend gewesenen Grundsätze und Erfahrungen gestatte ich mir auf das beiliegende Memoire ganz ergebenst Bezug zu nehmen.

Die das Schreiben begleitende Denkschrift lautet:

Nr. 44.
Ueber Kantonnements.*)

Berlin, den 22. Juli 1859.

Der Erfahrung gegenüber, daß von den Civilbehörden in jedem Falle auf Erleichterung der Kantonnementslast d. h. auf Ausdehnung der Quartiere

---

*) Im Entwurfe zu dieser Denkschrift findet sich nachstehende Randbemerkung des Adjutanten des Generals v. Moltke, Hauptmanns v. Auer:

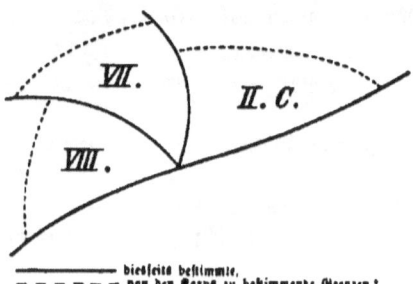

——— diesseits bestimmte,
– – – – von den Korps zu bestimmende Grenzen."

„NB! Für die Zukunft.
Nach mündlichem Befehl Sr. Excellenz des Herrn Chefs des Generalstabes der Armee sind bei umfassenden Kantonnementsanschlägen künftig nur die Grenzen, auf denen die Korps aneinanderstoßen, anzugeben. Bei Kantonnements kurz vor Eröffnung der Operationen ist den Korps vorzuschreiben die äußeren Grenzen nach dem Grundsatz selbst festzulegen, daß das Korps binnen 24 Stunden versammelt sein kann."

und zwar selten ganz ohne Erfolg hingewirkt wird, erscheint es zunächst im Allgemeinen rathsam dem ersten Voranschlage keine zu weiten Grenzen zu Grunde zu legen.

Die Bestimmung dieser Grenzen ohne Bereisung der betreffenden Gegend kann nur nach einer abstrakten Durchschnittszahl und unter dem Vorbehalt etwaiger an Ort und Stelle sich als nöthig ergebender Aenderungen geschehen.

Die Durchschnittszahl von vier Mann für die Familie ist eine verhältnißmäßig geringe, da der schon vor 40 Jahren von kriegserfahrenen höheren Offizieren aufgestellte Satz:

„daß wohlhabende Bauernhöfe bei verabreichter Verpflegung 10 bis 20 Mann Einquartierung sehr gut zu tragen im Stande sind"

heute, bei dem nach 44 Friedensjahren so bedeutend gestiegenen Wohlstande, um so sicherer gilt, und da die Durchschnittszahl 4 nicht ausschließt, daß die Ortschaften und Familien nach Verhältniß ihrer Wohlhabenheit stärker oder schwächer belegt werden, als jene Zahl angiebt.

Unter Voraussetzung dieser Anordnung — welche bei jeder Kantonnirung Platz greift — erschien es statthaft der Rücksicht auf schnelle Schlagfertigkeit soweit Rechnung zu tragen, als diesseits geschehen ist, und darf die Behauptung der Civilbehörden, daß die Durchschnittszahl von vier Mann für die Feuerstelle eine Ueberlastung involvire, als nicht begründet angesehen werden.

Die Anzahl der Feuerstellen ist nach den statistisch darüber allgemein geltenden Sätzen berechnet worden und sind lokale Abweichungen hiervon allerdings möglich, mit Rücksicht darauf wurden die großen Städte zur Aushülfe ganz frei gelassen.

Kantonnementsanschläge werden immer nur an Ort und Stelle derartig im Detail zu entwerfen sein, daß die Möglichkeit der strikten Durchführung völlig gesichert erscheint; die ganze Armee umfassende Anschläge können immer nur als eine Uebersicht en bloc gelten und wurden dieselben auch nur in diesem Sinne aufgestellt.

Bei Festsetzung der dieser En bloc-Veranschlagung zu Grunde zu legenden Durchschnittszahl wurde von folgenden Voraussetzungen ausgegangen:

1. daß die Truppen halbe Magazinalverpflegung erhielten;

2. daß die Truppen allerhöchstens drei Wochen in den Quartieren an der Mosel blieben — die Quartiere am Rhein füllten sich erst mit Ankunft des letzten Echelons;

3. daß vor dem Beginn der Operationen noch weitere Korps herangezogen würden;

Grundsätze für Unterbringung von Truppen. 22. Juli 1869. 177

4. daß von den Kantonnements aus sofort zu entscheidenden Operationen übergegangen sei, für die es höchst nachtheilig gewesen wäre, die Korps von 10 bis 15 Meilen von einander entfernt liegenden Orten aus die Vormärsche beginnen zu lassen;

5. daß ein überraschender Angriff der binnen kürzester Zeit zu versammelnden Mosel-Armee sehr möglich erschien.

Alle diese Rücksichten sprachen dagegen den Kantonnements die gewöhnliche, im Frieden gebräuchliche weiteste Ausdehnung von 1 bis 2 Mann für die Feuerstelle zu geben, bei welcher Durchschnittszahl drei Korps in ärmeren Gegenden einen Raum von mindestens 20 bis 30 Meilen einnehmen würden. Der durch kriegserfahrene Autoren gestellten Forderung, „daß die Armee vor dem Feinde in einem Tage zu konzentriren sein muß", konnte durch eine solche Ausdehnung der Kantonnements (auf deren Erweiterung übrigens wahrscheinlich nicht minder Anspruch erhoben sein würde) nicht mehr genügt werden.

Allerdings veränderten sich die Verhältnisse bald; die früher erwartete, ungesäumt und kontinuirlich durchgeführte Konzentration der Armee an der Grenze behufs Vormarsches fand nicht statt; es traten nach der Vereinigung des VII. Korps bei Cöln lange Pausen ein, welche die Kantonnementslast vergrößerten und die Quartiere überhaupt zu Friedensquartieren stempelten, in welchen von einer Konzentration binnen 24 Stunden keine Rede mehr war.

Bei Aufstellung der betreffenden Entwürfe war dies Alles noch nicht vorherzusehen; sonst wären die Kantonnements allerdings ausgedehnter angeordnet worden.

Alle über Kantonnements vor dem Feinde vorliegenden Erfahrungen und die darüber von den betreffenden Militärschriftstellern aufgestellten Grundsätze geben die Regeln an die Hand:

1. daß es rathsam sei, kurz vor dem Beginn der Operationen enge Kantonnements zu beziehen;

2. daß eine Belastung von 4 bis 5 Mann für die Feuerstelle noch den wenigst engen Kantonnements entspricht. Neuere Autoren rechnen 4 bis 5 Mann auf die Stelle schon zu den weitläuftigen Kantonnments, eine Benennung, die für die Anschläge an der Mosel nicht unpassend erscheint, da dort z. B. das Korps bei Bitburg einen Raum von sechs Meilen Durchmesser einnimmt. Vergleicht man diese Belastung mit der in wirklich engen, vor dem Feinde gewöhnlichen Kantonnements eintretenden, wo 7, 12 und 20 Mann auf die Feuerstelle (40 000 Mann auf den Raum einer Quadratmeile) kommen, so

dürfen die aufgestellten Kantonnements in der That „ausgedehnt" genannt werden.

Im Jahre 1815 kantonnirte die kombinirte Englisch-Niederländisch-Preußische Armee nach der Durchschnittszahl von 3 bis 4 Mann auf die Feuerstelle, die Offizierquartiere nicht mit eingerechnet, sieben Wochen lang bei halber Magazinalverpflegung an der Sambre, Maas und Schelde. Wenn hierin freilich eine bedeutende Leistung der Gegend lag, so ist dergleichen eben im Ernstfall nicht zu vermeiden. Bei den hier zu machenden allgemeinen Veranschlagungen mußte indeß der Ernstfall unbedingt zu Grunde gelegt werden, da die mißlichsten Folgen sich ergeben konnten, wenn derselbe eintrat, ohne daß darauf gerechnet war.

Das Yorkske Korps (ausschl. Nichtkombattanten und Trains 1051 Offiziere, 37 738 Mann und 8364 Pferde) lag 1813 vor dem Wiederausbruch der Feindseligkeiten zwischen Ohlau, Brieg und Wansen in ausgedehnten Kantonnements. Nach den vorliegenden offiziellen Ausweisen hatte das Korps 114 Ortschaften belegt, welche nach der heutigen Bevölkerungsliste und einschl. sämmtlicher im Rayon liegenden Städte etwa 11 000 Feuerstellen repräsentiren. Das Korps lag also mindestens nach der Durchschnittszahl 4 bis 5 Mann auf die Feuerstelle, wahrscheinlicher aber 5 bis 6 Mann auf die Stelle.

Diesen Thatsachen gegenüber und nach der Meinung der darüber sprechenden zuverlässigen Autoren kann demnach diesseits nach wie vor nur als Grundsatz festgehalten werden:

„die Kantonnements kurz vor Eröffnung der Operationen nicht ausgedehnter als 4 bis 5 Mann auf die Feuerstelle anzuordnen, da in solchen Zeiten das bereits oben angeführte kriegerische Interesse nicht mehr erlaubt die Schonung des Landes und die bequeme Nachtruhe der Leute in eben dem Maße zu berücksichtigen, wie im Frieden mit Recht geschieht.

Eine solche Durchschnittszahl bedingt für ein Armeekorps immer schon einen Raum von 4 bis 6 Meilen Durchmesser und erlaubt daher noch soeben die Konzentration binnen 24 Stunden, welche bei einer noch weitläuftigeren Einquartierung fast immer unmöglich sein wird."

Die Annahme dieser Durchschnittszahl als Regel schließt nicht aus:
1. daß die wohlhabenden Bauernhöfe stärker als diese Zahl angiebt, beansprucht werden, um arme Häuslersamilien in eben dem Grade geringer

zu belasten. Nur durch diese Anordnung (bei der man nach 44 Friedensjahren um so dreister verfahren kann) wird das ungefähre Festhalten jenes Raumes möglich, wogegen die Annahme der Durchschnittszahl 4 bis 5 Mann als Maximum, in der Art, daß selbst wohlhabende Bauernhöfe nicht über dies Maß hinaus belegt werden, jedesmal den betreffenden Raum als zu enge erscheinen lassen wird. Eben dasselbe würde eintreten, wenn man 2 oder 3 Mann als Durchschnitt berechnet und die Civilbehörden diese 2 oder 3 Mann als Maximum betrachteten;

2. daß bei lokal hervortretenden anormalen Verhältnissen, welche sich bei einer Veranschlagung en bloc nothwendig der Berücksichtigung entziehen, nach der Rekognoszirung an Ort und Stelle diejenigen Modifikationen des Voranschlages eintreten, die durch die Umstände geboten erscheinen.

Die Korps haben hierüber zu bestimmen und Bericht einzusenden.

Die Mobilmachungszeit des Jahres 1859 hatte somit sehr lehrreiche Erfahrungen in der Unterbringung der Truppen gebracht, dagegen nur sehr wenige in der praktischen Ausnutzung der Eisenbahnen für die Truppenbeförderung. Um auch hierin vorwärts zu schreiten, waren auf Veranlassung des Generals v. Moltke im Juli Generalstabsoffiziere nach Frankreich zur Beobachtung der Rücktransporte des Französischen Heeres entsandt worden.

Die Demobilmachung des Preußischen Generalstabes erfolgte wie die der Truppen am 1. August 1859.

Anlage 1.

Betrachtungen über den künftigen Kriegsplan gegen Frankreich.
Vom General Carl v. Clausewitz.
(Im Herbst 1830 bearbeitet.)

So lange Belgien dem Könige der Niederlande und folglich den gegen Frankreich verbündeten Mächten angehörte, gab es keinen besseren Operationsplan gegen Frankreich, als wie er sich 1815 von selbst gemacht hat, nämlich mit der Hauptmacht auf der Belgischen Grenze, etwa an der Sambre, aufzutreten und einen kurzen und kräftigen Stoß auf Paris zu thun.

Die Oesterreicher und die Süddeutschen Truppen würden sich bei dieser Hauptmacht schwerlich befunden haben; sie hätten deswegen eine sekundäre Operation in der Richtung auf Lothringen machen und als ein großes Echelon der ersteren betrachtet werden müssen. Die Möglichkeit eines solchen Planes beruhte auf dem Besitz der Belgischen Festungen, auf der Unterstützung einer vielleicht 50 000 Mann starken Niederländischen Armee und eventualiter auch eines Englischen Hülfskorps. Jetzt, wo Belgien im Augenblick des Krieges sich entweder wirklich in Französischen Händen befinden wird oder doch so angesehen werden muß, wo man eine Belgische Armee von 20000 bis 30000 Mann gegen sich haben wird, wo auf ein Englisches Hülfskorps vor der Hand nicht zu rechnen ist, endlich wo der fortgeschrittene Geist der Empörung schon einen Theil der Kräfte lähmt, die man früher gegen Frankreich aufbringen konnte, jetzt sind die Verhältnisse von der Art, daß an eine Offensive auf Paris von Hause aus schwerlich zu denken ist, in keinem Fall in der Form wie sie 1815 stattgefunden hat, d. h. mit getheilter Macht.

Dies führt natürlich zu der Frage, ob es nun nicht besser sei, daß die Verbündeten, worunter für die Eröffnung des ersten Feldzuges nur Preußen, Oesterreich, der Deutsche Bund und Holland zu verstehen sind, ihre Macht in Deutschland möglichst zu einer großen Armee auf einem Punkt vereinigten, der nur in der Mitte des ganzen Kriegstheaters gesucht werden müßte und also auf der Linie von Mainz nach Metz fallen würde, und mit dieser vereinigten Macht eine Offensive auf Frankreich zu unternehmen.

Wir fragen nun, was kann mit einer solchen großen Centralmasse geschehen? Sie kann eine Hauptschlacht liefern, und es ist möglich, daß sie bei einem sehr entschiedenen Siege und andern glücklichen Umständen im Stande ist auf Paris zu marschiren und dort den Funken des Krieges auszutreten. Wir sagen, dies ist ein möglicher Fall, aber wir glauben nicht, daß bei dem wahrscheinlichen Machtverhältniß man darauf rechnen und ihn zum eigentlichen Gegenstand seines Feldzugsplanes machen könne.

Man hat von der Französischen Grenze bis Paris über 50 Meilen, zum Theil durch ungünstige Gegenden zurückzulegen, die Festungen Metz und Verdun zu passiren, Diedenhofen auf wenige Meilen rechts liegen zu lassen, Straßburg und Pfalzburg aber so in der linken Flanke, daß sie die Verbindungslinien nach Landau, Mannheim, Mainz stark bedrohen. Die Folge ist, daß alle diese Plätze eingeschlossen oder in Respekt gehalten werden müssen, das Land findet man wahrscheinlich mehr oder weniger unter den Waffen und Paris selbst, das Objekt der ganzen Unternehmung, vor welchem man nur mit sehr geschwächten Kräften ankommen kann, darf nicht ohne Widerstandsfähigkeit gedacht werden, wenn es auch nur durch eine Armee geschützt wird, die unter seinen Mauern lagert. Das Alles läßt sich nicht durch die Kraft eines gewöhnlichen Sieges oder einer mäßigen Ueberlegenheit beseitigen, und die Einnahme von Paris muß also unter solchen Umständen als sehr unwahrscheinlich angesehen werden, und so würde man also ohne sträflichen Leichtsinn seine Unternehmung auch nicht darauf richten können. Eine Offensive, welche vor den Thoren der Stadt umdrehen müßte oder sie gar nicht einmal erreicht, würde mit einem Rückzug endigen und dieser gar zu leicht einen totalen Umschwung der Begebenheiten herbeiführen, so daß man sich eben nicht zu wundern hätte, wenn die Verbündeten dadurch bis über den Rhein zurückgeschleudert würden.

Zwischen Paris und der Grenze giebt es keine Station, auf der man mit Vortheil Halt machen, d. h. in welcher man eine vertheidigende Aufstellung nehmen könnte, die nicht viel schwächer wäre als die ursprüngliche in Deutschland. Die Eroberung eines selbst bedeutenden Platzes z. B. von Metz, würde, wenn sie wirklich gelänge, in dieser Beziehung noch wenig helfen, weil man doch immer von feindlichen Plätzen umgeben bliebe und der ganze Angriff eine in ein weites feindliches und bewaffnetes Land vorgetriebene Spitze bilden würde. In einer solchen Lage würden die uns drückenden strategischen Nachtheile und Schwierigkeiten den feindlichen Sieg vorbereiten und wahrscheinlich machen; der Vortheil, eine feindliche Provinz eine Zeit lang inne gehabt zu haben, könnte also theuer erkauft sein.

Diese Betrachtungen bekommen ein viel höheres Gewicht, wenn man an die Natur des Heeres und seine Führung denkt, mit welchem wir es hier zu thun haben. Gehörte dasselbe Einem Herren, wäre es in Eine Hand gegeben, die es mit Talent und Entschlossenheit brauchte, so ließe sich eher ein kühner Plan rechtfertigen. Allein das Deutsche Heer würde ein Bundesarmee sein, aus Preußen, Oesterreichern, Württembergern ꝛc. zusammengesetzt, vielleicht nicht einmal unter die absolute Gewalt eines Feldherrn, welcher etwas Großes leisten soll und das Vertrauen seines Heeres finden muß; denn ein solcher Bundesgeneral hat es mit vielen Herren zu thun.

Unter diesen Umständen wäre es wohl eine an die Thorheit grenzende Unklarheit, wenn man von einer vereinigten Hauptmacht große durchgreifende Erfolge erwarten wollte.

Nun tritt aber eine neue Betrachtung hinzu, welche mit der offensiven Ohnmacht einer großen Centralmasse in Wechselwirkung steht. Denken wir sie uns nämlich in der Mitte des Deutschen Kriegstheaters, also von Mainz und Mannheim ausgehend und gegen Lothringen gerichtet, so fällt in die Augen, daß dadurch Süddeutschland zwar einigermaßen geschützt sein wird, wiewohl doch nicht unmittelbar gedeckt, daß hingegen das ganze Land jenseit der Mosel und längs des Rheins bis Cleve hinab den feindlichen Einfällen, namentlich der Belgier, offen läge, daß selbst Streifzüge in die diesseitigen

Rheinprovinzen vorkommen könnten. Wenn man nun bedenkt, daß man von den Süddeutschen Staaten schwerlich je erhalten wird Schwaben ohne bedeutende Streitkräfte zu lassen, obgleich dasselbe durch die Stellung der Hauptarmee gegen Lothringen gewissermaßen flankirt wird, so ist natürlich von Preußen noch viel weniger zu verlangen, daß es seine sämmtlichen Rheinprovinzen preisgeben soll, die durch eine solche Stellung der Hauptarmee auch nicht einmal indirekt geschützt würden. Denn wie stark und glücklich man auch die feindliche Macht an der Saar in ihrem Schwerpunkte träfe, wie entschieden dieser Stoß auch alle Französischen Seitenkorps mit sich fortreißen müßte, niemals würde man verhüten können, daß die übermüthigen und leidenschaftlichen Belgier ihre Streitkräfte zur völligen Ausplünderung benutzten und, da gerade die reichsten Städte Jülich und Cleve ihnen am gelegentlichsten wären, so würde der materielle Schade für die ganze Kriegführung sehr bedeutend sein, der nachtheilige Eindruck aber wäre durch nichts gut zu machen. Bedenkt man diese Umstände, so ist nichts gewagter, als daß die Vereinigung der Hauptmacht in der Mitte des Deutschen Kriegstheaters nicht nur die Aufstellung sehr bedeutender Korps auf dem rechten und linken Flügel desselben, sondern auch eine beständige ängstliche Rücksicht auf diese Nebenmassen zur Folge haben würde, und damit wäre es denn zum zweiten Male ausgesprochen, daß von dieser so vereinigten Hauptkraft nicht Großes zu Stande gebracht werden kann. Eine Macht, die schon nicht recht weiß, was sie unternehmen soll, die aber nie solche Erfolge voraussieht, daß dadurch alle Verluste, die sie anderwärts erleidet, wieder eingebracht werden, eine so gestellte Hauptmacht muß aus auf die genügende Deckung der seitwärts liegenden Theile bedacht sein; dadurch wird sie aber in ihrem offensiven Prinzip von Neuem geschwächt.

Wenn wir also, selbst für eine ganz vereinigte Hauptmacht, eine Offensive auf Paris nicht von vorn herein für zulässig halten können, und wenn wir in Lothringen keinen passenden Gegenstand von untergeordneter Offensive fanden, so frägt es sich, ob es überhaupt keinen solchen giebt, und bei dieser Frage muß uns Belgien sogleich einfallen. Folgende Gründe sprechen dafür dasselbe zum Hauptgegenstande des Angriffs zu machen.

1. Dieses Land von mäßiger Größe und großen Hülfsquellen ist von Holland und Deutschland umfaßt; es bildet also nach seiner Eroberung die darin aufgestellte Macht keine in ein weites feindliches Gebiet vorgeschobene Spitze und deswegen kann diese Eroberung auch unter gewöhnlichen Verhältnissen und auf die Dauer behauptet werden. Die Stimmung in Belgien, wenn sie auch beim ersten Abfall noch so leidenschaftlich und feindselig war, ist doch nicht ohne Parteiung, namentlich dürfte in Antwerpen und Gent ein politischer Umschwung in dieser Beziehung nahe sein, auch dies würde die Behauptung erleichtern.

2. Alle diese Umstände tragen natürlich auch bei die Eroberung desselben zu erleichtern. Die Franzosen mögen sich noch so stark in Belgien aufstellen, so würden sie in ihren Verhältnissen dort immer schwächer sein wie mitten in ihrem eigenen Lande. Hat man sich zum Herrn der Maas bis zum Einfluß der Sambre gemacht, so kann man die Eroberung Belgiens im Wesentlichen als geschehen betrachten; denn wenn auch die längs der Grenze in gerader Linie liegenden Festungen Mons, Tournai, Courtrai ꝛc. noch nicht in den Händen der Verbündeten sind, so können diese sich doch in Belgien behaupten. An der Maas aber ist Venlo, Lüttich und Namur zu nehmen, wovon nur die Letztere einen längeren Widerstand thun würde.

Wir glauben also, daß wenn die Waffen der Verbündeten irgend wo einen Sieg erringen können, und dieser muß bei jeder offensiven Absicht nothwendig vorausgesetzt werden, dieser Sieg in der Eroberung Belgiens das leichteste und am meisten gesicherte Resultat geben würde.

3. Dieses Land ist der eigentliche Gegenstand des Krieges. Es ist sehr viel werth, daß man sich im Kriege gleich in Possess setzen kann. Erobert man andere Provinzen, die man nicht behalten kann, die beim Frieden erst als Equivalente geltend gemacht werden sollen, so gehört viel mehr kriegerisches und politisches Uebergewicht dazu, um seinen Zweck zu erreichen, als wenn man schon hat, was man fordert. So ist Friedrich der Große zum rechtlichen Besitz von Schlesien gekommen; seine Kräfte würden schwerlich hingereicht haben, wenn er dies Land an der Donau oder in Böhmen hätte erobern sollen.

4. Durch den Angriff Belgiens würden zugleich diejenigen Rheinländer gedeckt, die am meisten bedroht sind, und um so mehr ganz Norddeutschland, was dahinter liegt.

5. Durch einen Angriff auf Belgien können die Holländischen Streitkräfte zu ihrer vollen Wirksamkeit gebracht werden, die sonst in ihren Festungen und zwischen ihren Wassern sitzen und schwerlich etwas für die gemeinsame Sache thun würden.

6. Wir haben schon gesagt, daß die in Belgien herrschende Parteiung die Eroberung und den Besitz dieses Landes erleichtern würde; es ist aber das Hervorrufen dieser Parteiung, das Beleben der Oranisch-Gesinnten ein so wichtiger Gegenstand, daß er an sich einen viel geltenden Grund für den Angriff Belgiens ausmacht.

7. Sollte noch eine Mitwirkung der Engländer in diesem Kriege zu zählen sein, so würde sie dadurch erleichtert.

Mit dieser Offensive auf Belgien ist nun freilich die Theilung der verbündeten Macht in zwei große Hauptmassen ausgesprochen, nämlich in die Nord- und Süddeutsche. Die Erste aus der Preußischen Armee, dem IX. und X. Bundeskorps bestehend, ist bei der Eroberung Belgiens näher betheiligt; die andere aus dem VII. und VIII. Bundeskorps und derjenigen Oesterreichischen Streitkraft bestehend, welche diese Macht in ihren jetzigen Verhältnissen für Deutschland bestimmen kann, hat ein näheres Interesse den Rhein von Mainz aufwärts und dadurch Süddeutschland zu decken. Ist die Norddeutsche Macht wesentlich offensiv, so ist die Süddeutsche wesentlich defensiv, welches aber nicht ausschließt, daß sie nebenhin im Sinne einer Diversion gegen Frankreich wirke, wenn sie sich dazu stark genug sieht.

Durch diese Trennung in zwei große Hauptmassen wird die Idee einer großen Bundesarmee freilich zerstört. Allein diese, in vielfacher Rücksicht an sich schon unnatürliche Idee konnte immer nur als eine vorläufige betrachtet werden, welche von den reellen Bedürfnissen des Augenblicks das Gesetz annehmen mußte.

Die Vereinigung der ganzen Macht auf einen Punkt ist in der Strategie immer diejenige Form, von welcher man ausgehen muß, weil es die einfachste und natürlichste ist, und von der man gerade so weit abweichen muß, als es durch die Umstände geboten wird. Darum haben wir uns anfangs bei dem Gedanken einer großen Centralmasse so lange verweilt.

Da wir aber eben dabei gesehen haben, daß sie nichts Genügendes leisten kann, so ist die Theilung dadurch geboten. Die Form eines großen Deutschen Bundesheeres würde aber, weit entfernt für die Vereinigung zu bestimmen, vielmehr für die Trennung bestimmen müssen. Da Oesterreich und Preußen zu diesem Bundesheere eine so bedeutende Macht stellen sollen, daß ihre anderweitige selbständige Wirksamkeit in Deutschland bei Oesterreich ganz aufgehoben, bei Preußen zu einer sekundären herabgesetzt wird, so heißt die Bildung einer solchen Bundesarmee weiter nichts, als an die Stelle zweier Staatseinheiten wie Oesterreich und Preußen eine Kongregation, wie der Bund es ist, stellen, was wahrlich nicht geeignet ist das kriegerische Handeln zu steigern.

Ist der Bund in zwei große Massen getrennt, so herrscht natürlich in der einen Preußen, in der anderen Oesterreich vor, und sind sie beide auf Kriegstheater angewiesen, wo sie ihre natürlichen Interessen zu vertreten haben, so wird es dem Ganzen nicht an einer gewissen Einheit des Handelns und an zweckmäßiger und kräftiger Thätigkeit fehlen.

Im vereinigten Bundesheer würden sich Oesterreich und Preußen gegenseitig neutralisiren und der Feldherr, welcher an der Spitze des Ganzen stände, würde nicht wissen, wo er eigentlich seinen Stützpunkt zu suchen hätte.

Der an sich sehr große Nachtheil einer Theilung seiner Macht ist hier es weniger. Die Offensive, welche in gewöhnlichen Fällen dadurch geschwächt wird, wird hier erst durch die Theilung möglich; die Gefahr, welche die Theilung in der Defensive bringt, ist hauptsächlich dann sehr groß, wenn Alles von einem Kernpunkt abhängig ist, gegen welchen der Feind seine Kräfte vereinigen und in welchem er alles Uebrige mit besiegen kann. Die beiden großen Massen, welche den Franzosen entgegengestellt werden, gehören nicht Einem Herrn, sie decken nicht ein und dasselbe Objekt, sondern ihre Länder, ihre Hauptstädte, ihre Basen liegen in excentrischen Richtungen weit auseinander. Dies Alles macht, daß ein noch so glänzender Stoß der feindlichen Macht gegen eine dieser Hauptmassen die andere nie in dem Maße mittrifft, daß auch für sie dadurch eine Hauptentscheidung gefallen wäre. Ueberhaupt ist die weite Fläche der gegen Frankreich verbündeten Länder eine unüberwindliche Schwierigkeit für dasselbe sie je so niederzuwerfen, daß ihnen die Friedensbedingungen vorgeschrieben werden könnten, wie das in den Bonapartischen Kriegen vorkommt.

Wir finden also diese Theilung der verbündeten Macht in zwei große Massen von der einen Seite von den Umständen geboten, von der anderen wenig bedenklich, und dies um so weniger, als die Stellung derselben nach ihren natürlichen Interessen stattfinden wird, welches bei allen Koalitionskriegen eine so große Hauptsache ist.

Es ist eine Eigenthümlichkeit des Revolutionskrieges, daß die natürliche Stellung der Kräfte in mancher Beziehung verkehrt worden war. Die Preußen in den Vogesen hatten kein großes Interesse Wurmser in der Vertheidigung der Lauterburger und Weißenburger Linien zu unterstützen und die Oesterreicher, nachdem sie einmal den Gedanken gefaßt hatten die Niederlande aufzugeben, kümmerten sich wenig darum, ob das Preußische Westfalen dadurch in Gefahr kam.

So wie sich die Stellung der Streitkräfte jetzt macht, wird Jeder für seinen Herd fechten und daraus wird die nöthige Kraft und Thätigkeit des Ganzen am sichersten hervorgehen.

Eine fernerweitige Theilung der Macht aber scheint weder durch die Umstände geboten noch ohne Gefahr zu sein.

Wenn man nämlich eine dritte Hauptmasse bilden und an der oberen Mosel bei Trier oder bei Luxemburg auftreten lassen wollte, so könnte dies nur in der Hauptabsicht geschehen diese Länder und was dahinter liegt zu vertheidigen, nebenher aber auch diese Massen zu einer Invasion nach Frankreich zu benutzen, um dadurch die Eroberung Belgiens zu erleichtern. Wir behaupten, diese Offensive könnte nur eine Nebenabsicht sein, zu der man kommt, weil man die Truppen dort nicht entbehren zu können glaubt, dann, nachdem man sich überzeugt hat, daß es außer Belgien keinen passenden Gegenstand der Offensive giebt, könnte die, von der oberen Mosel aus beabsichtigen nur in dem Sinne einer Diversion gedacht werden. Nun wird aber Jedem ein reifliches Nachdenken zeigen, daß die Verwendung einer Streitmacht in einer Diversion, wodurch sie indirekt wirkt, immer eine schwächere ist, wie die direkte Verwendung beim wirklichen Angriff. Zur Diversion sollten daher immer nur solche Streitkräfte verwendet werden, die wegen ihrer übrigens nothwendigen Stellung nicht zum wirklichen Angriff gebracht werden können.

Es ist eine sehr gewöhnliche, aber auf nichts gegründete Täuschung dieser Form des Wirkens eine eigenthümliche Kraft zuzuschreiben. Außer der in ihrer Natur liegenden geringen Wirkung hat sie meistens nebenher noch den Nachtheil, daß sie Kräfte aufregt, die sonst geruht hätten, wie hier namentlich mit dem Theil der Volksbewaffnung der Fall sein würde, der dadurch mit dem kriegerischen Akt in Berührung gesetzt würde.

Soll aber die Aufstellung einer dritten großen Masse an der oberen Mosel hauptsächlich durch die Nothwendigkeit motivirt werden sich im Besitz jener Gegend zu erhalten, so muß man fragen, was der Feind in dieser Gegend und von derselben aus thun kann, wenn nichts als ein kleines Beobachtungskorps daselbst steht:

1. Er kann Luxemburg und Saarlouis belagern.

Dieser letztere Platz ist von den Niederlanden zu entlegen, um bei seiner geringen Kapazität und mäßigen Widerstandsfähigkeit auf einen Entsatz von daher rechnen zu können.

Dagegen liegt er auf dem Kriegstheater der Süddeutschen Armee, im Fall daß diese dasselbe auf dem linken Rheinufer aufschlägt. Von ihr also kann und muß der Ersatz am natürlichsten ausgehen. Wäre aber auch darauf nicht zu rechnen, so ist Saarlouis in seiner ganzen Bedeutung zu unwichtig, um für die Sicherung desselben sich in unangemessene Verhältnisse und falsche Pläne zu verwickeln.

Ganz anders ist es mit Luxemburg. Dieser Platz ist sehr wichtig, allein er ist auch von einer solchen Stärke, daß man auf einen Widerstand von zwei bis drei Monaten rechnen kann; es wird also, wo man sich auch mit der Hauptmacht befindet, nie an Zeit fehlen ihn zu entsetzen.

Wir müssen hier bemerken, daß in einem Kriege, der mit großer Energie geführt wird, wo es sich um große Entscheidungen handelt, es für den Vertheidiger sehr wichtig ist, seine festen Plätze zur wirklichen Wirksamkeit zu bringen, indem er sie vor die Front nimmt, damit der Feind sie belagere und er während dieses Aktes Gelegenheit habe ihn mit Vortheil anzugreifen. Anders ist es, wenn man jede große Entscheidung fürchtet, wie es in früheren Kriegen oft das ganz nothwendige Ergebniß der Verhältnisse war; da stellt man sich oft vor und bei den Festungen, um ihre Belagerung zu verhüten, um nicht in die Nothwendigkeit zu kommen, für ihren Entsatz eine Entscheidung zu geben. Daß Luxemburg in den Fall kommen kann belagert zu werden, wenn man nicht mit einer großen Macht in jener Gegend steht, ist also eher als ein Vortheil zu betrachten. Man sorge nur für eine starke Besatzung, damit die widerspenstigen Einwohner der Vertheidigung nicht schaden können.

2. Wenn der Feind eine Invasion gegen den Rhein hin nehme.

Hier hat er zwei unfruchtbare Striche, die Eifel und den Hunsrück zu durchziehen, deren augenblicklicher Besitz ihm keine sonderlichen Vortheile gewähren würde und am Ende dieser Striche findet er eine der größten und stärksten Festungen, nämlich Coblenz. Daß man um den Verlust dieses Platzes noch weniger besorgt sein darf, als um den von Luxemburg, springt in die Augen.

Man kann also nicht sagen, daß der Feind, während wir Belgien zu erobern suchen, an der Mosel solche Dinge ausrichten könnte, die uns jene Eroberung theuer bezahlen ließen.

Sehen wir von allen übrigen Verhältnissen ab und vergleichen blos den Widerstand der Festungen, so ist wohl nicht zweifelhaft, daß Luxemburg länger widerstehen wird als Venlo und Lüttich und Coblenz länger als Namur. Wir werden also die Offensive des Feindes an der Mosel durch die unsrige in Belgien leicht überbieten können und dies um so mehr, als die Grenze Belgiens nur 30 Meilen von Paris, der Rhein aber 80 von Berlin ist, und werden, wenn wir nichts Namhaftes an der Mosel haben, den ungeheuren Vortheil genießen in Belgien den Waffenerfolg durch unsere Ueberlegenheit unzweifelhaft zu machen. Wir werden in Belgien durch unsere Ueberlegenheit einen jedenfalls sehr bedeutenden Theil seiner Macht schlagen, während er an der Mosel mit der seinigen einen Lufthieb thun wird.

Belgien und die Mosel haben, wenn man sie auch als zwei gesonderte Kriegstheater denken will, doch nur einen gemeinschaftlichen Schwerpunkt; denn die Streitkräfte, die dort auftreten, gehören einem Herrn, nämlich auf der einen Seite Frankreich, auf der andern Preußen, sie decken beide ein und denselben Hauptgegenstand, Nordfrankreich mit Paris auf der einen, Norddeutschland auf der anderen Seite; was Großes und Durchgreifendes auf der einen geschieht, entscheidet auf der anderen mit. Wäre es nun ausgemacht, daß Belgien das entscheidendere, wichtigere der beiden Kriegstheater wäre, in dem sich der Schwerpunkt wirklich befände, so würde es auch nur darauf ankommen seine ganze Kraft gegen diesen Schwerpunkt zu richten.

Wir glauben nun schon gezeigt zu haben, daß jene Voraussetzung in Beziehung auf das Kriegstheater wirklich stattfindet, allein der Schwerpunkt einer feindlichen Kriegsmacht hängt nicht blos von den Verhältnissen des Kriegstheaters ab, sondern er liegt hauptsächlich in der Hauptmasse der Streitkräfte. Hätten die Franzosen keinen Mann in Belgien und kämen mit einer großen Hauptarmee die Mosel herunter, so hätte man sehr Unrecht, den Schwerpunkt des feindlichen Widerstandes in Belgien zu suchen, er läge in jener Armee, gegen diese müßten wir, insofern es uns um einen Sieg zu thun ist, unsere gesammelte Macht richten.

In Kriegen großer Entscheidungen aber giebt es ohne Sieg keine Offensive. Belgien ist also nur als der Schwerpunkt der feindlichen Macht zu betrachten, insofern dort eine feindliche Streitmacht zu besiegen ist, sonst würden wir dort einer Eroberung nachgeben, die der Feind zwar durch Eroberungen an der Mosel und dem Rhein nicht rückgängig machen oder vergelten könnte, die aber immer den Nachtheil hätte ihrer eigentlichen Grundlage zu entbehren, nämlich eines tüchtigen Sieges, und die darum schwerlich gelingen oder von Dauer sein würde.

Es ist kaum zu bezweifeln, daß die Franzosen den Krieg damit anfangen werden Belgien mit ihren Truppen zu überschwemmen, und es scheint, daß die Zeitungsnachrichten schon jetzt die Vorbereitungen dazu andeuten. Der Fall, mit welchem wir uns aber als mit einem möglichen beschäftigt haben, ist also nicht zu erwarten, allein wir sind auf ihn geführt worden durch die Begriffe, welche wir mit dem Schwerpunkt der feindlichen Macht verbinden, gegen den wir unsere konzentrirte Kraft verwenden wollen. Wenn wir also sagen, wir wollen diese Kraft möglichst in einem Punkt versammeln, um damit Belgien zu erobern, so schließt dies den Angriff einer nahen feindlichen Armee nicht aus, wenn sie auch nicht in, sondern gewissermaßen neben Belgien aufträte.

Kehren wir nun zu dem Punkt zurück, von welchem wir ausgegangen sind, so glauben wir durch das Gesagte bewiesen zu haben, daß die Aufstellung einer großen Truppenmasse im Luxemburgischen durch die Vertheidigung des Landes nicht motivirt werden kann und daß man ohne Klarheit und durchgreifende Prinzipien handeln würde, wenn man sich dennoch dem Nachtheil der Trennung aussetzen wollte, der uns des Vortheils beraubt den Feind auf dem entscheidenden Punkt mit großer Ueberlegenheit bekämpfen zu können, vielmehr diesen Vortheil dem Gegner überläßt, im Fall er ihn benutzen will.

Es ist wahr, von Homburg, wo wir uns die Süddeutsche Armee denken wollen, bis an die Maas ist es einige 30 Meilen, und in diesem Raume würde sich nichts als ein kleines Beobachtungskorps an der Mosel befinden. Kann die Armee in den Vogesen mit der Armee in Belgien in solchem Zusammenhange handeln, daß es auf nie unterbrochene gerade Verbindung zwischen beiden ankomme? Offenbar entsteht. Es kann also nichts entstehen, als daß diese Länder von feindlichen Korps eingenommen werden. Sind diese Korps bedeutend, um so besser für uns, dann fehlen sie da, wo entschieden wird; sind sie unbedeutend, so werden sie schwerlich viel thun.

Ist aber die Süddeutsche Armee gar nicht einmal auf dem linken Rheinufer, hat sie, hauptsächlich aus Furcht vor der jetzt anders gestellten Schweiz, ihr Kriegstheater in Schwaben aufgeschlagen, so ist die Aufstellung einer großen Zwischenmacht noch weniger motivirt, und es würden niemals solche Vortheile zu ziehen sein, die den Nachtheil der Theilung aufheben. Daß man diesen Landstrich eine Zeit lang preisgiebt und dadurch die Einwohner unzufrieden macht, verdient keine Rücksicht, denn eine glückliche Wendung des ganzen Krieges macht das leicht wieder gut und um diese handelt es sich hier.

Die Bayerische Regierung würde wahrlich kein Recht haben unzufrieden zu sein, wenn wir ihren Rheinkreis nicht beschützen wollen, da dies die ganz natürliche Aufgabe der Süddeutschen Armee ist.

Nach diesen Betrachtungen müssen wir es als unsere feste Ueberzeugung aussprechen, daß nach allen militärischen und allgemeinen politischen Verhältnissen die Bildung einer Dritten großen Armee zwischen der Nord- und Süddeutschen ein großer Fehler sein und der ganzen Kriegführung zum Nachtheil gereichen würde.

Nichtsdestoweniger wollen wir einräumen, daß es individuelle politische Verhältnisse geben kann, welche dazu vermögen sich diesem Nachtheil zu unterwerfen; denn wer, wie so häufig geschieht, die Behauptung aufstellt, daß die Politik sich nicht in die Kriegführung mischen müßte, der hat nicht das ABC der großen Kriegführung begriffen.

Wäre nämlich die Streitkraft, welche Oesterreich in Deutschland verwenden will, zu schwach für die ihm obliegende Bundespflicht und zu schwach, um den Süddeutschen Staaten Vertrauen und festen Willen einzuflößen, zeigte sich schon von vorne herein, daß der Bund hier eine morsche Stelle bekommen würde, und kann Preußen dadurch, daß es sich der Deutschen Sache im allgemeinen und höheren Sinne annimmt und die Süddeutschen Staaten näher an sich heranzieht, dem Ganzen einen höheren Impuls geben, den Süddeutschen Staaten Muth und Vertrauen einflößen, sie zu einer größeren Anstrengung bringen als die schlichte Erfüllung ihrer Bundespflicht, so sind dies allerdings so wichtige Rücksichten, daß jede untergeordnete strategische Frage schweigen und daß dadurch die Anordnung der Massen anders bestimmt werden muß.

Preußen kann diese Stelle nicht anders übernehmen, als wenn es entschlossen ist selbst mit einer bedeutenden Macht, d. h. mit zwei bis drei seiner Korps am Mittelrhein aufzutreten, an welche sich dann die Süddeutschen Korps anschließen können. Daß dieses Anschließen auch von Seiten der Oesterreicher stattfinden sollte, ist wohl kaum zu erwarten. Wie dem aber auch sei, so wird dadurch immer eine viel größere Streitkraft in den Vogesen und an der Mosel auftreten und eine Streitkraft, bei deren Handeln Preußen näher interessirt ist.

Es entsteht also die Frage, was diese Streitkraft thun kann, um mit ihrem vollen Gewicht in die Wagschale des Krieges zu treten, damit keine Kraftverschwendung entstehe.

Angenommen, daß Preußen mit drei Korps am Mittelrhein aufträte und mit vier bis fünf Korps am Niederrhein, daß der Deutsche Bund mit zwei oder drei Korps zu der ersteren und mit einem oder zwei zu der letzteren Masse stöße, so würde daraus folgen, daß beide ungefähr von gleicher Stärke, nämlich fünf bis sechs Korps sein würden, die nach Abzug der Kranken und Fehlenden 125 bis 150 000 Mann ausmachen würden. Hierbei sind die Oesterreicher garnicht mit in Betracht gezogen, weil man nicht weiß, was sie mit ihrer Macht vornehmen, wie sie sich zum Ganzen stellen werden. Wirken sie gemeinschaftlich mit der Macht am Mittelrhein, so muß dieser umsomehr eine höhere Aufgabe gestellt werden.

Aber schon bei Gleichheit der Macht am Mittelrheine ohne Oesterreich zeigt, daß man die erstere nicht zu einer bloßen Vertheidigung der Gegend bestimmen kann, sie würde so zur Eroberung Belgiens garnichts beitragen, die Franzosen aber könnten sie mit einer geringeren Macht beobachten und darüber in Belgien zu einer Ueberlegenheit gelangen, welche unseren Angriff erfolglos machte.

Da die Eroberung Belgiens das einzige Objekt unserer Offensive ist, welches unseren Kräften und Verhältnissen entspricht, so kann die Macht am Mittelrhein nur entweder zu einer zweiten untergeordneten, aber ernstlich gemeinten Offensive, die aber auch als Diversion wirkt, oder zu einer bloßen Diversion benutzt werden. Eine zweite untergeordnete Offensive könnte nur die Eroberung des einen oder anderen Grenzplatzes wie Diedenhofen oder Metz zum Gegenstande haben, wozu es dann ernstlicher Voranstalten bedürfte.

Eine bloße Diversion könnte auf dem Wege einer Invasion erreicht werden, die so weit getrieben würde, als es geschehen kann, ohne sich einer großen Niederlage auszusetzen.

Eine solche Invasion würde sich vielleicht in Belgien wirksamer zeigen als der Angriff einer Moselfestung, weil sie mehr auf die Gemüther wirkt, die Franzosen die Möglichkeit Paris erobert zu sehen noch zu sehr im Andenken haben und die dabei entstehende politische Gefahr zu groß ist, um nicht schnell die wirksamsten Mittel dagegen zu vereinigen.

Ueberhaupt kann man gar nicht wissen, von welchen Wirkungen eine solche mit einem Siege anfangende Invasion sein würde, ob diese Wirkungen nicht unsere Erwartungen weit überträfen. Aus diesem Grunde würden wir für eine Invasion sein, wenn die Umstände sich einigermaßen dazu schicken, d. h. hauptsächlich, wenn nicht zuviel Streitkräfte zur Stelle sind.

Wenn wir bei diesen möglichen Wirkungen einer Invasion sie dennoch nicht zur Hauptoperation haben machen wollen, so hat das seinen Grund darin, daß für diese bloße Möglichkeiten nicht genügen, daß, was für eine sekundäre Operation gut und nützlich sein kann, es darum nicht für die Hauptoperation ist, die eines gründlichen Zweckes bedarf.

Aber auch die Belagerung einer Moselfestung kann und muß als Diversion genommen werden, nur daß sie nicht so schnell wirken wird.

Was aber auch von dieser Mittelrhein-Armee unternommen wird, so ist nicht sehr auf einen endlichen glücklichen Erfolg zu rechnen, sondern man muß darauf gefaßt sein, dieses Unternehmen an der Schwierigkeit der Verhältnisse scheitern zu sehen. Aber darin liegt eben der Unterschied einer sekundären Operation von der Hauptoperation.

Kann man die Wahrscheinlichkeit des Erfolges bei dieser steigern, so mag es immer auf Gefahr des Mißlinges der ersteren geschehen. Mit anderen Worten: ein kühner Einfall in Lothringen mag mit einem Rückzug endigen, wenn wir nur in Belgien unsern Zweck erreichen.

Sollen die Unternehmungen am Mittelrhein in diesem Sinne geführt werden, so würde es ein großer Mißgriff sein zu glauben, daß sie deswegen, weil sie kein eigentliches Objekt haben, mit großer Behutsamkeit geführt werden müßten; gerade umgekehrt: die Kühnheit ist immer geboten, wo man einen über seine Mittel hinausgehenden Zweck erreichen will und wo das Mißlingen kein Hauptunglück ist.

Nähere Bestimmungen zur Ausführung des Angriffs auf Belgien.

Nachdem wir den Fall einer Theilung der Norddeutschen Macht betrachtet haben, kehren wir zu der Voraussetzung einer ungetheilten Verwendung derselben zum Angriffe Belgiens zurück, um die Maßregeln näher anzugeben, welche sich zur Ausführung dieser Unternehmung im Voraus bestimmen lassen und als Einleitung zu derselben zu betrachten sind.

Wenn wir uns die Eroberung Belgiens vorsetzen, so ist darin Folgendes enthalten:

1. Ueber die Maas zu gehen;
2. sich an der Maas entweder vermittelst fester Plätze oder Verschanzungen gesicherte Uebergangspunkte zu verschaffen;
3. die feindliche Macht in einer Hauptschlacht zu besiegen;
4. diejenigen Plätze zu nehmen, welche der Armee in der Flanke bleiben würden, also Venlo, Maastricht (denn leider darf man nicht zweifeln, daß es nächstens in die Hände der Belgier fallen wird) und Lüttich;
5. Brüssel und Löwen einzunehmen;
6. in Gent und Antwerpen auf eine Kontrerevolution zu wirken;
7. endlich Namur zu belagern, wenn die Kraft des erfochtenen Sieges dazu hinreicht;
8. alle diese Unternehmungen mit einer politischen Bearbeitung des Landes zu verbinden und die Oranische Partei an die Spitze zu bringen.

Mit diesen Gegenständen im Auge wird man also seine erste Aufstellung in Kantonnements zu bestimmen, seine Zusammenziehungspunkte und Märsche vorläufig festzustellen, seine Brücken- und Belagerungsapparate einzurichten, seine Magazine und Depots anzulegen haben.

1. Die Stärke der Armee.

Läßt Preußen ein mobiles Korps (30 000 Mann) z. B. das I. im Großherzogthum Posen, so könnte es strenge genommen mit acht Korps am Rhein auftreten. Vermuthlich wird man aber das Innere nicht ganz von Truppen entblößen wollen, und darum werden wir bei unserer Betrachtung die Stärke nur zu sieben Korps annehmen.

Die Absicht für einen Unglücksfall eine Reserve zurückzubehalten könnte auch wohl entstehen, allein eine solche halten wir durchaus für verwerflich. Strategische Reserven sollen nur aus solchen Streitkräften bestehen, die nicht auf dem Schlachtfelde sein können, entweder weil sie zu spät fertig werden oder weil sie für andere Zwecke nothwendig zurückgehalten werden müssen. Sie sollten nicht leicht fehlen, aber noch weniger dürfen sie aus Truppen bestehen, die auf dem Schlachtfelde sein könnten, denn darin liegt ein innerer Widerspruch. Der große Unterschied zwischen einer taktischen und strategischen Reserve liegt darin, daß jene vor der Entscheidung gebraucht werden solle, diese aber erst nachher. Um die Unzulässigkeit einer solchen Reserve zu fühlen, darf man sich nur denken, daß sie nur einen Tagemarsch hinter dem Entscheidungspunkte (dem Schlachtfeld) stände; würde man es dem Feldherrn verzeihen, wenn er sie nicht mit zur Entscheidung heranzöge?

Nehmen wir also an, daß die Armee aus den Preußischen Korps II. bis VIII. und aus dem IX. und X. Bundeskorps bestände, so würde ihre Stärke, weil ein solches Korps effektiv 25 000 Mann anzunehmen ist, 225 000 Mann betragen; davon würde aber bei der Offensive noch etwas für die Festungsbesatzungen abzuziehen sein. Wir schlagen die Festungsbesatzungen für den Fall einer Offensive in den Niederlanden folgendergestalt an:

Wesel 3000, Jülich 3000, Cöln 8000, Coblenz 10 000, Luxemburg 15 000, Saarlouis 5000, Mainz 6000 — im Ganzen 50 000. Wir haben nur Saarlouis und Luxemburg mit den für die Vertheidigung erforderlichen Besatzungen angenommen, weil die übrigen Plätze mehr oder weniger durch die im Felde stehenden Truppen gedeckt sind. Kommen sie in den Fall belagert zu werden, so würde man ihre Besatzungen verstärken.

Von den 10 000 Mann, welche für Coblenz angenommen sind, würden sich 5000 vor der Hand an der oberen Mosel als Beobachtungskorps befinden.

Luxemburg sehr stark zu besetzen sehen wir als einen Hauptpunkt in dem Feldzugsplan an. Theils soll man von diesem Platz einen sehr starken Widerstand erwarten, theils muß man auf die üble Gesinnung der Einwohner Rücksicht nehmen; endlich wird dieser Punkt durch eine starke Besatzung eine Art von Offensivkraft erhalten und der Feind genöthigt sein, eine beträchtliche Truppenmasse davor zurücklassen.

Nun können wir an besonderen Truppen für die Festungsbesatzungen annehmen:

Anlage 1.

```
7 Preußische Ref. Regimenter zu 2 Bat. . . . .  14 000 Mann
die dazu gehörigen 3 Landw. Ref. Regtr. zu je
    2 Bat. . . . . . . . . . . . . . . . . . .   6 000  ‚
Preußische Garnisontruppen einschl. Artillerie .  3 000  ‚
Deutsche Bundestruppen . . . . . . . . . . . .   6 000  ‚
Vom zweiten Aufgebot der Rhein- und Westfälischen
    Provinzen . . . . . . . . . . . . . . . .   6 000  ‚
                              Im Ganzen 35 000 Mann.
```

Die 6000 Mann des zweiten Aufgebots werden etwa nur ein Drittel aller Pflichtigen betragen, die aus dem Großherzogthum Niederrhein und der Provinz Jülich-Cleve-Berg genommen werden können. Allein man hat doch wohl mehr als einen Grund das zweite Aufgebot dieser Gegenden nicht stärker in Anspruch zu nehmen.

Die 6000 Mann der Bundestruppen sind hauptsächlich für Mainz und Luxemburg in Anschlag gebracht und dürfen nicht vom IX. und X. Korps genommen werden. So wie die Besatzung von Coblenz vorläufig ein Beobachtungskorps an der Mosel aufstellen kann, so können die von Cöln und Jülich ein solches für das rechte Maasufer bilden, wenn die Armee aufs linke übergeht.

2. Uebergangspunkte über die Maas.

Die Punkte selbst lassen sich natürlich nur an Ort und Stelle und nicht lange vor der Ausführung feststellen. Wäre Maastricht noch in den Händen der Holländer, so würde dieser Ort und die Gegend desselben sich von selbst darbieten. Dagegen kann man sich über die Gegend des Uebergangs im Allgemeinen vorher schon bestimmen.

Wird der Uebergang ausgeführt, ehe die Franzosen in Belgien eingerückt sind oder das Ufer der Maas stark besetzt haben, so ist die Gegend zwischen Maastricht und Roermond für den Hauptübergang die angenehmste, weil sie auf der geraden Linie von Cöln, dem Centro unserer Macht, auf Brüssel, dem nächsten Objekt, liegt, also die schnellste Ausführung sowohl des Uebergangs als des darauf folgenden Stoßes zuläßt und die Brücken sich da auf der natürlichsten Verbindungslinie befinden werden, welche die vorrückende Armee mit ihrer Basis zu halten hat; ferner, weil die Gegend am rechten Ufer eine sehr fruchtbare ist, also die Versammlung der Truppen vor dem Uebergang erleichtert und die auf dem linken Ufer es auch bald wird, nämlich, so wie man Hasselt hinter sich hat.

Ein solcher Uebergang zwischen Maastricht und Roermond würde aber mit einem sekundären unterhalb Roermond oder Venlo zu verbinden sein.

Wären die Franzosen aber bereits in Belgien mit großer Macht eingerückt und bis an die Maas vorgedrungen, so würden sich ihre Hauptmassen wohl zwischen Lüttich und Maastricht befinden, dann könnte es angemessen werden den Uebergangspunkt unterhalb Roermond, vielleicht selbst unterhalb Venlo zu wählen.

3. Versammlungspunkt bei einem feindlichen Angriff.

Der Fall, daß uns der Feind in der Offensive zuvorkommt und von Namur, Lüttich und Maastricht gegen den Rhein vordrängt, ist kein ganz unwahrscheinlicher; wir müssen also bei uns selbst ausmachen, wo wir ihm die Schlacht liefern wollen, durch welche wir diesen Angriff zurückzuweisen haben.

Läßt uns der Feind Zeit ihm noch mit gesammelter Macht entgegenzugehen um dem Theil der seinigen auf den Hals zu fallen, der uns am gelegentlichsten ist, so setzt dies voraus, daß wir noch Zeit gehabt haben müssen, unsere Armee demgemäß zu versammeln und zu disponiren; es ist also in diesem Fall keine Gefahr und der Versammlungspunkt kann nach den Umständen bestimmt werden. Kommt aber der Feind so schnell, daß wir die Schlacht nicht aufsuchen können, sondern annehmen müssen, so ist der Punkt der Schlacht und der Versammlung ziemlich Eines und für die ganze Aufstellung gesetzgebend.

Cöln müssen wir immer als das natürliche Centrum unserer Aufstellung wie unserer ganzen westlichen Kriegsmacht betrachten. Die Wege von Maastricht, Lüttich und Namur nach Cöln sind die Linien, auf welchen der Feind vorrücken wird, sie führen alle auf Aachen; also wird unsere Stellung am natürlichsten auf dem Wege von Aachen nach Cöln fallen. Wollen wir uns nun nicht hinter die Sümpfe der Erst zurückdrängen lassen, was uns vielleicht in unserer Kombination zu sehr beschränken würde, so ist Jülich der natürliche Versammlungspunkt für den Fall eines feindlichen Angriffs.

4. Aufstellung der Armee vor Eröffnung des Feldzuges.

Ob es gleich wünschenswerth wäre vor der Eröffnung des Feldzuges bedeutende Truppenmassen gegen die Französische Maas, also nach Trier und Luxemburg hin, vorzuschieben, theils um diese Gegend noch zu benutzen, theils um die Franzosen ungewisser über unsern Plan zu machen und sie in jenen Gegenden ernstlich zu bedrohen, so ist dies doch nur möglich, wenn dem Ausbruch des Krieges ein langer Zeitraum vorherginge, in welchem man schon gerüstet einander gegenüberstände. In diesem Falle könnte man die vorgeschobenen Truppen, sowie der Ausbruch der Feindseligkeiten sich nähert, nach und nach zurückziehen, um sie da zu haben, wo man sie brauchen will.

Dagegen ist der Gedanke diese Truppen bis im letzten Augenblicke in jenen Gegenden zu lassen und dann damit plötzlich rechts abzumarschiren, um sie durch einen Flankenmarsch in die Gegend des Uebergangspunktes zu führen, unzulässig. Von Trier bis Roermond sind 27 Meilen, also neun Tagemärsche, der Weg geht über Bitburg, Prüm, Bütgenbach, Montjoie und Aachen. Bis zu diesem Ort ist zwar, mit Ausnahme einer Strecke von vier bis fünf Meilen zwischen Prüm und Bütgenbach, Chaussée, allein er führt durch die Eifel und das Hohe Venn, d. h. durch eine sehr unfruchtbare und wenig bebaute Gegend. Von Prüm bis Roermond, also sechs Tagemärsche lang, läuft der Weg wenige Meilen mit der Belgischen Grenze parallel, welches für einen Flankenmarsch eine gefährliche Sache wäre, wenn der Feind die Gegend mit einer namhaften Macht besetzt hielt. Die Wege aus dem Luxemburgischen würden nicht kürzer und nicht besser sein, alle aber münden bei Montjoie aus, wo uns leicht das Hinuntersteigen auf Aachen erschwert werden könnte. Es wäre also wohl mehr als gewagt unter solchen Umständen die Zusammenziehung der Armee mit einem Flankenmarsch von neun Tagen zu beginnen. Außerdem würde dieser Marsch in den Augen der Armee und des Landes das Ansehen eines Rückzuges haben; auch wäre es das in gewisser Beziehung, und wenn der Feind folgte, würde er manchen Traineur aufsammeln; in jedem Falle würde, wenn dieser Marsch mit dem Vorrücken der feindlichen Hauptmacht zusammenfiele, die Meinung entstehen, man habe einen großen Fehler begangen und wolle diesen eiligst gut machen; dies Alles aber sind Meinungen und Eindrücke, die dem Geist des Ganzen schaden und den frischen Muth untergraben würden.

Es ist also, der bloßen Demonstration wegen, gewiß nicht der Mühe werth sich in alle diese Schwierigkeiten zu verwickeln, und darum ist eine Aufstellung am Rhein selbst und zwischen Rhein und Maas das Natürlichste.

Hier sind nun zwei Perioden zu unterscheiden. Als die erste betrachten wir die Zeit, wo die Landwehr und die Artillerie der jetzt am Rhein stehenden Korps, also das IV., VII. und VIII. bei denselben eingetroffen und diese Korps mit Pferden versehen, die östlichen Korps aber noch nicht heran sind. Hierzu werden ungefähr vier Wochen nöthig sein, es hebt also diese erste Periode vier Wochen nach dem Tage an, wo der Entschluß zur Mobilmachung gefaßt worden ist, daß in diesen vorhergehenden vier Wochen schon ein ernstlicher kriegerischer Akt vorkommen sollte, können wir als unwahrscheinlich ganz außer Acht lassen.

Von den östlichen Truppenmassen sind das I. und V. merklich weiter vom Rheine als die anderen, allein das I. könnte bestimmt werden im Lande zu bleiben und das V. hat den Vorzug mit Ausnahme weniger Gegenstände schon mobil zu sein und also drei bis vier Wochen eher aufbrechen zu können; hieraus ergiebt sich, daß die östliche Truppenmasse ungefähr gleichzeitig an dem Rhein ankommen kann, und weil sie gegen 100 Meilen zu marschiren hat, etwa fünf Wochen, nachdem die westliche mobil geworden ist. So lange würde also die erste Periode dauern. Für diese ergiebt sich am natürlichsten die Stellung des VII. Korps in Kantonnements bei Düsseldorf und Wesel, des IV. bei Cöln und Aachen, des VIII. bei Coblenz und Trier. Erlaubten die Verhältnisse, das Luxemburgische mit Preußischen Truppen zu besetzen, so würde das VII. Korps nach Düsseldorf und Cöln, das IV. nach dem Luxemburgischen zu verlegen sein.

Diese Besetzung des Luxemburgischen ist, wenn sich daselbst nicht schon Bundestruppen befinden, durchaus nothwendig, theils um den Belgiern die Kräfte dieser Provinz zu entziehen, theils um zu verhüten, daß sie die Festung einschließen und dadurch so viel früher auf sich selbst beschränken.

Für die zweite Periode würde die Aufstellung folgende sein:

    das IV. Preußische Korps Arlon oder eventualiter Trier,
    » IX. Bundes » Simmern (Hunsrück),
    » VI. Preußische » Coblenz,
    » V. » » Bonn,
    » VIII. » » Cöln,
    » VII. » » Jülich,
    » III. » » Aachen,
    » II. » » Düsseldorf,
    » X. Bundes » Wesel.

Wir haben die Preußischen Garden unter den zurückgelassenen Korps angenommen.

Auf diese Weise befinden sich drei Korps an der Mosel, nämlich mit dem im Luxemburgischen stehenden; vier Korps im Centro zwischen Cöln und Aachen; zwei Korps auf dem rechten Flügel.

Die drei Korps an der Mosel werden die Franzosen immer einigermaßen in Ungewißheit lassen, ob sie nicht von der oberen Mosel aus von der bedeutenden Macht angegriffen werden sollen, besonders wenn man einige Scheinmaßregeln damit verbindet, wodurch sie irre geführt werden. Von diesen drei Korps hat nur das im Luxemburgischen stehende den langen Flankenmarsch, oder, im Fall dieser nicht ausführbar wäre, einen Rückzug längs der Mosel auszuführen. Da es aber gebraucht werden kann die Besatzung von Luxemburg zu verstärken, ein Beobachtungskorps von 10000 Mann in jedem Fall an der oberen Mosel bleiben muß, so wird das, was von diesem Korps den Marsch zum Centrum anzutreten hat, nicht sehr beträchtlich sein.

Diese beiden Aufstellungsarten beziehen sich auf den dem Krieg vorhergehenden Friedenszustand, wo die Franzosen noch innerhalb ihrer Grenzen sind. Rücken sie in Belgien ein, so ist unsere Aufstellung nach Maßgabe der Gefahr zu nehmen, welche die Masse und Nähe ihrer Truppen uns bringt. Zwar haben wir dann ein Recht unsere Truppen bis an die Maas vorzuschieben, allein, da die Franzosen Namur, Lüttich und wahrscheinlich auch Maastricht zu Uebergangspunkten haben, so kann von einer Flußvertheidigung und einem dadurch zu erhaltenden Zeitgewinn nicht die Rede sein. Es sind also die reinen Dimensionen, welche entscheiden. Indessen wird eine leichte Berechnung doch zeigen, daß die obigen Aufstellungen auch unter dieser Voraussetzung keiner großen Veränderung bedürfen.

Betrachten wir den zweiten Fall unserer Aufstellung zuerst. Von Lüttich, welches wohl derjenige Punkt sein wird, wo die Hauptmasse der feindlichen Truppen (also diejenige, welche das Maß der Bewegungen abgiebt) übergehen würde, bis Jülich sind neun Meilen oder drei Märsche, wozu, wenn man den Uebergang und die Zögerungen, welche das Zurückdrängen unserer vorgeschobenen Truppen veranlaßt, in Betracht zieht, der Feind vier Tage brauchen wird, so daß es den fünften zur Schlacht bei Jülich kommen kann; in diesen fünf Tagen muß also Alles bei Jülich sein, was dort schlagen soll. Da man einen Tag für die Benachrichtigung und Versammlung der Korps rechnen muß, so bleiben drei Tage für den Marsch; in diesen können, ohne übertriebene Anstrengung zwölf Meilen zurückgelegt werden. Nun ist aber Coblenz zwölf und Wesel elf Meilen von Jülich. Es ist also nur das jenseit der Mosel stehende IX. Bundeskorps vorher über diesen Fluß, das im Luxemburgischen stehende mit demjenigen Theil, womit es zur Armee stoßen soll, etwas näher heranzuziehen.

Was dies letztere Korps betrifft, so würden davon vielleicht 10 000 Mann zur Verstärkung der Luxemburgischen Garnison, 5000 zur Beobachtung an der Mosel und später zur Verstärkung der Coblenzer Besatzung zu bestimmen und die ersten bei Luxemburg, die andern bei Trier aufzustellen sein. Dann blieben 15 000 für die Gegend von Bastogne übrig.

Diese 15 000 Mann können über Montjoie und Düren zur Armee stoßen, ehe diese geschlagen hat. In der Gegend von Düren können sie schon in der Schlacht mitwirken, die in der Gegend von Jülich gegeben wird. Vielleicht kann man sie auch mit mehr Vortheil weiter rückwärts, nämlich von Montjoie aus zu einer Diversion in des Feindes rechte Flanke verwenden. Dies Letztere wird nämlich immer der Fall sein, wenn der Feind nicht mit einer namhaften Macht die Mosel hinabgeht. Thut aber der Feind dies, so könnten, wenn die Hauptmacht geschlagen sich auf Cöln zurückziehen müßte, die Korps von den beiden Rheinübergängen Cöln und Coblenz abgeschnitten werden. In diesem Fall ist daher die mögliche frühere Vereinigung mit der Hauptarmee nothwendig.

Für den Fall, wo das IV., VII. und VIII. Korps sich noch allein am Rhein befinden, während die Franzosen mit Macht in Belgien einrücken, ist es angemessen dieselben mehr zu sammeln, so daß das IV. und VII. zwischen Cöln und Aachen aufgestellt würde und das VIII. mit dem, was bei Coblenz war, nach Bonn rückte.

Bei diesem Fall würde, um sich im Felde nicht zu sehr zu schwächen, Coblenz nur mit 5000, Luxemburg mit 8000 Mann zu besetzen sein. Nur so viel, wie nöthig wäre beide Garnisonen auf diese Höhe zu bringen, würde an der oberen Mosel zu lassen, das Uebrige mit nach Bonn zu ziehen sein.

5. Eintheilung der Kommandos.

Da man die neun Korps bei ihrer anfänglich ausgedehnten Stellung nicht wohl von dem Hauptquartier aus unmittelbar leiten kann, so dürfte folgende Kommandovertheilung die angemessenste sein.

Die beiden Korps bei Coblenz und auf dem Hunsrück kommen unter den Befehl des General Zieten. Behält er den speziellen Befehl über sein eigenes Korps, so hat er den Vortheil, daß seine Armee nicht aus zwei, sondern aus vier Gliedern besteht: nämlich zwei Preußischen Divisionen, der Preußischen Kavalleriereserve und dem Bundeskorps. Daß dies letztere Glied eine so überwiegende Stärke hat, ist ein Uebel, aber kein so großes als wenn der General Zieten sein Korps einem anderen Korpskommandanten abträte und dann nur über zwei Größen unmittelbar zu disponiren hat. Ebenso können die beiden Korps des rechten Flügels unter das Kommando des Kronprinzen treten.

Die übrigen Korps bleiben unmittelbar unter dem Befehl des kommandirenden Generals, das IV. vorläufig detachirt, die anderen zur Hauptarmee vereinigt. Die Armee bestände daher aus sieben Gliedern erster Ordnung, nämlich zwei Armeen und fünf Korps, die füglich von einem Hauptquartier aus zu leiten sind und mit denen sich gute Kombinationen treffen lassen.

6. Nähere Bestimmungen für den Uebergang.

Dieser läßt sich natürlich nur insoweit vorher und nach Wahrscheinlichkeit angeben, als dadurch die ersten Bewegungen der Armee bestimmt werden.

Wir haben schon gesagt, daß die Gegend zwischen Maastricht und Roermond die angemessenste sein würde. Hinter dieser stehen vier Korps oder 100 000 Mann, die gegen eine merklich schwächere feindliche Macht wohl im Stande sein werden den Uebergang zu erzwingen, da man die Maas mit Pontonbrücken passiren kann. Ist hierzu eine Aussicht, so kann noch weniger zweifelhaft sein unterhalb Roermond einen Uebergang auszuführen, da der Gegner dort in jedem Fall schwächer und für eine ernstliche Vertheidigung zu schwach sein wird. Zu diesem Uebergang ist nun die Armee des rechten Flügels bestimmt. Verspräche ein Uebergang zwischen Maastricht und Roermond keinen guten Erfolg, so würde das Centrum rechts abmarschiren und jenen beiden Korps folgen, bis dahin aber den Feind in jener Gegend festhalten.

Damit die Armee des rechten Flügels nicht in den Fall komme von einer überlegenen Macht geschlagen zu werden, ohne daß das Centrum heran ist, kann sie sich schlimmstenfalls gleich nach dem Uebergang und dicht an den Fluß in eine verschanzte Stellung festsetzen, die dann als Brückenkopf betrachtet wird.

Daß das Centrum, wenn es zwischen Maastricht und Roermond übergeht, in den Fall kommen könnte sich ohne die Armee des rechten Flügels gegen eine überlegene feindliche Macht zu schlagen, ist nicht zu fürchten. Denn wäre diese in der Gegend von Maastricht wirklich vorhanden, so würde ein Uebergang unterhalb Roermond vorzuziehen sein. Uebrigens werden beide Uebergänge nur drei bis vier Meilen auseinander liegen und dieser Raum ist bei so großen Massen, wie die hier in Rede stehenden sind, zu klein, um dem Gegner das Spiel auf der inneren Linie zu gestatten.

Die Zeitberechnung des Uebergangs wird sich im Centro ungefähr so stellen, daß eine Nacht und ein halber Tag zum Brückenbau nöthig sind und die andere Hälfte des Tages hinreicht über die Brücke und vermittelst der Ueberschiffsmittel, die daneben noch im Gange gehalten werden, zwei Korps hinüber zu schaffen, so daß man am Abend des ersten Tages mit 50 000 Mann drüben wäre und sich in einer guten Stellung festsetzte. Während dieser Zeit würde die zweite Brücke gebaut, welche am Abend fertig sein könnte, so daß in der Nacht die anderen beiden Korps übergehen könnten und eine Schlacht, die der Feind am zweiten Tage des Uebergangs liefern wollte, unsererseits mit 100 000 Mann angenommen werden könnte.

Im Laufe des zweiten Tages aber würde die Armee des linken und nach Maßgabe der Umstände auch die des rechten Flügels in die Schlacht einrücken können.

Brückenapparate.

Es läßt sich nicht füglich vorhersehen, wie viel Brücken man überhaupt nöthig haben wird und wie viel davon Pontonbrücken sein müssen. Die Maas ist reich an Fahrzeugen; hat der Feind also nicht Gelegenheit gehabt sie alle an sichere Orte zu bringen, so wird man mit Landesschiffen das meiste leisten können. In jedem Fall muß aber ein Pontontrain in Cöln bereit sein, um zum Hauptübergang gebraucht zu werden. Die zweite Brücke des Hauptüberganges wird man aber einen Tag später mit Landesschiffen bauen können. Kann ein zweiter Pontontrain in Wesel in Bereitschaft gehalten werden, so ist das sehr wünschenswerth. Ist dies nicht möglich, so muß der Uebergang des rechten Flügels mit Landesschiffen möglich gemacht werden, welches in jenen Gegenden leichter sein wird als oberhalb Roermond.

Magazine und Depots.

Hier bieten sich unsere Festungen Coblenz, Cöln, Wesel und Jülich von selbst dar. Von dem Augenblick, wo man die Maas überschritten hat, ist die Anlage von Zwischendepots in Roermond und anderen Plätzen an der Maas nothwendig.

Anlage 2.

1. Uebersicht
zur Besetzung der höheren Kommandostellen bei den neun Armeekorps für die Kriegsformation.

Gardekorps.

1. Garde-Infanterie-Division	Gen. Maj. Prinz Friedrich Wilhelm v. Preußen K. H., Brigadekommandeur.
1. Garde-Infanterie-Brig.	Gen. Maj. Frhr. Hiller v. Gärtringen.
1. Garde-Regt. z. Fuß	Oberst Gr. v. der Golz.
1. Garde-Landw. Regt.	Oberstlt. v. der Groeben v. 1. G. Regt. z. F.
2. Garde-Infanterie-Brig.	Gen. Maj. v. der Mülbe.
2. Garde-Regt. z. Fuß	Oberst v. Bentheim.
2. Garde-Landw. Regt.	Oberstlt. v. Korth, Kdr. d. 2. Bat. 2. G. Ldw. Regts.
2. Garde-Infanterie-Division	Gen. Lt. v. Bonin, Kdr. d. 1. G. Div.
3. Garde-Infanterie-Brig.	Gen. Maj. Herwarth v. Bittenfeld II.
Kais. Alex. Gren. Regt.	Oberst v. Clausewitz.
3. Garde-Landw. Regt.	Oberstlt. v. Winterfeld, v. Kais. Alex. Gr. Regt.
4. Garde-Infanterie-Brig.	Gen. Maj. v. Plonski.
Kais. Franz Gren. Regt.	Oberst v. Plessen.
4. Garde-Landw. Regt.	Oberstlt. v. Oppell, Kdr. d. G. Jäg. Bat.
Garde-Kavallerie-Division	Gen. Lt. v. Schlemüller, Kdr. d. 2. G. Div.
1. Garde-Kavallerie-Brig.	Gen. Maj. v. Griesheim.
Regt. d. Gardes du Corps	Maj. Gr. v. Brandenburg vom Regt.
Garde-Husaren-Regt.	Oberst Gr. v. Bismarck-Bohlen.
1. Garde-Ulanen-Regt.	Oberst v. Witzleben.
1. G. Landw. Kav. Regt.	Maj. Gr. zu Dohna v. Regt. d. Gardes du Corps.
2. Garde-Kavallerie-Brig.	Gen. Maj. Synold v. Schütz, Remonte-Insp.
Garde-Kürassier-Regt.	Oberstlt. Bar. v. Rheinbaben.
Garde-Dragoner-Regt.	Oberstlt. v. Borstell.
2. Garde-Ulanen-Regt.	Maj. Gr. v. Brandenburg v. Regt.
2. G. Landw. Kav. Regt.	Maj. v. Colomb v. 1. Garde-Ulanen-Regt.

I. Armeekorps.

1. Infanterie-Division	Gen. Lt. v. Steinmetz, Kdr. d. 1. Div.
1. Infanterie-Brigade	Gen. Maj. v. Borcke II.
1. Infanterie-Regt.	Oberst v. Stahr.
1. Landwehr-Regt.	Oberstlt. v. Bubberg v. Kaiſ. Franz Gr. Regt.
2. Infanterie-Brigade	Gen. Maj. Bar. v. Koſchkull.
3. Infanterie-Regt.	Oberst v. Lebwaldt.
3. Landwehr-Regt.	Oberstlt. v. Schlabrendorff v. 1. Inf. Regt.
2. Infanterie-Division	Gen. Lt. v. Brauchitſch, Kdr. d. 2. Div.
3. Infanterie-Brigade.	Gen. Maj. v. der Trenck.
4. Infanterie-Regt.	Oberst v. Seelhorst.
4. Landwehr-Regt.	Oberst v. Roux, Kommandant v. Spandau.
4. Infanterie-Brigade.	Gen. Maj. v. Horn.
5. Infanterie-Regt.	Oberst v. Boehn.
5. Landwehr-Regt.	Oberstlt. v. Scheffer, Kdr. d. 3. Bat. 4. Ldw. Regts.
1. Kavallerie-Division.	Gen. Maj. v. Riebel, Kdr. d. 1. Kav. Brig.
1. Kavallerie-Brigade.	Oberst Gr. zu Dohna, Kdr. d. 2. G. Ul. Regts. unter Stellung à la suite d. Regts.
3. Küraſſier-Regiment	Oberstlt. v. Grevenitz.
1. Dragoner-Regt.	Oberstlt. Gr. v. Kalckreuth.
3. ſchw. Ldw. R. Regt.	Maj. v. Trotha v. 3. Küraſſ. Regt.
1. Ldw. Drag. Regt.	Maj. Frhr. v. Barnekow v. 1. Drag. Regt.
2. Kavallerie-Brigade.	Oberst Frhr. Geyr v. Schweppenburg.
1. Huſaren-Regiment	Oberst Gr. v. Blumenthal.
8. Ulanen-Regiment	Oberstlt. Frhr. v. Borcke.
1. Landw. Huſ. Regt.	Oberstlt. a. D. v. Eckartsberg, zul. Maj. im 7. Huſ. Regt.
8. Landw. Ulan. Regt.	Maj. v. Kleist v. 8. Ulanen-Regt.

II. Armeekorps.

3. Infanterie-Division	Gen. Lt. Prinz Friedrich Karl von Preußen K. H., Kdr. d. 3. Div.
5. Infanterie-Brigade	Gen. Maj. v. Baczko.
2. Infanterie-Regt.	Oberst v. Knorr.
2. Landwehr-Regt.	Oberst a. D. v. Alvensleben, zul. Kdr. d. Kaiſ. Alex. Gr. Regt.
6. Infanterie-Brigade	Gen. Maj. Frhr. Hofer v. Lobenstein.
9. Infanterie-Regt.	Oberst v. Horn.
9. Landwehr-Regt.	Oberstlt. v. Owstien v. 14. Inf.-Regt.
4. Infanterie-Division	Gen. Lt. v. Dankbahr, Kdr. d. 4. Div.
7. Infanterie-Brigade	Gen. Maj. Bar. v. Vietinghoff gen. Scheel.
14. Infanterie-Regt.	Oberst v. Bornstedt.
14. Landwehr-Regt.	Oberstlt. v. Pape, Kdr. d. 3. Bat. 14. Ldw. Regts.
8. Infanterie-Brigade	Gen. Maj. v. Welzien.
21. Infanterie-Regt.	Oberst v. Pronbzynski.
21. Landwehr-Regt.	Oberstlt. Frhr. v. Wrangel v. gr. Generalſt.

2 Kavallerie-Division.   Gen. Maj. Bar. v. der Goltz, Kdr. d. 3. Kav.-
                                       Brig.
  3. Kavallerie-Brigade   Oberst v. Heydebrand u. der Lasa, Kdr. d. 7.
                                       Kür. Regts. (unter Stellung à l. s. d. Regts.).
    2. Kürassier-Regiment   Oberstlt. v. Enckevort.
    3. Dragoner-Regt.   Oberst v. Waldow.
    2. schw. Ldw. R. Regt.   Maj. v. Heugel v. 2. Kür. Regt.
    3. Landw. Drag. Regt.   Maj. v. Krosigk v. 3. Drag. Regt.
  4. Kavallerie-Brigade   Gen. Maj. v. Gotsch.
    5. Husaren-Regiment   Maj. v. Stangen, Direkt. d. Mil. Reitschule.
    4. Ulanen-Regiment   Oberstlt. v. Monbart.
    5. Landw. Hus. Regt.   Maj. Ficker v. 5. Hus. Regt.
    4. Landw. Ulan. Regt.   Maj. v. Tresckow v. 4. Ulan. Regt.

III. Armeekorps.

5. Infanterie-Division   Gen. Lt. Vogel v. Falckenstein, Kdr. d. 5. Div.
  9. Infanterie-Brigade   Gen. Maj. v. Le Blanc-Souville.
    8. Infanterie-Regt.   Oberst v. Bojanowski.
    8. Landwehr-Regt.   Oberstlt. v. Tiedemann v. 8. Inf. Regt.
  10. Infanterie-Brigade   Gen. Maj. v. Schmidt.
    12. Infanterie-Regt.   Oberst v. Quitzow.
    12. Landwehr-Regt.   Oberstlt. Zimmermann v. 12. Inf. Regt.
6. Infanterie-Division   Gen. Lt. v. Kortzfleisch, Kdr. d. 6. Div.
  11. Infanterie-Brigade   Gen. Maj. v. Bialcke.
    20. Infanterie-Regt.   Oberst v. Holleuffer.
    20. Landwehr-Regt.   Oberst z. D. v. Selasinsky, zul. Kdr. d. 11.
                                       Inf. Regts.
  12. Infanterie-Brigade   Gen. Maj. v. Manstein.
    24. Infanterie-Regt.   Oberst v. Seydlitz.
    24. Landwehr-Regt.   Oberst z. D. v. Brause, zul. Kdr. d. 3. Bat.
                                       24. Landw. Regts.
3. Kavallerie-Division   Gen. Maj. v. Scholten, Kdr. d. 5. Kav. Brig.
  5. Kavallerie-Brigade   Oberst Weber, Kdr. d. 6. Hus. Regts., unter
                                       Stellung à la suite d. Regts.
    2. Dragoner-Regt.   Maj. v. Tresckow.
    3. Ulanen-Regiment   Oberst v. Goetze.
    2. Landw. Drag. Regt.   Maj. Frhr. v. Richthofen v. 2. Drag. Regt.
    3. Landw. Ulan. Regt.   Maj. v. Rantzau v. 3. Ulan. Regt.
  6. Kavallerie-Brigade   Gen. Maj. Messerschmidt v. Arnim.
    6. Kürassier-Regiment   Maj. Herzog Wilhelm v. Mecklenburg Schwerin H.
                                       v. 11. Hus. Regt.
    3. Husaren-Regiment   Oberstlt. v. der Groeben.
    6. schw. Ldw. R. Regt.   Maj v. Besser v. 6. Kür. Regt.
    3. Landw. Hus. Regt.   Maj. v. Ribbeck v. 3. Hus. Regt.

IV. Armeekorps.

7. Infanterie-Division   Gen. Lt. Herwarth v. Bittenfeld, Kdr. d. 7. Div.
  13. Infanterie-Brigade   Gen. Maj. v. Glisczinski.
    26. Infanterie-Regt.   Oberst Dresler v. Scharffenstein.
    26. Landwehr-Regt.   Oberstlt. v. Gilsa v. 26. Inf. Regt.

Besetzung der höheren Kommandostellen.

14. Infanterie-Brigade — Gen. Maj. v. Borcke III.
27. Infanterie-Regt. — Oberst v. Rieben.
27. Landwehr-Regt. — Oberstlt. v. Gersdorff, Kdr. d. 4. Jäg. Bats.

8. Infanterie-Division — Gen. Maj. Gr. v. Monts, Kdr. d. 29. Inf. Brig.
15. Infanterie-Brigade — Gen. Maj. v. Borcke I.
31. Infanterie-Regt. — Oberst v. Fransecky.
31. Landwehr-Regt. — Oberstlt. v. Schwerin v. 31. Inf. Regt.
16. Infanterie-Brigade — Gen. Maj. v. Fallois II.
32. Infanterie-Regt. — Oberst v. Rohrscheidt.
32. Landwehr-Regt. — Oberstlt. Struth v. 32. Inf. Regt.

4. Kavallerie-Division — Gen. Lt. v. Rudolphi, Kdr. d. 8. Div.
7. Kavallerie-Brigade. — Oberst v. Alvensleben, Kdr. d. Regts. d. Garbes du Corps, unter Stellung à. l. s. d. Regts.
7. Kürassier-Regiment — Maj. v. Langenn v. 8. Kür. Regt.
10. Husaren-Regiment — Maj. v. Reiman.
7. schw. Ldw. R. Regt. — Maj. v. Kerssenbroigk v. 7. Kür. Regt.
10. Landw. Hus. Regt. — Maj. v. Schönermarck v. 10. Hus. Regt.
8. Kavallerie-Brigade — Gen. Maj. Gr. zu Münster-Meinhövel.
12. Husaren-Regiment — Oberstlt. v. Pobbielski.
6. Ulanen-Regiment — Oberstlt. Bar. v. der Goltz.
12. Landw. Hus. Regt. — Maj. Gr. zu Stolberg-Wernigerode, à la suite d. 5. schw. Landw. Reiter-Regts.
6. Landw. Ulan. Regt. — Maj. Frhr. v. Stenglin v. 6. Ulan. Regt.

V. Armeekorps.

9. Infanterie-Division — Gen. Lt. v. Schoeler, Kdr. d. 9. Div.
17. Infanterie-Brig. — Gen. Maj. Bar. v. Dalwig.
6. Infanterie-Regt. — Oberst Tischer.
6. Landwehr-Regt. — Oberstlt. v. Frevhold v. 6. Inf. Regt.
18. Infanterie-Brig. — Gen. Maj. v. Schwartz.
18. Infanterie-Regt. — Oberst v. Schmid.
7. Landwehr-Regt. — Oberstlt. v. Gordon.

10. Infanterie-Division — Gen. Lt. Frhr. v. der Goltz, Kdr. d. 10. Div.
19. Infanterie-Brig. — Gen. Maj. v. Zastrow.
7. Infanterie-Regt. — Oberst v. Frankenberg.
18. Landwehr-Regt. — Oberstlt. Wild v. 6. Inf. Regt.
20. Infanterie-Brig. — Gen. Maj. v. Münchow.
10. Infanterie-Regt. — Oberst v. Roeder.
19. Landwehr-Regt. — Oberstlt. v. Ploetz v. 19. Inf. Regt.

5. Kavallerie-Division — Gen. Maj. Frhr. v. Czettritz u. Neuhaus, Kdr. d. 10. Kav. Brig.
9. Kavallerie-Brig. — Oberst v. Pfuhlstein.
5. Kürassier-Regt. — Maj. v. Schön.
4. Dragoner-Regt. — Maj. v. Bredow.
5. schweres Landw. Reiter-Regt. — Maj. v. Sixthin v. 5. Kür. Regt.
4. Landw. Drag. Regt. — Maj. v. Krosigk v. 4. Drag. Regt.

10. Kavallerie-Brig.		Oberst Hann v. Weyhern, Kdr. d. 5. Hus.-Regts. unter Stellung à la suite d. Regts.
	2. Husaren-Regt.	Oberst Flies.
	1. Ulanen-Regt.	Oberst Gr. v. Schlippenbach.
	2. Landw. Husaren-Regt.	Maj. v. Nostitz v. 2. Hus. Regt.
	1. Landw. Ulanen-Regt.	Maj. Baumgarth v. 1. Ul. Regt.

VI. Armeekorps.

11. Infanterie-Division		Gen. Lt. v. Schlichting, Kdr. d. 11. Div.
21. Infanterie-Brig.		Gen. Maj. v. Walther u. Croneck.
	19. Infanterie-Regt.	Oberst v. Gansauge.
	10. Landwehr-Regt.	Oberstlt. v. Hackwitz v. 10. Inf. Regt.
22. Infanterie-Brig.		Gen. Maj. v. Ploetz.
	11. Infanterie-Regt.	Oberst Frhr. v. Canstein.
	11. Landwehr-Regt.	Oberstlt. v. Knobelsdorff v. 22. Inf. Regt.
12. Infanterie-Division		Gen. Lt. v. Witzleben, Kdr. d. 12. Div.
23. Infanterie-Brig.		Gen. Maj. v. Fallois I.
	22. Infanterie-Regt.	Oberst v. der Goltz.
	22. Landwehr-Regt.	Oberstlt. v. Zweiffel, Kdr. d. III. Bat. 22. Landw. Regts.
24. Infanterie-Brig.		Gen. Maj. v. Othegraven.
	23. Infanterie-Regt.	Oberst v. Holwede.
	23. Landwehr-Regt.	Oberstlt. Albrecht v. 23. Inf. Regt.
6. Kavallerie-Division		Gen. d. Kav. Prinz Albrecht v. Preußen K. H.
11. Kavallerie-Brig.		Gen. Maj. v. Tümpling.
	1. Kürassier-Regt.	Maj. v. Noville.
	4. Husaren-Regt.	Maj. v. Koelichen v. 12. Hus. Regt.
	1. schweres Landw. Reiter-Regt.	Maj. v. Fehrentheil v. 1. Kür. Regt.
	4. Landw. Husaren-Regt.	Maj. v. Krane v. 4. Hus. Regt.
12. Kavallerie-Brig.		Oberst Gr. zu Stolberg-Wernigerode, Kdr. d. 4. Hus. Regts. unter Stellung à la suite d. Regts.
	6. Husaren-Regt.	Maj. v. Trotha v. 1. Hus. Regt.
	2. Ulanen-Regt.	Oberst v. Wnuck.
	6. Landw. Husaren-Regt.	Maj. v. Manstein v. 6. Hus. Regt.
	2. Landw. Ulanen-Regt.	Oberst Herzog v. Ratibor, à la suite d. 2. Landw. Ul. Regts.

VII. Armeekorps.

13. Infanterie-Division		Gen. Lt. v. Mutius, Kdr. d. 13. Div.
25. Infanterie-Brig.		Gen. Maj. v. Natzmer.
	13. Infanterie-Regt.	Oberst v. Ingersleben.
	13. Landwehr-Regt.	Oberstlt. Bar. v. Buddenbrock v. 13. Inf. Regt.

26. Infanterie-Brig.	Gen. Maj. v. Frobel.
15. Infanterie-Regt.	Oberst v. Kracht.
15. Landwehr-Regt.	Oberstlt. v. Schwartzkoppen, Kdr. d. III. Bat. 15. Landw. Regts.
14. Infanterie-Division	Gen. Lt. v. Roon, Kdr. d. 14. Div.
27. Infanterie-Brig.	Gen. Maj. v. Ciesielski.
16. Infanterie-Regt.	Oberst Schumann.
16. Landwehr-Regt.	Oberstlt. v. Bonin v. 17. Inf. Regt.
28. Infanterie-Brig.	Gen. Maj. v. Winning.
17. Infanterie-Regt.	Oberst v. Klaß.
17. Landwehr-Regt.	Oberstlt. v. Hanneken v. 17. Inf. Regt.
7. Kavallerie-Division	Gen. Maj. v. Oelrichs, Kdr. d. 12. Kav. Regts.
13. Kavallerie-Brig.	Oberst v. Hobe.
4. Kürassier-Regt.	Oberstlt. v. Engelhart.
8. Husaren-Regt.	Oberst v. der Landen.
4. schweres Landw. Reiter-Regt.	Maj. v. Frankenberg-Ludwigsdorff v. 4. Kür. Brig.
8. Landw. Husaren-Regt.	Maj. v. Flemming v. 8. Hus. Regt.
14. Kavallerie-Brig.	Gen. Maj. v. Meyerinck.
11. Husaren-Regt.	Oberstlt. v. Pfuel.
5. Ulanen-Regt.	Oberst v. Rohr.
11. Landw. Husaren-Regt.	Maj. v. Oppen v. 11. Hus. Regt.
5. Landw. Ulanen-Regt.	Maj. v. Klützow v. 5. Ul. Regt.

VIII. Armeekorps.

15. Infanterie-Division	Gen. Lt. v. Kleist, Kdr. d. 15. Div.
29. Infanterie-Brig.	Gen. Maj. v. Sommerfeld zu Posen, zuletzt Kdr. d. 7. Inf. Regts.
30. Infanterie-Regt.	Oberst v. Großmann.
25. Landwehr-Regt.	Oberstlt. v. Rekowsky, Kdr. d. II. Bat. 30. Landw. Regts.
30. Infanterie-Brig.	Gen. Maj. v. Winzingerode.
28. Infanterie-Regt.	Oberst v. Schlegell.
28. Landwehr-Regt.	Oberstlt. Frhr. v. Barnekow v. 39. Inf. Regt.
16. Infanterie-Division	Gen. Lt. v. Arnim, Kdr. d. 16. Div.
31. Infanterie-Brig.	Gen. Maj. Marschall v. Sulicki.
29. Infanterie-Regt.	Oberst v. Glisczinski.
29. Landwehr-Regt.	Oberstlt. Bar. v. Schroetter v. 29. Inf. Regt.
32. Infanterie-Brig.	Gen. Maj. v. Etzel.
25. Infanterie-Regt.	Oberst v. Raven.
30. Landwehr-Regt.	Oberstlt. v. Broesicke v. 40. Inf. Regt.
8. Kavallerie-Division	Gen. Maj. Gr. v. Oriolla, Kdr. d. 2. Garde-Kav. Brig.

15. Kavallerie-Brig. Oberst v. Raven.
   8. Kürassier-Regt. Major v. Below.
   7. Husaren-Regt. Oberstlt. Gr. v. der Golz.
   8. schweres Landw. Maj. v. Richthoffen v. 2. Ul. Regt.
      Reiter-Regt.
   7. Landw. Husaren- Maj. Frhr. v. Sonsfeld v. 7. Hus. Regt.
      Regt.
16. Kavallerie-Brig. Gen. Maj. v. Schöler.
   9. Husaren-Regt. Maj. Gr. v. Schlippenbach.
   7. Ulanen-Regt. Oberst v. Kotze.
   9. Landw. Husaren- Maj. Krug v. Nidda v. 9. Hus. Regt.
      Regt.
   7. Landw. Husaren- Maj. Herstatt v. 7. Ul. Regt.
      Regt.

Berlin, den 14. Juni 1859.

        Im Namen Sr. Majestät des Königs.
            gez. Wilhelm Prinz v. Preußen, Regent.
                ggez. v. Bonin.

2. Uebersicht
zur Besetzung der Stellen der Generalstabsoffiziere bei den neun Armeekorps für die Dauer des Kriegszustandes der Armee.

Gardekorps.

Generalkommando:
   Chef des Generalstabes   Oberst Frhr. v. Bergh.
   1. Generalstabsoffizier   Oberstlt. v. Kummer v. Gen. St. d. Gardekorps.
   2. Generalstabsoffizier   Pr. Lt. v. Thiele v. Gr. Gen. St.
1. Garde-Infanterie-Div.   Maj. Mirus v. Gen. St. d. 1. Garde-Div.
2. Garde-Infanterie-Div.   Hptm. v. Krosigk v. Gen. St. d. Gardekorps.
Garde-Kavallerie-Div.   Maj. v. Schlotheim v. Gen. St. d. 2. Garde-Div.

I. Armeekorps.

Generalkommando:
   Chef des Generalstabes   Oberstlt. v. Alvensleben.
   1. Generalstabsoffizier   Maj. Bar. v. der Goltz v. Gen. St. d. I. Armeekorps.
   2. Generalstabsoffizier   Hptm. v. Gottberg, desgl.
1. Infanterie-Division   Hptm. v. Conrady v. Gen. St. d. 1. Div.
2. Infanterie-Division   Maj. v. Schwerin v. Gen. St. d. 2. Div.
1. Kavallerie-Division   Hptm. v. Salviati v. Gr. Gen. St.

II. Armeekorps.

Generalkommando:
   Chef des Generalstabes   Oberst v. Stückradt.
   1. Generalstabsoffizier   Maj. v. Sandrart v. Gen. St. d. II. Armeekorps.
   2. Generalstabsoffizier   Hptm. v. Fischer-Treuenfeld, Komp. Chef im 22. Inf. Regt., zur Dienstleistung.
3. Infanterie-Division   Maj. v. Döring v. Gen. St. d. 3. Div.
4. Infanterie-Division   Hptm. v. Bock v. Gen. St. d. 4. Div.
2. Kavallerie-Division   Hptm. v. Fidler v. Gen. St. d. II. Armeekorps.

III. Armeekorps.

Generalkommando:
   Chef des Generalstabes   Oberst v. Kirchbach.
   1. Generalstabsoffizier   Maj. v. Bosse v. Gen. St. d. III. Armeekorps.
   2. Generalstabsoffizier   Hptm. v. Voigts-Rhetz, desgl.
5. Infanterie-Division   Maj. Bergmann v. Gen. St. d. 5. Div.
6. Infanterie-Division   Hptm. Gr. v. Waldersee v. Gen. St. d. 6. Div.
3. Kavallerie-Division   Rittm. v. Willisen, Esk. Chef v. 2. Drag. Regt., zur Dienstleistung.

IV. Armeekorps.

Generalkommando:
   Chef des Generalstabes   Oberstlt. v. Bose.
   1. Generalstabsoffizier   Oberstlt. v. Stülpnagel v. Gen. St. d. 4. Armeekorps.
   2. Generalstabsoffizier   Hptm. v. Guretzky-Cornitz, desgl.

Anlage 2.

7. Infanterie-Division   Maj. v. Sperling v. Gen. St. d. 7. Div.
8. Infanterie-Division   Maj. v. Bernhardi v. Gen. St. d. 8. Div.
4. Kavallerie-Division   Hptm. Leith, Batt. Chef v. Garde-Art. Regt., zur Dienstleistung.

V. Armeekorps.

Generalkommando:
Chef des Generalstabes   Ob. Lt. v. Kurowski.
1. Generalstabsoffizier   Maj. v. Stosch v. Gen. St. V. Armeekorps.
2. Generalstabsoffizier   Hptm. v. Herrmann, desgl.
9. Infanterie-Division   Maj. v. Wittich, v. Gen. St. d. 9. Div.
10. Infanterie-Division   Maj. Blankenburg v. Gen. St. d. 10. Div.
5. Kavallerie-Division   Hptm. Stiehle, Komp. Chef v. 7. Inf. Regt., zur Dienstleistung.

VI. Armeekorps.

Generalkommando:
Chef des Generalstabes   Oberst v. Schöler.
1. Generalstabsoffizier   Maj. v. Dannenberg v. Gen. St. VI. Armeekorps.
2. Generalstabsoffizier   Hptm. v. Ziemietzky, desgl.
11. Infanterie-Division   Maj. v. Schkopp v. Gen. St. d. 11. Div.
12. Infanterie-Division   Hptm. v. Alvensleben v. Gen. St. d. 12. Div.
6. Kavallerie-Division   Maj. a. D. Bar. v. Baerst, zuletzt Rittm. aggr. d. 1. Drag. Regt., mit Wahrn. d. Geschäfte d. Generalstabsoffiziers d. 6. Kav. Div. beauftragt.

VII. Armeekorps.

Generalkommando:
Chef des Generalstabes
1. Generalstabsoffizier   Maj. v. Diepenbroick-Grüter v. Gen. St. d. VII Armeekorps.
2. Generalstabsoffizier   Hptm. Gr. v. der Groeben, desgl.
13 Infanterie-Division   Maj. v. Kraatz-Koschlau v. Gen. St. d. 13. Div.
14 Infanterie-Division   Maj. v. Gerstein-Hohenstein v. Gen. St. d. 14. Div.
7. Kavallerie-Division   Maj. v. Rauch v. gr. Gen. St.

VIII. Armeekorps.

Generalkommando:
Chef des Generalstabes   Oberst v. Goeben.
1. Generalstabsoffizier   Ob. Lt. v. Pawel v. Gen. St. VIII. Armeekorps.
2. Generalstabsoffizier   Rittm. v. Grävenitz v. 10. Hus. Regt., zur Dienstleistung.
15. Infanterie-Division   Maj. v. Borries v. Gen. St. d. 15. Div.
16. Infanterie-Division   Maj. v. Wolff v. Gen. St. d. 16. Div.
8. Kavallerie-Division   Hptm. Kritter v. Gen. St. VIII. Armeekorps.

Berlin, den 22. Juni 1859.

Im Namen Sr. Majestät des Königs.
gez. Wilhelm Prinz von Preußen, Regent.

ggez. v. Bonin.

3. Uebersicht

der Besetzung der Adjutanten-Stellen bei den neun Armeekorps für die Dauer des Kriegszustandes der Armee.*)

Gardekorps.

Generalkommando:	
1. Adjutant	Hptm. v. Neumann v. 2. Garde-Regt. z. F.
2. "	Rittm. v. Drigalski v. 1. Garde-Ulan. Regt.
3. "	Pr. Lt. v. Raphengst v. Garde-Drag. Regt.
4. "	Pr. Lt. v. Massow v. Kais. Alex. Gr. Regt.
1. Garde-Inf. Div.: 1. Adj.	Hptm. v. Loos v. 2. Garde-Regt. z. F.
2. "	Hptm. v. Rauch v. 1. Garde-Regt. z. F.
1. Garde-Infanterie-Brig.	Sek. Lt. v. Derenthall v. 1. Garde-Regt. z. F.
2. Garde-Infanterie-Brig.	Hptm. v. Schrabisch v. Kais. Alex. Gr. Regt.
2. Garde-Inf. Div.: 1. Adj.	Hptm. Frhr. v. Loën v. Garde-Res. Inf. Regt.
2. "	Pr. Lt. v. Brandenstein v. Kais. Alex. Gr. Regt.
3. Garde-Infanterie-Brig.	Pr. Lt. v. Grolman v. Kais. Franz Gr. Regt.
4. Garde-Infanterie-Brig.	Hptm. Mattern gen. v. Preuß v. dems. Regt.
Garde-Kav. Div.: 1. Adj.	Rittm. Gr. Finck v. Finckenstein v. 2. Garde-Ulan. Regt.
2. "	Pr. Lt. v. Alvensleben v. Regt. der Gardes du Corps.
1. Garde-Kavallerie-Brig.	Rittm. v. Köhler v. Garde-Drag. Regt.
2. Garde-Kavallerie-Brig.	Pr. Lt. v. Versen v. 1. Garde-Ulan. Regt.

I. Armeekorps.

Generalkommando:	
1. Adjutant	Hptm. Frhr. v. Wechmar v. 6. Inf. Regt.
2. "	Rittm. v. Blankensee v. 8. Ulan. Regt.
3. "	Rittm. Hartrott v. 8. Ulan. Regt.
4. "	Sek.Lt. Bronsart v. Schellendorff v. 8. Jäg. Bat.
1. Infanterie-Div.: 1. Adj.	Hptm. v. Winterfeld v. 1. Inf. Regt.
2. "	Pr. Lt. Frhr. v. der Goltz v. 1. Drag. Regt.
1. Infanterie-Brigade	Pr. Lt. Gotzhein I. v. 3. Inf. Regt.
2. Infanterie-Brigade	Hptm. v. Wunsch v. 17. Inf. Regt.
2. Infanterie-Div.: 1. Adj.	Hptm. v. Normann II. v. 3. Inf. Regt.
2. "	Rittm. Gr. v. Wartensleben v. 6. Kür. Regt.
3. Infanterie-Brigade	Pr. Lt. Brunsig Edler v. Brun v. 5. Inf. Regt.
4. Infanterie-Brigade	Hptm. v. Versen v. 1. Inf. Regt.
1. Kavallerie-Div.: 1. Adj.	Rittm. v. Heuduck v. 8. Ulan. Regt.
2. "	Sek.Lt.Gr. zu Dohna-Wesselhöfen v. dems.Regt.
1. Kavallerie-Brigade	Sek. Lt. Frhr. v. Korff v. 3. Kür. Regt.
2. Kavallerie-Brigade	Pr. Lt. v. Willich v. 1. Ulan. Regt.

---

*) Am 14. Juli durch General v. Manteuffel dem Kriegsminister übersandt.

II. Armeekorps.

Generalkommando:
- 1. Adjutant — Hptm. v. Puck v. 9. Inf. Regt.
- 2. " — Rittm. John v. Freyend v. 2. Drag. Regt.
- 3. " — Hptm. v. Cranach v. 14. Inf. Regt.
- 4. " — Pr. Lt. Kutscher v. 5. Hus. Regt.

3. Infanterie-Div.:
- 1. Adj. — Hptm. Frhr. v. Faltenhausen v. 2. Inf. Regt.
- 2. " — Pr. Lt. v. Lewinski v. 9. Inf. Regt.
- 5. Infanterie-Brigade — Hptm. v. Wienstowski v. 21. Inf. Regt.
- 6. Infanterie-Brigade — Hptm. v. Woedtke v. 9. Inf. Regt.

4. Infanterie-Div.:
- 1. Adj. — Hptm. v. Bagensky v. 21. Inf. Regt.
- 2. " — Pr. Lt. v. Bülow v. 4. Ulan. Regt.
- 7. Infanterie-Brigade — Hptm. v. Lesczynski v. 18. Inf. Regt.
- 8. Infanterie-Brigade — Pr. Lt. v. Petersdorff v. 21. Inf. Regt.

2. Kavallerie-Div.:
- 1. Adj. — Rittm. v. Wichmann v. 5. Hus. Regt.
- 2. " — Pr. Lt. Frhr. Roth v. Schreckenstein v. 9. Hus. Regt.
- 3. Kavallerie-Brigade — Rittm. v. Griesheim v. 3. Hus. Regt.
- 4. Kavallerie-Brigade — Rittm. v. Werner v. 4. Hus. Regt.

III. Armeekorps.

Generalkommando:
- 1. Adjutant — Hptm. v. Scheliha v. 13. Inf. Regt.
- 2. " — Rittm. v. Walther v. 3. Ulan. Regt.
- 3. " — Hptm. v. Tilly v. 24. Inf. Regt.
- 4. " — Pr. Lt. v. Häseler v. 3. Hus. Regt.

5. Infanterie-Div.:
- 1. Adj. — Hptm. v. Schartow v. 12. Inf. Regt.
- 2. " — Pr. Lt. v. Schmidt v. Knobelsdorff v. 8. Hus. Regt.
- 9. Infanterie-Brigade — Hptm. Christoffel v. 12. Inf. Regt.
- 10. Infanterie-Brigade — Hptm. Gr. Finck v. Finckenstein v. 8. Inf. Regt.

6. Infanterie-Div.:
- 1. Adj. — Pr. Lt. v. Goßlar v. 5. Ulan. Regt.
- 2. " — Pr. Lt. v. Lesczynski v. 20. Inf. Regt.
- 11. Infanterie-Brigade — Pr. Lt. v. Märcker v. 24. Inf. Regt.
- 12. Infanterie-Brigade — Hptm. Fischer v. 32. Inf. Regt.

3. Kavallerie-Div.:
- 1. Adj. — Pr. Lt. Gr. v. Wartensleben v. 3. Hus. Regt.
- 2. " — Sek. Lt. v. Saldern v. 2. Drag. Regt.
- 5. Kavallerie-Brigade — Pr. Lt. v. Winterfeld v. 2. Drag. Regt.
- 6. Kavallerie-Brigade — Rittm. v. Eckartsberg v. 3. Ulan. Regt.

IV. Armeekorps.

Generalkommando:
- 1. Adjutant — Hptm. Dürre v. 27. Inf. Regt.
- 2. " — Rittm. v. Bernuth v. 5. Ulan. Regt.
- 3. " — Hptm. v. Zaluskowski v. 31. Inf. Regt.
- 4. " — Sek. Lt. v. Krosigk v. 10. Landw. Hus. Regt.

7. Infanterie-Div.:
- 1. Adj. — Rittm. v. Albedyll v. 2. Kür. Regt.
- 2. " — Sek. Lt. Goetze v. 26. Inf. Regt.
- 13. Infanterie-Brigade — Hptm. v. Boltenstern v. 26. Inf. Regt.
- 14. Infanterie-Brigade — Pr. Lt. v. Kornatzki v. 25. Inf. Regt.

8. Infanterie-Div.:
- 1. Adj. — Hptm. v. Weller v. 11. Inf. Regt.
- 2. " — Hptm. v. Johnston v. 32. Inf. Regt.
- 15. Infanterie-Brigade — Pr. Lt. v. Oppeln-Bronikowski v. 33. Inf. Regt.
- 16. Infanterie-Brigade — Pr. Lt. v. Dresky v. 32. Inf. Regt.

4. Kavallerie-Div.: 1. Adj.   Rittm. v. Branchitsch v. 12. Hus. Regt.
                   2.   "   Sek. Lt. Gr. v. der Schulenburg-Nimptsch
                               v. 10. Landw. Hus. Regt.
7. Kavallerie-Brigade   Rittm. v. Seydlitz v. 2. Hus. Regt.
8. Kavallerie-Brigade   Rittm. v. Jarotzky v. 10. Hus. Regt.

V. Armeekorps.

General-Kommando:
          1. Adjutant   Rittm. v. Kalckreuth v. Garde-Küraff. Regt.
          2.   "   Hptm. Eskens v. 17. Inf. Regt.
          3.   "   Pr. Lt. de Claer v. 4. Drag. Regt.
          4.   "   Sek. Lt. a. D. Gr. v. Frankenberg, früher
                          im 1. Küraff. Regt.
9. Infanterie-Div.: 1. Adj.   Rittm. v. Ratzmer v. 4. Hus. Regt.
                    2.   "   Pr. Lt. v. Schöler v. 7. Inf. Regt.
17. Infanterie-Brigade   Hptm. v. Necker v. 7. Inf. Regt.
18. Infanterie-Brigade   Hptm. v. Lewinski v. 7. Inf. Regt.
10. Infanterie-Div.: 1. Adj. Rittm. Gr. v. der Goltz v. 1. Ulan. Regt.
                     2.   "   Pr. Lt. Kelz v. 19. Inf. Regt.
19. Infanterie-Brigade   Hptm. v. Gaffron v. 10. Inf. Regt.
20. Infanterie-Brigade   Hptm. v. Münchhausen v. 23. Inf. Regt.
5. Kavallerie-Div.: 1. Adj.   Rittm. v. Kleist v. 5. Küraff. Regt.
                    2.   "   Sek. Lt. v. Treskow v. 2. Hus. Regt.
9. Kavallerie-Brigade   Pr. Lt. v. Radecke v. 1. Drag. Regt.
10. Kavallerie-Brigade   Rittm. Kruge v. 5. Küraff. Regt.

VI. Armeekorps.

General-Kommando:
          1. Adjutant   Hptm. v. Ferentheil-Gruppenberg v. 19. Inf.
                          Regt.
          2.   "   Rittm. Frhr. v. Gregory v. 4. Drag. Regt.
          3.   "   Sek. Lt. v. Oheimb v. 6. Hus. Regt.
          4.   "   Sek. Lt. v. Kessel v. 4. Hus. Regt.
11. Infanterie-Div.: 1. Adj. Hptm. v. Prittwitz v. 6. Inf. Regt.
                     2.   "   Sek. Lt. v. Wenzky v. 4. Hus. Regt.
21. Infanterie-Brigade   Hptm. v. Rosenberg v. 4. Inf. Regt.
22. Infanterie-Brigade   Hptm. v. Tschirschky v. 7. Inf. Regt.
12. Infanterie-Div.: 1. Adj. Hptm. Wiedner v. 11. Inf. Regt.
                     2.   "   Sek. Lt. Szmula v. 22. Inf. Regt.
23. Infanterie-Brigade   Hptm. John v. Freyend v. 10. Inf. Regt.
24. Infanterie-Brigade   Pr. Lt. v. Bockelmann v. 22. Inf. Regt.
6. Kavallerie-Div.: 1. Adj.   Maj. a. D. Bar. v. Vaerst, zul. Rittm. aggr.
                                dem 1. Drag. Regt.
                    2.   "   Sek. Lt. v. Lindheim v. 1. Küraff. Regt.
11. Kavallerie-Brigade   Rittm. v. Prittwitz v. 7. Hus. Regt.
12. Kavallerie-Brigade   Pr. Lt. v. Bojanowsky v. 3. Hus. Regt.

VII. Armeekorps.

General-Kommando:
          1. Adjutant   Maj. v. Gilsa v. 9. Inf. Regt.
          2.   "   Hptm. v. Busse v. 26. Inf. Regt.
          3.   "   Pr. Lt. v. Amelunzen v. 15. Inf. Regt.
          4.   "   Pr. Lt. Frhr. v. Locquenghien v. 5. Ulan. Regt.

13. Infanterie-Div.:	1. Adj.	Hptm. Funk v. 15. Inf. Regt.
	2. "	Pr. Lt. v. Borries v. 11. Hus. Regt.
25. Infanterie-Brigade		Hptm. Frhr. v. Quabt u. Hüchtenbruck v. 25. Inf. Regt.
26. Infanterie-Brigade		Pr. Lt. Kroseck v. 35. Inf. Regt.
14. Infanterie-Div.:	1. Adj.	Pr. Lt. v. Bünting v. 7. Hus. Regt.
	2. "	Pr. Lt. Ehrhardt v. 17. Inf. Regt.
27. Infanterie-Brigade		Hptm. Sannow v. 9. Inf. Regt.
28. Infanterie-Brigade		Hptm. Gr. v. Walderfee v. 1. Garde-Regt. z. F.
7. Kavallerie-Div.:	1. Adj.	Rittm. v. Hommen v. 11. Hus. Regt.
	2. "	Pr. Lt. v. Stubnitz v. 4. Kür. Regt.
13. Kavallerie-Brigade		Rittm. v. Hertell v. 4. Hus. Regt.
14. Kavallerie-Brigade		Pr. Lt. Frhr. v. Bodelschwingh v. G. Drag. Regt.

VIII. Armeekorps.

General-Kommando:		
	1. Adjutant	Maj. Gr. zur Lippe-Weißenfeld v. Garde-Ulan. Regt.
	2. "	Hptm. v. Hüllesheim v. 38. Inf. Regt.
	3. "	Hptm. v. Bussow v. 24. Inf. Regt.
	4. "	Sek. Lt. v. Colomb v. 9. Hus. Regt.
15. Infanterie-Div.:	1. Adj.	Maj. Frhr. v. Müffling gen. Weiß v. 4. Drag. Regt.
	2. "	Pr. Lt. Berger v. 28. Inf. Regt.
29. Infanterie-Brigade		Pr. Lt. v. Grote v. 25. Inf. Regt.
30. Infanterie-Brigade		Pr. Lt. v. Jossa v. 29. Inf. Regt.
16. Infanterie-Div.:	1. Adj.	Hptm. v. Pastau v. 30. Inf. Regt.
	2. "	Pr. Lt. Trenk v. 38. Inf. Regt.
31. Infanterie-Brigade		Hptm. Calow v. 9. Inf. Regt.
32. Infanterie-Brigade		Hptm. Steinfeld v. 31. Inf. Regt.
8. Kavallerie-Div.:	1. Adj.	Rittm. Gr. v. Beyßel-Gymnich v. 7. Ulan. Regt.
	2. "	Rittm. Witte v. 7. Hus. Regt.
15. Kavallerie-Brigade		Rittm. Richrath v. 9. Hus. Regt.
16. Kavallerie-Brigade		Rittm. v. Woedtke v. 7. Ulan. Regt.

4. Veränderungen in der Armee für die Dauer des Kriegszustandes.

Berlin, den 20. Juni 1859. Flies, Oberst und Kommandeur des 2. Hus. Regts., unter Stellung à la suite dieses Regts., zum Kommandeur der 6. Kavallerie-Brigade,

v. Linden, Major vom Garde-Hus. Regt., zum Kommandeur des 2. Hus. Regts. ernannt.

Berlin, den 22. Juni 1859. v. Rothkirch-Panthen, Rittm. und Eskadr. Chef vom 4. Kür. Regt., zur Dienstleistung bei dem großen Generalstabe kommandirt.

Berlin, den 23. Juni 1859. v. Salisch, Oberst und Kommandant von Colberg, unter Belassung in seinem Verhältniß à la suite des Garde-Drag. Regts., zum Kommandeur der 9. Kavallerie-Brigade.

Berlin, den 26. Juni 1859.

gez. Frhr. v. Manteuffel.

Berlin, den 28. Juni 1859. v. Colomb, Major und Kommandeur des 2. Garde-Landw. Kavallerie-Regts., in gleicher Eigenschaft zum 1. Garde-Ulanen-Regt. versetzt,

Mirus, Major vom Generalstabe der 1. Garde-Infanterie-Division, zum Kommandeur des 2. Garde-Landw. Kavallerie-Regts. ernannt,

v. Obernitz, Major, aggr. dem 1. Garde-Regt. z. F., unter Belassung in seinem Verhältniß als persönlicher Adjutant des Prinzen Friedrich Wilhelm von Preußen K. H., mit der Führung der Geschäfte des Generalstabsoffiziers der 1. Garde-Infanterie-Division beauftragt.

Berlin, den 4. Juli 1859.

gez. Frhr. v. Manteuffel.

An das Königliche Kriegsministerium.

---

20. Juni c. v. Wolicki, Oberstlt. vom 27. Inf. Regt., zum stellvertretenden Brigadekommandeur der 14. Infanterie-Brigade,

v. Schönfeldt, Oberstlt. vom 31. Inf. Regt., zum stellvertretenden Brigadekommandeur der 13. Infanterie-Brigade,

30. Juni c. v. Gaedecke, Oberstlt. vom 20. Inf. Regt., zum stellvertretenden Brigadekommandeur der 12. Infanterie-Brigade ernannt.

9. Juli c.   Petersen, Oberstlt. vom großen Generalstabe, zur Dienstleistung bei der Abtheilung für die persönlichen Angelegenheiten im Kriegsministerium kommandirt.

Berlin, den 11. Juli 1859.

gez. Frhr. v. Manteuffel.

An das Königliche Kriegsministerium.

Sanssouci, den 9. Juli 1859.   Bar. v. Baerst, Major a. D. und mit Wahrnehmung der Geschäfte des Generalstabsoffiziers der 6. Kavallerie-Division beauftragt, unter Entbindung von diesem Verhältniß als ersten Adjutanten bei dieser Division bestimmt,

Stiehle, Hauptm. und Komp. Chef vom 7. Inf. Regt. und kommandirt zur Dienstleistung als Generalstabsoffizier bei der 5. Kavallerie-Division, in gleichem Verhältniß zur 6. Kavallerie-Division versetzt,

v. Rothkirch-Panthen, Rittm. und Eskadr. Chef vom 4. Kür. Regt. und kommandirt zur Dienstleistung beim großen Generalstabe, als dienstleistender Generalstabsoffizier zur 5. Kavallerie-Division versetzt.

Berlin, den 10. Juli 1859.   Schmidt, Gen. Lt. und Direktor der Allgem. Kriegsschule, zum stellvertretenden kommandirenden General des VII. Armeekorps ernannt.

Schloß Babelsberg, den 11. Juli 1859.   Frhr. v. Wrangel, General-Feldmarschall ꝛc., mit der oberen Leitung des III., IV., V., VII. und VIII. Armeekorps, nach deren Konzentrirung, beauftragt.

v. Zastrow III., Rittm. vom 2. Garde-Ulanen-Regt.,

v. Unger, Rittm. vom Garde-Hus. Regt., zur Dienstleistung beim großen Generalstabe kommandirt.

Berlin, den 18. Juli 1859.

gez. Frhr. v. Manteuffel.

An das Königliche Kriegsministerium.

5. Stellenbesetzung
bei den Bundeskorps, soweit sie am 8. Juni 1859 im Preußischen Großen
Generalstabe in Berlin bekannt war.

VII. Corps (Bayern).

Kommandirender General:	Feldmarschall Prinz Karl von Bayern.
1. Infanterie-Division (München):	Gen. Lt. Prinz Luitpold.
2. Infanterie-Division (Augsburg):	Gen. Lt. Frhr. v. Hohenhausen.
3. Infanterie-Division (Nürnberg):	Gen. Lt. Frhr. v. Harold.*)
Kavalleriekorps:	Gen. d. Kav. Fürst v. Taris.

VIII. Korps (Württemberg, Baden, Großherzogthum Hessen).
Gegenwärtiges Hauptquartier: Stuttgart.

Kommandirender General:	Prinz Friedrich von Württemberg.
Chef des Generalstabes:	Gen. Maj. v. Wiederhold.
1. Korps-Division (Württemberg):	Gen. Lt. v. Miller.
Chef des Generalstabes:	Oberstlt. v. Kaller.
2. Korps-Division (Baden):**)	General Hoffmann (reaktivirt)?
(Feld-Division:	Gen. Lt. Ludwig.)
3. Korps-Division (Großherzogthum Hessen):	?

IX. Korps (Sachsen, Kurhessen, Nassau, Limburg).
Wahrscheinliches Hauptquartier: Hanau.

Kommandirender General:	Kronprinz Albert von Sachsen.
Adjutant:***)	Maj. v. Amelunxen vom 1. Hus. Regt. (Hessen-Kassel).
1. Korps-Division (Sachsen):	?
2. Korps-Division (Kurhessen, Nassau, Limburg):	?
Kurhessisches Kontingent:	Oberst Weiß.
Nassauisches Kontingent:	?
Limburgisches Kontingent:	?

X. Korps.

Kommandirender General:	Herzog von Braunschweig, Hoheit.
Chef des Generalstabes:	General Müller (Hannov. Artill.)
1. Korps-Division (Hannover):	
Kommandeur:	Gen. Lt. Jakobi (?).
2. Korps-Division:	Großherzog von Mecklenburg-Schwerin.
Chef des Generalstabes:	Gen. Maj. v. Zülow.

*) Es ist bisher fraglich, ob diese 3 Infanterie-Divisionen zur Armee stoßen oder für eine derselben die 4. (Würzburg). Gen. Lt. v. Flotow.
**) Das gesammte Badensche Truppenkorps zerfällt in
1. Eine Feld-Division à 3 Infanterie-Brigaden,
   1 Kavallerie-Brigade.
2. Eine Besatzungs-Brigade, die im Lande bleibt. — Gen. Maj. Treyer.
***) Bisher bekannt geworden.

Anlage 2.

6. Liste
der Generalstabsoffiziere und Adjutanten, die der Generalfeldmarschall Freiherr v. Wrangel am 12. Juli 1859 zu seinem Stabe kommandirt zu wissen wünschte.

1. Chef des Stabes: Gen. Lt. Vogel v. Falckenstein.
2. Souschef: Oberstlt. Ollech.
3. Maj. v. Stein vom großen Generalstabe.
4. Hauptmann v. Schmeling vom großen Generalstabe.
5. Rittm. v. Zastrow vom 2. Garde-Ulan. Regt.
6. Pr. Lt. Bronsart v. Schellendorf vom Kaiser Franz Regt. ⎱ Generalstabs-
7. " v. Grolman vom 1. Garde-Regt. ⎰ Offiziere.

Als Adjutanten: noch 2 Stabsoffiziere.

8. Rittm. Graf zu Eulenburg vom 3. Kür. Regt.
9. " v. Prillwitz vom 1. Kür. Regt.
10. Pr. Lt. v. Massow vom 2. Drag. Regt.
11. Sek. Lt. Graf v. Nostiz vom Garde-Drag. Regt.

      Stabswache:
   Graf Zieten.
   Pr. Lt. v. Wrangel vom 1. Leibhus. Regt.

      Feldjäger:
   . . . .

      Artillerie:
   . . . .

      Genie:
   . . . .

      Intendantur:
   . . . .

Uebersicht
der
wichtigsten Ereignisse des Jahres 1859.

1859.
1. Januar. Neujahrsempfang des diplomatischen Korps durch Kaiser Napoleon III. in Paris.
1. „ Bildung eines Französischen Observationskorps im Departement Var (Seealpen).
7.—20. „ Transport des 3. Oesterreichischen Armeekorps von Wien nach Oberitalien zur Verstärkung der Lombardo-Venetianischen Garnisonen.
10. „ Thronrede des Königs Viktor Emanuel bei Eröffnung der Sardinischen Kammer.
14. „ Beginn der Versammlung der Sardinischen Truppen zwischen Alessandria und Casale.
25. „ Befehle zur Befestigung des Oesterreichischen Adria- und Po-Gebietes sowie der Küsten.
1. Februar. Erlaß des Pferdeausfuhrverbotes in Oesterreich.
5. „ Note des Wiener Kabinets an die Deutschen Regierungen mit der Aufforderung zur Einmüthigkeit in Oesterreichs Interesse.
12. „ Erklärung Preußens an Oesterreich mit Betonung seiner Pflichten als Großmacht.
22. „ Note Oesterreichs an Preußen mit der Aufforderung, den Bundespflichten den Vorrang zu geben.
25. u. 28. „ Befehl zur „Augmentirung" des 3., 5., 7. und 8. Oesterreichischen Armeekorps in Italien sowie des 2. in Wien.
27. „ Konferenz beim Prinz-Regenten in Berlin.
  Transport der Französischen Division Renault aus Algier nach Lyon.
März. Sardinien setzt sämmtliche Truppen auf den Kriegsfuß.
  Eingreifen Rußlands zu Gunsten des Friedens.
1. April. Einziehung der Beurlaubten in Frankreich.
5. u. 6. „ Befehl zur vollständigen Mobilmachung des 3., 5., 7. und 8. Oesterreichischen Armeekorps in Italien, des 2. in Wien und des 6. und 9. in Steiermark ꝛc. bezw. in Mähren.
9. „ Befehl zum Transport des 2. Oesterreichischen Armeekorps von Wien nach Italien.
12.—20. „ mittags. Aufenthalt des Erzherzogs Albrecht in Berlin.
19. „ abends. Absendung des Oesterreichischen Ultimatums an Sardinien aus Wien.

20. April.		Befehl zur Kriegsbereitschaft des III., VII., VIII. Preußischen Korps.
22.	"	Protest Rußlands } gegen das Oesterreichische Ultimatum.
23.	"	" Preußens und Englands
23.	"	Uebergabe des Oesterreichischen Ultimatums in Turin.
23.	"	Antrag Preußens beim Bunde die Hauptkontingente der Bundesstaaten in Marsch zu setzen.
24.	"	Befehl zum Transport des 9. Oesterreichischen Armeekorps nach Italien.
24.	"	Einspruch Rußlands und Frankreichs gegen Preußens Maßnahmen.
25.	"	Ueberschreiten der Savoyer Grenze durch die Franzosen.
26.	"	Landung der ersten Französischen Truppen in Genua.
26.	"	Ablehnung des Oesterreichischen Ultimatums durch Sardinien.
26.	"	Erklärung der rein defensiven Natur der preußischen Maßnahmen durch das Berliner Kabinet.
27.	"	Befehl zum Ueberschreiten der Grenze an den Oesterreichischen Oberbefehlshaber in Italien Grafen Gyulai.
28.	"	Abreise des Preußischen Militärbevollmächtigten in Wien, Majors v. Redern, nach Mailand.
29.	"	Ueberschreiten der Sardinischen Grenze durch die Oesterreicher.
29.	"	Allerhöchste Kabinetsordre betreffend Kriegsbereitschaft des Preußischen Garde-, I., II., IV., V. und VI. Armeekorps.
2. Mai.		Eisenbahnkonferenz in Berlin.
Anfang	"	Vorrücken der Oesterreicher in der Lomellina.
"	"	Vormarsch der Franzosen über die Alpen und von Genua aus zum Anschluß an die Sardinier bei Casale und Alessandria.
8.	"	Konferenz beim Prinz-Regenten in Berlin.
9.	"	Entschluß der Oesterreicher zum Rückzug hinter den Ticino.
10.	"	Sendung des Generals v. Willisen von Berlin nach Wien.
12.	"	Ankunft des Kaisers Napoleon in Genua.
14.	"	" " " " Alessandria.
17.	"	Vollendung der Konzentration des Französisch-Sardinischen Heeres im Dreieck Casale—Voghera—Alessandria.
20.	"	Treffen bei Montebello.
23.	"	Vortrag des Generals v. Moltke beim Prinz-Regenten in Berlin.
23.—27.	"	Zug Garibaldis nach Varese und Como.
26.	"	Beginn des Linksabmarsches der Verbündeten Franzosen-Sardinier nach Norden (nach Vercelli).
26.	"	Kaiser Franz Josef übernimmt das Oberkommando. Bildung der Ersten Oesterreichischen Armee (1., 2., 9. und 11. Armeekorps).
30.	"	Kaiser Franz Josef kommt in Verona an.
30. u. 31.	"	Treffen bei Palestro.
4. Juni.		Schlacht bei Magenta.
8.	"	Gefecht bei Melegnano.
"	"	Napoleons Einzug in Mailand.
14.	"	Befehl zur Mobilmachung des Preußischen Garde-, III., IV., V., VII. und VIII. Armeekorps.
14.	"	Antrag Preußens beim Bundestag auf Bildung eines Observationskorps aus den beiden Süddeutschen Bundeskorps.
20.	"	Befehl zur Versammlung von fünf Preußischen Armeekorps am Rhein und Main.
24.	"	Schlacht bei Solferino.

24. Juni.	Verständigung der neutralen Großmächte von dem Beginn der bewaffneten Vermittelung Preußens.
25. "	Erste Konferenz der militärischen Vertreter der Bundesstaaten in Berlin.
28. "	Zweite " " " " " " " "
4. Juli.	Befehl zur Versammlung des III., IV. und V. Preußischen Armeekorps sowie zum Vormarsch des VII. und VIII.
4. "	Antrag Preußens beim Bundestag auf Ueberlassung des Oberbefehls.
7. "	Gegenantrag Oesterreichs bezüglich des Oberbefehls.
8. "	Waffenstillstand von Villafranca.
11. "	Uebertragung des vorläufigen Oberbefehls über die fünf Preußischen Korps an General-Feldmarschall Freiherrn v. Wrangel.
11. "	Zusammenkunft des Kaisers Franz Josef und des Kaisers Napoleon in Villafranca.
12. "	Unterzeichnung des Präliminarfriedens in Villafranca.
13. "	Befehl an die Generalkommandos betreffend Einstellung sämmtlicher Fußmärsche und Eisenbahntransporte Preußischer Truppen.
14. "	Allerhöchste Kabinets-Ordre zur Einstellung sämmtlicher Fußmärsche und Eisenbahntransporte Preußischer Truppen.
1. August.	Demobilmachung der mobilen Preußischen Armeekorps und des Preußischen Generalstabes.
10. November.	Friede von Zürich zwischen Oesterreich und Frankreich.

Namen-Verzeichniß.

Aachen, Stadt in Preußen, Rheinprov. 29, 46 ff.
Aar, die, l. Nebenfluß des Rheins, in der Schweiz 16.
Adda, die, l. Nebenfluß des Po 20.
Aisne, die, l. Nebenfluß der Oise 43.
Albrecht, Oesterr. Erzherzog 82.
Alessandria, Festung in Sardinien 14, 15, 115.
Altenbeken, Ort in Preußen, Prov. Westfalen 73.
Altendorf, Stadt in Preußen, Rheinprovinz, bei Essen 53.
Alvensleben, v., Preuß. Generaladjutant 39, 100.
Amur, der, Strom im Asiat. Rußland 6, 58.
Ancona, befestigte Hafenstadt in Italien, am Adriat. Meer 21, 116.
Andernach, Stadt am Rhein, nördl. Coblenz, Preuß. Rheinprov. 92.
Antwerpen, Festung in Belgien, an der Schelde 12, 13 ff.
Ardennen, die, Bergland im südl. Belgien 13.
Argonnerwald, der, Bergland zwischen Meuse u. Aisne 50.
Arlon, Festung in Belgien 194.
Artern, Ort in Preußen, Prov. Sachsen 73.
Aschaffenburg, Stadt in Bayern 65, 69, 125.
Aschersleben, Stadt in Preußen, südl. Magdeburg 73.
Auer, v., Preuß. Hauptmann 175.
Auerstedt, Ort in Preußen, Prov. Sachsen, Schlacht am 14. Oktober 1806 36
Auerswald, v., Preuß. Minister 100, 173.
Augsburg, Stadt in Bayern 57.

Babelsberg, Schloß an der Havel, bei Potsdam 172, 173.
Balta, Stadt in Rußland, Podolien 99.
Bamberg, Stadt in Bayern, am oberen Main 32, 33, 70 ff.
Banat, Grenzland im südl. Ungarn, östl. der Theiß 22.
Baraguay d'Hilliers, Graf, Franz. Marschall 26, 114.
Basel, befestigte Stadt in der Schweiz, am Oberrhein 16, 17, 105 ff.

Bastogne, Stadt in Belgien 195.
Bayreuth, Stadt in Bayern, östl. Bamberg 33.
Bebra, Ort im Kurfürstenthum Hessen, südl. Cassel 70, 72, 135, 136.
Belfort, Festung in Frankreich 45, 106.
Belgard, Stadt in Preußen, Prov. Pommern 73.
Belling, v., Preuß. Husarengeneral z. Z. Friedrichs des Großen 37.
Berditschew, Stadt in Rußland, westl. Kijew 7, 99.
Berg, Preuß. Grafschaft am Niederrhein 192.
Bergen, Festung in Holland 11.
Bernhardin, der, Alpenpaß östl. des St. Gotthard 15.
Besançon, Festung in Frankreich, nahe der Schweizer Grenze 16, 106.
Bessarabien, Gouvernement in Rußland, am Schwarzen Meer 115.
Bielefeld, Stadt in Preußen, Prov. Westfalen 150.
Bischofswerder, Ort in Preußen, Prov. Preußen 94.
Bismark, v., Preuß. Gesandter in Petersburg 85.
Büburg, Stadt in Preußen, Rheinprov., nordwestl. Trier 152, 177, 193.
Bitsch, Festung in Frankreich, in den Vogesen 106, 112.
Bitterfeld, Stadt in Preußen, Prov. Sachsen 73.
Blücher, Fürst, Preuß. General-Feldmarschall, † 1819 44
Blumenthal, v., Oberstleutnant à l. s. des Preuß. Generalstabes 127, 182.
Bologna, Stadt im Kirchenstaat, Mittelitalien 21, 24.
Bonin, v., Preuß. Kriegsminister 1 ff.
Bonn, Stadt in Preußen, am Rhein 48, 51 ff.
Bosquet, Franz. Marschall 26.
Braunschweig, Hauptstadt des Herzogthums 135.
Braunschweig, Herzog von, 147.
Breda, Festung in Holland 11.
Brenner, der, Alpenpaß südl. Innsbruck 23, 117.
Brescia, Stadt in der Lombardei 123.
Breslau, Hauptstadt der Preuß. Prov. Schlesien 30, 32, 71, 133.

Brest, Festung in Rußland, am Bug 7.
Briançon, Festung in Frankreich, nahe der Piemontesischen Grenze 78.
Brieg, Stadt in Preußen, südöstl. Breslau 178.
Brody, Stadt in Oesterreich, Galizien, östl. Lemberg 121.
Bromberg, Stadt in Preußen, Prov. Posen, an der Netze 69, 70, 90 ff.
Buckau, Ort in Preußen, bei Magdeburg 162.
Büchen, Ort in Holstein, östl. Hamburg 73.
Bütgenbach, Ort in Preußen, Rheinprov., südl. des Hohen Venn 152, 193.
Bukowina, Oesterr. Kronland zwischen Moldau u. Galizien 22.
Buol, Graf, Oesterr. Minister des Auswärtigen 84.

Canrobert, Franz. Marschall 26, 54, 114.
Casale, Festung in Piemont 14, 15, 100 ff.
Casarsa, Ort in Venetien, nordöstl. Venedig 20.
Cassel, Hauptstadt des Kurfürstenthums Hessen 33, 41, 47 ff.
Castelborgo, Piemontes. General 115.
Castellane, Franz. Marschall 26.
Châlons, Stadt in Frankreich, an der Marne 164.
Chambéry, Stadt in Frankreich, nördl. Grenoble 78.
Champagne, Landschaft in Frankreich 106.
Charleroy, Festung in Belgien 13, 49.
Chaumontet, v., Oberstlieutnant im Preuß. Generalstabe 127, 132, 140 ff.
Chemnitz, Stadt im Königreich Sachsen 70.
Civitavecchia, Hafenstadt im Kirchenstaat, nordwestl. Rom 24.
Clausewitz, v., Preuß. General, † 1831, 3, 40, 181.
Clausewitz, v., Preuß. Oberst 127, 132, 171.
Cleve, Stadt in Preußen, Rheinprovinz 182, 183, 192.
Coburg, Hauptstadt des Herzogthums Sachsen-Coburg 4.
Cöslin, Stadt in Preußen, Prov. Pommern 72, 73.
Col d'Argentiére, der, Berg u. Paß in den Alpen, nördl. Nizza 78.
Col di Tenda, der, Berg u. Paß in den Alpen, nordöstl. Nizza 78.
Como, Stadt in der Lombardei, am Comer See 123.
Corsika, Franz. Insel im Mittelmeer 81.
Courtrai, Festung in Belgien 183.
Cresfeld, Stadt in Preußen, Rheinprov. 69, 93, 130.
Cremona, Stadt am Po, östl. Piacenza 123.
Cucchiari, Piemontes. General 115.
Czenstochau, Stadt in Russ.-Polen, an der Warta 7.

Dalmatien, Oesterr. Kronland am Adriatischen Meer 116.

Dannhauer, Preuß. Generallieutnant 53, 54, 137.
Darmstadt, Hauptstadt des Großherzogthums Hessen 124.
Deutz, Festung in Preußen, am Rhein gegenüber Cöln 70, 73, 93.
Diedenhofen, Festung in Frankreich, nördl. Metz 50, 74 ff.
Dijon, Festung in Frankreich, südl. Langres 101.
Dinant, Festung in Belgien 13.
Dnjepr, der, Fluß in Rußland 8, 97, 98 ff.
Dobendorf, Ort in Preußen, bei Magdeburg 70, 73.
Don, der, Fluß in Rußland 116, 121.
Doornik-Tournai, Festung in Belgien 50.
Dora Baltea, die, l. Nebenfluß des Po, in Piemont 19.
Dortmund, Stadt in Preußen, Prov. Westfalen 69, 70, 90.
Düna, die, Fluß in Rußland 8, 98, 115.
Düren, Stadt in Preußen, südwestl. Cöln 48, 65 ff.
Düsseldorf, Stadt in Preußen, am Niederrhein 81, 32, 51 ff.
Duisburg, Stadt in Preußen, nördl. Düsseldorf 51, 149.
Durando, Piemontes. General 115.

Eider, die, Grenzfluß zwischen Schleswig u. Holstein 10.
Eifel, die, Theil des Rhein. Schiefergebirges, westl. des Rheins 87, 187, 193.
Eilenburg, Stadt in Preußen, Prov. Sachsen, östl. Halle 70, 72, 73.
Eisenach, Stadt in Sachsen-Weimar, westl. Erfurt 4, 76, 84 ff.
Eisleben, Stadt in Preußen, Prov. Sachsen, westl. Halle 70, 72, 73.
Elberfeld, Stadt in Preußen, Rheinprovinz 70, 90 ff.
Ems, Stadt in Nassau, an der Lahn 73, 74.
Erft, die, l. Zufluß des Rheins 193.
Erfurt, Festung in Preußen, Prov. Sachsen 70, 73, 74 ff.
Erich, Oberst im Preuß. Generalstabe 127, 132.
Essen, Stadt in Preußen, Rheinprovinz 53.
Etsch, die, Fluß in Tirol und Venetien 20.
Euskirchen, Stadt in Preußen, Rheinprov., westl. Bonn 110, 111, 149 ff.

Fabrice, v., Major im Sächs. Generalstabe 139, 140 ff.
Faldenstein, Vogel v., Preuß. Generallieutnant 127, 156 ff.
Fanti, Piemontes. General 115.
Feldkirch, Ort in Oesterreich, Vorarlberg-Tirol 16.
Ferrara, Festung im Kirchenstaat, südl. des Po 20, 24.
Flottwell, v., Preuß. Minister des Innern 160.
Franche Comté, Landschaft in Frankreich, an der Schweizer Grenze 15.

Franken, nördl. Theil von Bayern 25, 33.
Friedrich Karl, Prinz von Preußen 35, 127.
Friedrich Wilhelm, Prinz von Preußen 39, 100.
Frisingen, Ort in Luxemburg 108, 110, 112.
Fulda, Stadt in Kurhessen, nordöstl. Frankfurt a. Main 70, 72 ff.

Galizien, Oesterr. Kronland im Nordosten der Monarchie 7, 22, 39 ff., 116.
Garda-See, der, in Oberitalien 123.
Garibaldi, Führer der Freischaren in Piemontes. Diensten 115, 123.
Genf, Stadt in der Schweiz, am Genfer-See 16, 117.
Gent, Stadt mit Citadelle in Belgien 183, 190.
Genua, befestigter Hafenplatz in Sardinien, am Mittelmeer 16, 62, 100.
Germersheim, Festung in Bayern, am Rhein 12, 19, 54, 105.
Gerstungen, Ort in Sachsen-Weimar, westl. Eisenach 76.
Gießen, Stadt in Oberhessen, an der Lahn 51, 70 ff.
Givet, Festung in Frankreich, an der Belg. Grenze 49.
Glogau, Festung in Preußen, Provinz Schlesien 70.
Goeben, v., Oberst, Chef des Generalstabes VIII. Preuß. Armeekorps 127, 132, 163.
Görlitz, Stadt in Preußen, Provinz Schlesien 70, 76, 90 ff.
Göttingen, Stadt in Hannover, westl. Nordhausen 73.
Gothaner-Gothaer, Mitglieder der Erbkaiserpartei der Frankf. Nat. Vers. 36.
Grefrath, Stadt in der Preuß. Rheinprov., westl. Düsseldorf 53, 152.
Grenoble, Festung im südöstl. Frankreich 27.
Grodno, Gouv. u. Stadt in Rußland, östl. vom Bug 7, 99, 120.
Guben, Stadt in Preußen, Prov. Brandenburg 70, 72, 73.
Güstrow, Stadt in Mecklenburg-Schwerin 69, 72, 73.
Gyulai, Graf, Oesterr. Feldzeugmeister 100.

Hagen, Stadt in Preußen, Prov. Westfalen 94.
Hameln, Stadt in Hannover, an der Weser 144, 150.
Hamm, Stadt in Preußen, Prov. Westfalen 84, 86 ff.
Hanau, Stadt im Kurfürstenthum Hessen, östl. Frankfurt a. M. 70, 72, 74, 125 ff.
Hanenfeldt, v., Oberstleutnant im Preuß. Generalstabe 66, 127.
Hansdorf, Ort in Preußen, Prov. Schlesien, westl. Sagan 70.
Harburg, Stadt in Hannover, südl. Hamburg 71.
Hartmann, v., Preuß. Oberstleutnant 132, 140 ff.

Hasselt, Festung in Belgien 192.
Haynau, Frhr. v., Oesterr. Feldzeugmeister im Jahre 1849 21.
Heiligenstadt, Stadt in Preußen, zwischen Nordhausen u. Cassel 73.
Herzogenbusch, Festung in Holland 11.
Hesse, v., Oberst im Preuß. Generalstabe 132.
Heydt, Frhr. v. der, Preuß. Handelsminister 77, 78.
Höxter, Stadt in Preußen, Prov. Westfalen 70, 73.
Hof, Stadt in Bayern (Oberfranken), an der Saale 4, 70, 76 ff.
Hohenzollern, Fürst v., Preuß. Ministerpräsident 39, 100, 160, 173.
Hohe Venn, das, Gebirgszug nördl. der Ardennen 193.
Holzminden, Stadt im Herzogthum Braunschweig 73.
Homburg, Stadt in der Bayer. Pfalz 131, 188.
Hunsrück, der, Theil des Rhein. Schiefergebirges 187, 194, 196.
Luques d', Franz. General 165, 166.
Huy, Festung in Belgien 13.

Igel, Dorf in Preußen, Rheinprovinz, an der Mosel, Kreis Trier 74.
Illaire, Preuß. Geh. Kabinetsrath 39.
Iller, der, r. Nebenfluß der Donau 15, 19.
Inn, der, r. Nebenfluß der Donau 19.
Istrien, Oesterr. Halbinsel im Adriat. Meer 116.
James, St., Stadt in England, östl. London 9.
Jaroslaw, Gouv. u. Stadt in Rußland, nördl. Moskau 99.
Jekaterinoslaw, Gouv. u. Stadt in Rußland, nördl. vom Asowschen Meer 99.
Jena, Stadt in Sachsen-Weimar, an der Saale, Schlacht am 14. Oktober 1806 36.
Jülich, Festung in Preußen, Rheinprovinz, westl. Cöln, 25, 183, 191 ff.
Jura, der, Grenzgebirge zwischen Frankreich u. Schweiz 16.

Kärnthen, Oesterr. Kronland 63.
Kalisch, Stadt in Rußland, an der Preuß. Grenze 120, 121.
Kaluga, Gouvernement u. Stadt in Rußland, südl. Moskau 8, 97, 99.
Kamefe, v., Major im Preuß. Kriegsministerium 117, 126.
Kameniec-Podolsk, Festung in Rußland, Podolien 7, 99, 121.
Kasan, Gouvernement u. Stadt in Rußland, an der Wolga 100.
Kaukasus, der, Gebirge zw. Schwarzem u. Kaspischem Meer 6, 97 ff.
Kijew, Gouvernement u. Stadt in Rußland, am Dnjepr 97.
Kischinew, Stadt in Rußland, Bessarabien 99.
Königsberg, Festung in Preußen, Prov. Preußen 117.

Kohlfurt, Eisenbahnknotenpunkt in Preußen, Prov. Schlesien 95
Kowno, Gouvernement u. Festung in Rußland, an der Ostpreuß. Grenze 99, 120.
Krakau, Festung in Oesterreich, Galizien 7, 21, 115.
Kreiensen, Ort in Braunschweig, nördl. Göttingen 70, 72, 73.
Kremenez, Stadt in Rußland, nahe der Galizischen Grenze 99.
Krim, die, Ruff. Halbinsel im Schwarzen Meer 27, 55, 58.
Kroatien, Kronland im südl. Ungarn 22.
Krosigl, v., Hauptm. im Preuß. Generalstabe 133.
Kursk, Gouvernement u. Stadt in Rußland, nördl. Charkow 8, 97, 99.

Lahn, die, r. Nebenfluß des Rhein 73.
Landau, Festung in Bayern, Rheinpfalz 12, 54, 119 ff.
Langres, Festung in Frankreich, an der Marne 106.
Laon, Festung in Frankreich, nordöstl. von Paris 44.
Lauenburg, Herzogthum, östl. Hamburg 10, 69, 72.
Lauterburger Linien, die, bei Lauterburg im Elsaß 185.
Lech, der, r. Nebenfluß der Donau 19.
Legnago, Festung in Venetien, an der Etsch 20.
Lichtenfels, Stadt in Bayern, nördl. Bamberg 90, 95.
Lille, Festung in Frankreich, nahe der Belg. Grenze 28, 48 ff.
Lingen, Stadt in Hannover, an der Ems 144, 150.
Litauen, Landschaft in Rußland, an der Preuß. Grenze 98.
Livland, Gouvernement in Rußland, an der Ostsee 100.
Livorno, befestigter Hafenplatz in Toskana, an der Westküste Italiens 24.
Loën, v., Preuß. Major u. Militärbevollmächtigter in Petersburg 65, 97.
Löwen, Stadt in Belgien 190.
Loire, die, Fluß in Frankreich 43.
Lombardei, Oesterr. Provinz in Oberitalien 1, 14, 16 ff.
Lomellina, die, Landschaft in Sardinien, zw. Sesia u. Ticino 100, 103 ff.
Longwy, Festung in Frankreich, an der Belg. Grenze 106
Lowicz, Stadt in Ruff. Polen, südwestl. Warschau 7.
Ludwigshafen, Stadt in der Bayer. Rheinpfalz 4.
Lüders, Ruff. General 97.
Lüneburg, Stadt in Hannover, südöstl. Hamburg 72, 73.
Lüttich, Festung in Belgien 13, 46, 48 ff.
Luxemburg, Deutsche Bundesfestung, westl. Trier 10, 11, 13 ff., 119 ff.

Lyon, Festung in Frankreich, an der Rhone 16, 26 ff.

Maas, die, Fluß in Frankreich, Belgien u. Holland 13, 46 ff.
Maastricht, Festung in den Niederlanden 10, 11 ff.
Mac Mahon, Graf, Franz. General 114.
Magenta, Ort in der Lombardei, westl. Mailand 123.
Magnan, Franz. Marschall 26.
Mailand, Hauptstadt der Lombardei 20, 104.
Mainz, Deutsche Bundesfestung am Rhein 4, 13 ff.
Malchin, Stadt in Mecklenburg-Schwerin 73.
Mannheim, Stadt im Großherzogthum Baden 4, 106, 109 ff.
Manteuffel, Frhr. v., Preuß. General 39, 100, 113 ff.
Mantua, Festung in Oesterreich am Mincio 16, 20, 58.
Marne, die, r. Nebenfluß der Seine 43, 50, 107.
Marseille, Hafenstadt in Frankreich, am Mittelmeer 1, 24.
Mazzini, Italien. Agitator 14.
Merzig, Stadt in Preußen, Rheinprovinz, nordwestl. Saarlouis 74, 108 ff.
Meßow, Verfasser eines geogr. stat. Lexikon 129.
Metz, Festung in Frankreich, Lothringen 12, 27, 28 ff.
Mézières, Festung in Frankreich, an der Belg. Grenze 106.
Mincio, der, l. Nebenfluß des Po 15, 20, 123 ff.
Minden, Festung in Preußen, an der Weser, 70, 76 ff.
Mohilew, Gouvernement u. Stadt in Rußland, am Dnjepr 100.
Moldau, die, Theil von Rumänien 39, 97.
Moltke, Ludwig v., Bruder des Chefs des Generalstabes 34.
Mons, Festung in Belgien 49, 50, 57, 183.
Mont Cenis, der, Berg u. Paß in den Alpen, westl. Turin 78.
Mont Genévre, der, Berg u Paß in den Alpen, westl. Turin 78.
Montebello, Ort in Sardinien, südl. des Po 123.
Montjoie, Stadt in Preußen, Rheinprovinz, 152, 193, 195.
Montmédy, Festung in Frankreich, an der Belg. Grenze 106.
Montpellier, Stadt in Frankreich, westl. Marseille 27.
Moskau, zweite Hauptstadt Rußlands 99, 115, 121.
Münden, Stadt in Hannover, südwestl. Göttingen 73.
Münster, Hauptstadt der Preuß. Provinz Westfalen 144, 150.

Nabresina, Ort in Oesterreich, Krain, nordwestl. Triest 20.
Nahe, die, l. Nebenfluß des Rheins 106.
Namur, Festung in Belgien, an der Maas 13, 46 ff.
Nancy, Stadt in Frankreich, südl. Metz 2, 33, 50, 101.
Napoleon III., Kaiser von Frankreich 1, 41 ff.
Napoleon, Prinz, 55, 114.
Neubrandenburg, Stadt in Mecklenburg-Strelitz 73.
Neunkirchen, Stadt in Preußen, Rheinprovinz, nördl. Saarbrücken 108, 109.
Neuß, Stadt in Preußen, Rheinprovinz, am Niederrhein 53, 70.
Niel, Franz. General 114.
Nieuport, Hafenplatz in Belgien 12.
Nischnij-Nowgorod, Stadt in Rußland, östl. Moskau 100.
Nordhausen, Stadt in Preußen, östl. Cassel 70, 72, 73.
Novara, Stadt in Sardinien 66.
Novi, Stadt in Sardinien, südl. Alessandria 100.
Nowgorod, Gouvernement u. Stadt in Rußland, südl. St. Petersburg 100.

Oberhausen, Eisenbahnknotenpunkt in Preußen, westl. Essen 133.
Oglio, der, l. Nebenfluß des Po 20.
Ohlau, Stadt in Preußen, Provinz Schlesien, südöstl. Breslau 178.
Ollech, Oberstleut. im Preuß. Generalstabe 126, 132.
Orel, Gouvernement u. Stadt in Rußland, zw. Kaluga u. Kursk 8, 97, 99.
Orenburg, Gouvernement an der Ostgrenze des Europäischen Rußlands 6.
Oschersleben, Stadt in Preußen, südwestl. Magdeburg 76, 90 ff.
Osnabrück, Stadt in Hannover, westl. Preuß.-Minden 144, 150.
Ostende, befestigter Hafen in Belgien 12, 17.
Ostrogoschk, Ort in Rußland, Gouvernement Woronez 99.

Paderborn, Stadt in Preußen, Provinz Westfalen 70, 72 ff.
Palestro, Ort in der Lomellina, östl. d. Sesia 123.
Palmschleuse, an der Elbe bei Lauenburg, südöstl. Hamburg 73.
Peine, Stadt östl. Hannover 76.
Pelissier, Franz. Marschall 54, 55.
Pensa, Gouvernement u. Stadt in Rußland, westl. der Wolga 98, 99.
Perl, Grenzort in Preußen, Rheinprovinz, südwestl. Trier 108, 110 ff.
Peschiera, Festung in Oesterreich, am Gardasee 16, 20 ff.
Pest (Ofen), Hauptstadt von Ungarn 116.
Petersen, Preuß. Major später Oberstleutnant im Generalstabe 66, 127.
Petrikow, Ort in Rußland, am Pripet 97, 99.

Pfalzburg, Festung in Frankreich, Elsaß 182.
Piacenza, Festung in der Lombardei 15, 20, 21, 116, 123.
Piemont, Theil von Sardinien 24, 62.
Pilo Boyl, Piemontes. General 115.
Podolien, Gouvernement in Rußland, an der Oesterr. Grenze 8, 30, 97, 115.
Pobolsk, Kamenez-Festung in Rußland, Podolien 7, 99. 121.
Poltawa, Gouvernement u. Stadt in Rußland, am Dnjepr 100.
Pommer-Esche, v., Oberpräsident der Preuß. Rheinprovinz 166.
Pripet, der, r. Nebenfluß des Dnjepr, in Rußland 97.
Prüm, Ort in Preußen, nordwestl. Trier 61, 110, 149 ff.
Pskow, Gouvernement und Stadt in Rußland, südl. Petersburg 100.

Radziwill, Fürst, Preuß. kommandirender General 52, 54.
Rastatt, Deutsche Bundesfestung in Baden 16, 19 ff.
Rechberg, Graf, Oesterr. Staatsmann 56, 173.
Redern, v., Preuß. Major und Militärbevollmächtigter in Wien 66, 100.
Reims, Hauptstadt des Franz. Departements Marne 43.
Renault, Franz. Divisionsgeneral 66.
Riesa, Stadt an der Elbe, Königreich Sachsen 70.
Riga, Stadt in Rußland, Livland 115.
Ritter, Verfasser eines geogr. stat. Lexikon 129.
Rjäsan, Gouvernement und Stadt in Rußland, südöstl. Moskau 99.
Rosmond, Stadt in den Niederlanden 192, 193 ff.
Roßlau, Stadt in Anhalt, an der Elbe 73.
Rüdesheim, Stadt in Preußen, am Rhein, westl. Mainz 4.
Ruhrort, Stadt in Preußen, am Rhein, nördlich Düsseldorf 69.

Saale, die, l. Nebenfluß der Elbe 30, 32, 53.
Saar, die, r. Nebenfluß der Mosel 103, 107, 113 ff.
Saarbrücken, Stadt in Preußen, Rheinprovinz, an der Franz. Grenze 64, 74 ff.
Saarburg, Stadt in Preußen, Rheinprovinz, südl. Trier 13, 108 ff.
Saarlouis, Festung in Preußen, Rheinprovinz, an der Saar 12, 25, 46 ff.
Sachsen, Albert, Kronprinz von, 147.
Salviati, v. Hauptmann im Preuß. Generalstab 133.
Salzwedel, Ort in Preußen, nordwestl. Magdeburg 73.
Sambre, die, l. Nebenfluß der Maas 164, 178 ff.
Samogitien, Russ. Landschaft an der Ostsee 7, 98.

Sangerhausen, Stadt in Preußen, westl. Halle 73.
Saratow, Gouvernement und Stadt in Rußland, westl. der Wolga 98, 99.
Sardinien, Königreich, 1, 7 ff.
Schelde, die, Fluß in Frankreich und Belgien 178
Schleiden, Stadt in Preußen, Rheinprovinz, Regierungsbezirk Aachen 70, 72 ff.
Schleinitz, Frhr. v., Preuß. Minister des Auswärtigen 39, 100, 173.
Schlettstadt, fester Platz in Frankreich, Elsaß 106.
Schmeling, v., Hauptmann im Preuß. Generalstab 133.
Schneidemühl, Stadt in Preußen, Provinz Posen, westl. Bromberg 73.
Schwaben, Theil von Württemberg 16, 19 ff.
Sebastopol, Festung in Rußland, Krim 55.
Sedan, Festung in Frankreich, an der Belgisch. Grenze 106.
Seehausen, Ort in Preußen, nördl. Magdeburg 73.
Sesia, die, l. Nebenfluß des Po 123.
Sichart, v., Hannov. General 139, 140 ff.
Siebenbürgen, Kronland im östl. Ungarn 22, 116.
Simbirsk, Gouvernement und Stadt in Rußland, westl. der Wolga 100.
Simmern, Stadt in Preußen, Rheinprovinz 194.
Simplon, der, Berg u. Paß in den Alpen, westl. des St. Gotthard 15.
Sömmerda, Stadt in Preußen, nördl. Erfurt, an der Unstrut 73.
Soest, Stadt in Preußen, Provinz Westfalen 90, 94.
Solferino, Ort in der Lombardei, westl. der Mincio 146, 167.
Sonnaz, Piemont. General 115.
Splügen, der, Berg u. Paß in den Alpen östl. des St. Gotthard 15.
St. Bernhard, der, Berg u. Paß in den Alpen östlich Chambéry 15, 78.
Stargard, Stadt in Preußen, Provinz Pommern, östl. Stettin 69, 72, 73.
Stein v. Kaminski, Major im Preuß. Generalstabe 66, 126, 165.
Stolp, Stadt in Preußen, Provinz Pommern, 69, 72.
Stradella, Ort in Sardinien, westl. Piacenza 15, 116.
Sybel, v., Verfasser des Werkes „Gründung des Deutschen Reiches" 17, 123.

Tanaro, der, r. Nebenfluß des Po 123.
Tann, Frhr. v. der, Bayer. General 139, 140 ff.
Tauroggen, Ort in Rußland, nahe der Preuß. Grenze 121.
Thile, v., Preuß. Major u. Militärbevollmächtigter in Paris 66, 100, 127, 166.
Thile, v., Preuß. Premierleut. 66, 127.
Thorn, Festung in Preußen, an der Weichsel 121.

Thun, Graf, Oesterr. Feldmarschall-Leut. 166.
Ticino, der, l. Nebenfluß des Po 15, 20 ff.
Torgau, Festung in Preußen, an der Elbe 70 72, 73.
Toskana, Großherzogthum in Mittelitalien 115.
Toul, Festung in Frankreich, westl. Nancy 106.
Toulon, befestigter Hafen in Frankreich am Mittelmeer 1, 24, 115.
Toulouse, Stadt in Südfrankreich 26, 44.
Tournai-Doornik, Festung in Belgien 183.
Tours, Stadt in Frankreich, an der Loire 45.
Transbaikalien, Landschaft im Asiat. Rußland, östl. des Baikalsees 6.
Trier, Stadt in Preußen, an der Mosel 46, 48 ff.
Triest, Hafenstadt in Oesterreich, am Adriatischen Meer 69, 116.
Tschernigow, Gouvernement u. Stadt in Rußland, am Dnjepr 100.
Tschugujew, Stadt im Gouvernement Charkow, in Rußland 99.
Tula, Gouvernement u. Stadt in Rußland, südl. Moskau 99.
Turin, Hauptstadt von Sardinien 14, 83.
Twer, Gouvernement und Stadt in Rußland, nördl. Moskau 99.

Uelzen, Stadt in Hannover, südöstl. Hamburg 73.
Ulloa, Toskanischer General 115.
Ulm, Festung in Württemberg 16, 19 ff.
Uman, Stadt im Gouvernement Kijew 99.
Unna, Stadt in Preußen, Provinz Westfalen, östl. Dortmund 94.
Urban, Oesterr. General 116.
Usedom, v., Preuß. Gesandter in Frankfurt a. M. 158.
Utrecht, Festung in Holland, südl. Amsterdam 11, 46.

Vach, Ort in Bayern, nordwestl. Nürnberg 94.
Valenciennes, Festung in Frankreich, an der Schelde 28, 48, 52.
Valenza, Stadt in Sardinien, am Po 115, 123.
Var, Grenzdepartement im südöstl. Frankreich 2.
Varese, Stadt in der Lombardei, westl. des Comer-Sees 123.
Vendée, die, Departement im Westen Frankreichs 101.
Venlo, Festung in Holland, an der Maas 13, 25, 183 ff.
Vercelli, Stadt in Sardinien, an der Sesia 100, 123.
Verdun, Festung in Frankreich 106, 182.
Verdy du Vernois, v., Preuß. Premierleut. 127, 137.
Verona, Festung in Oesterreich, Venetien 20, 23 ff.
Vesoul, Stadt in Frankreich, westl. Belfort 106.

Villafranca, Ort in Venetien, südwestl. Verona 167, 171.
Vitry, Festung in Frankreich, südwestl. Châlons s. M. 106.
Vogel v. Falckenstein, Preuß. Generalleut. 127, 156 ff.
Vogesen, die, Gebirge westl. des Rheins 40, 50, 185 ff
Voghera, Stadt in Sardinien, östl. Alessandria 123.
Voigts-Rhetz, v., Preuß. General 127, 132, 138 ff
Vorarlberg, nordwestl. Theil von Tirol 116.

Waadt, Kanton in der Schweiz 16.
Waal, der, Mündungsarm des Rheins in Holland 25.
Wadern, Ort in Preußen, Rheinprovinz, südöstl. Trier 108, 111 ff.
Walachei, Theil von Rumänien 39.
Waldersee, Gustav, Graf, Major im Preuß. Generalstabe 27, 66, 127.
Wansen, Ort in Preußen, Provinz Schlesien, südwestl. Brieg 178.
Warburg, Stadt in Preußen, Provinz Westfalen, nordwestl. Cassel 76.
Wartensleben, Graf, Hauptmann im Preuß. Generalstabe 66, 68, 74 ff.
Wasserbillig, Ort in Preußen, Rheinprovinz, südwestl. Trier 74, 129.
Waterloo, Dorf in Belgien, südöstl. von Brüssel, Schlachtort 18. Juni 1815 58.
Wedel, v., Major im Preuß. Generalstabe 127, 128.
Weidinger, Geh. Rath im Preuß. Kriegsministerium 157.
Weishaupt, Geh. Baurath im Preuß. Handelsministerium 78, 189.
Weißenburger Linien, die, bei Weißenburg im Elsaß, an der Lauter 106, 185.
Weißenfels, Stadt in Preußen, Provinz Sachsen, an der Saale 32.
Werdau, Stadt im Königreich Sachsen, westl. Zwickau 70, 90, 95.

Wesel, Festung in Preußen, Rheinprovinz, am Niederrhein 31, 144 ff.
Wetzlar, Stadt in Preußen, Rheinprovinz, an der Lahn 73, 74, 92.
Wiederhold, v., Württ. General 139 ff.
Wilhelm, Prinz von Preußen, Regent 39, 66 ff.
Wilisen, v., Preuß. General 100, 123.
Wimpfen, de, Franz. General 105.
Windischgrätz, Fürst, Oesterr. Feldmarschall 170.
Winniza, Stadt in Rußland, südwestl. Kijew 7.
Witebsk, Gouv. u. Stadt in Rußland, an der Düna 100.
Wittenberg, Festung in Preußen, an der Elbe 73, 135, 136.
Wittenberge, Stadt in Preußen, an der Elbe, nördl. Magdeburg 73.
Wladimir, Gouv. u. Stadt in Rußland, östl. Moskau 99.
Woiwodina, die, Landschaft in Ungarn, zwischen Donau u. Theiß 22.
Wolfenbüttel, Stadt in Braunschweig 70.
Wolhynien, Gouv. in Rußland, nahe der Galiz. Grenze 97, 115.
Woronez, Gouv. u. Stadt in Rußland, am Don 99.
Wosnesensk, Stadt im Russ. Gouv. Cherson 99.
Wrangel, Freiherr v., Preuß. General-Feldmarschall 171.
Würzburg, Stadt in Bayern, am Main 19, 32 ff.
Wurmser, Graf, Oesterr. Feldherr im 18. Jahrhundert 185.

Yonne, die, l. Nebenfluß der Seine 43.
York v. Wartenburg, Graf, Preuß. General 1813 178.

Zell, Ort in Preußen, Rheinprovinz, an der Mosel, nordöstl. Trier 149 ff.
Zieten, v., Preuß. General 1830 196.

www.ingramcontent.com/pod-product-compliance
Lightning Source LLC
Chambersburg PA
CBHW031751230426
43669CB00007B/580